rororo sport – Arbeitsbücher Sport
Herausgegeben von
Peter Becker, Helmut Digel,
Elk Franke, Wilhelm Hopf,
Michael Klein und Gunter A. Pilz

Die *Arbeitsbücher Sport* sind von der Idee geleitet, der theoretischen Diskussion über Bewegung, Spiel und Sport neue Akzente zu geben. Sie bemühen sich vor allem um zweierlei:
Als *sozialwissenschaftliche* Arbeitsbücher wollen sie der seit längerem zu beobachtenden Gefahr begegnen, den Sport weitgehend einseitig aus einer pädagogischen, methodisch-praktischen oder naturwissenschaftlichen Perspektive zu deuten. Sportliche Tätigkeiten werden deshalb in ihren individuellen Voraussetzungen und gleichzeitigen gesellschaftlichen Abhängigkeiten untersucht.
Als *Arbeitsbücher* bemühen sich die Veröffentlichungen um Verständlichkeit. Es geht nicht darum, die Diskussion der Experten zu bereichern, sondern Schülern, Studenten, Lehrern und jedem Interessierten den Zugang zu einer erweiterten Sicht des Sports zu ermöglichen. Dabei wird versucht, die sonst üblichen Rituale der Wissenschaftspräsentation dadurch zu durchbrechen, daß auch Darstellungsweisen berücksichtigt werden, die ein Verstehen zwischen denen, die Wissenschaft machen, und jenen, die davon betroffen sind, erleichtern.

Sport und körperliche Gewalt

Gunter A. Pilz (Hg.)

Rowohlt

Originalausgabe

Lektorat Burghard König
Redaktionsassistenz und Layout Angelika Weinert
Umschlagentwurf Werner Rebhuhn (Foto Werek)
Bildquellennachweis siehe Seite 271
Veröffentlicht im Rowohlt Taschenbuch Verlag GmbH,
Reinbek bei Hamburg, November 1982

Satz Times (Linotron 404)
Gesamtherstellung Clausen & Bosse, Leck
Printed in Germany
880 - ISBN 3 499 17603 3

Inhalt

Einführung 9

Gunter A. Pilz
Sport und körperliche Gewalt –
Darstellung aktueller Probleme 9

Gewalt von Sportlern 25

Hans-Günther Schmidt
Foulspiel als Pflichtprogramm –
Erfahrungen als Aktiver und Trainer 25

Gunter A. Pilz
Körperliche Gewalt von Sportlern –
Zum aktuellen Stand sportwissenschaftlicher Forschung 35

Gunter A. Pilz
Zusammenstellung von Zeitungsberichten
und Sportleraussagen zur Gewalt von Sportlern 50

Gewalt von Zuschauern 55

Hans-Joachim Schulz/Robert Weber
Zuschauerausschreitungen – Das Problem der Fans 55

Peter Becker
Haut'se, haut'se, haut'se in 'ne Schnauze –
Das Fußballstadion als Ort der Reproduktion sozialer Strukturen 72

Hans-Joachim Schulz/Robert Weber
Interview mit einem Fan des VfB Stuttgart 85

Gunter A. Pilz
Zusammenstellung von Zeitungsberichten und Aussagen
zu Fans und Fußballrowdytum 89

Gewalt und Sportberichterstattung 93

Meinhart Volkamer
Der Einfluß der Sportberichterstattung auf Sportler
und Zuschauer 93

Manfred Blödorn
Sportler- und Zuschauergewalt im Dienste der Dramaturgie
und Umsatzsteigerung – Gedanken eines Sportjournalisten 100

Gunter A. Pilz
Zusammenstellung von Sportberichten und Aussagen
zur Sportberichterstattung 111

Gewalt und Sportunterricht 115

Robin Kähler
Einstellung von Schülern zu Regeln im Sport –
Fairneß im Abseits? 115

Jochen Sprenger
Gewalt im Sportunterricht – Analyse der Bedingungen
und Handlungsmöglichkeiten zu ihrer Bewältigung 126

*Volker Bürger/Hannelore Fischer-Behrendt/
Eckehard Lühring/Maria Meyer zu Bergsten/Gunter A. Pilz/
Andreas H. Trebels/Sabine Zirz*
Unterrichtseinheit: Sport und Gewalt –
Unterrichtsvorschläge und Arbeitsmaterialien 138

Anhang 161

Zitierte Literatur 161

Ausgewählte Literatur
zum Problembereich Sport und Gewalt 167

Bildquellennachweis 171

Über die Verfasser 172

Einführung

Gunter A. Pilz

Sport und körperliche Gewalt – Darstellung aktueller Probleme

«Sport und körperliche Gewalt»: Wäre nicht ein Band zum Thema «Sport und Fairneß» viel angebrachter? Allein die im wissenschaftlichen, populärwissenschaftlichen wie journalistischen Bereich zunehmend beobachtbare Auseinandersetzung mit dem Phänomen gewalttätiger Handlungen im und in Verbindung mit Sport weist darauf hin, daß es zumindest in einigen Bereichen des modernen Sportbetriebs nicht mehr sehr weit her ist mit den gesundheitsfördernden, charakter- und fairneßschulenden Funktionen des Sports. Mehr noch: Die Tatsache, daß sich mit diesem Problem nicht nur Sportwissenschaftler und Sportjournalisten, sondern auch Bundestagsausschüsse, Bundesministerien, ja selbst der Europarat und die europäische Sportministerkonferenz befassen, macht deutlich, daß es sich hierbei nicht allein um ein sportspezifisches, sondern auch um ein höchst brisantes, politisches, gesamtgesellschaftliches Problem handelt. Dabei reicht die Palette der Meinungsäußerungen von der These, daß der heutige Sport unter ausdrücklichem Einbezug des Spitzensports – ungeachtet aller Berichte über gewalttätige Ausschreitungen – um ein vielfaches gewaltärmer sei als seine volkstümlichen Vorläufer, über die Annahme, es handele sich – vor allem bei den Zuschauerausschreitungen – vorwiegend um ‹karnevalistische› Auswüchse, bis hin zu der These, die einer Brutalisierung des modernen Sports das Wort redet. Auf diese scheinbar widersprüchlichen Annahmen bezüglich der Einschätzung und Bewertung körperlicher Gewalt im und in Verbindung mit Sport werde ich in meinem Beitrag zum aktuellen Stand sportwissenschaftlicher Forschung (Seite 35 bis 49) eingehen. In diesem Beitrag möchte ich mich darauf beschränken einige Symptome körperlicher Gewaltanwendung im heutigen Sport aufzuzeigen. Dabei werden Beispiele, die in diesem Band nicht weiter aufgegriffen werden, bewußt etwas ausführlicher dargestellt, um der breiten Palette von Problemfeldern und Symptomen körperlicher Gewalt in und um den Sport möglichst gerecht zu werden.

Symptome körperlicher Gewalt im Sport

Das Problem der Gewalt im Sport läßt sich vor allem an folgenden Symptomen festmachen:

- Aggressive, gewalttätige Handlungsmuster seitens der Sportler wie der Zuschauer gehören heute nicht nur im Bereich des Spitzen- und Profisports und nicht nur in den sogenannten Kampfsportarten zum sportlichen Alltag;
- physische Manipulationen scheinen unabdingbare Voraussetzungen für sportliche Erfolge zumindest auf der oberen Leistungsebene zu sein;
- das Training und der Wettkampfbetrieb setzen immer früher ein und erfassen Kinder schon im Vorschulalter;
- Trainingsintensität und Trainingsdauer werden immer größer, die körperlichen Belastungen immer unerträglicher;
- Sportgeräte und -anlagen werden im Interesse neuer Höchstleistungen auch auf Kosten der Gesundheit der Athleten ständig ‹verbessert› und weiterentwickelt (Kunststoffbahnen, plastifizierte Rennanzüge usw.);
- psychische Manipulationen an Athleten gewinnen immer mehr an Gewicht.

Körperliche Gewalt von Sportlern und Zuschauern

Dem Sport, besonders dem Leistungs- und Spitzensport, wurde und wird immer wieder die Funktion zugeschrieben, bei Athleten wie Zuschauern gewalttätige Neigungen auf sozial gebilligte Weise abzuleiten. Wie die Beiträge von SCHMIDT und PILZ für den Bereich der Sportlergewalt, von BEKKER, SCHULZ/WEBER und VOLKAMER für den Bereich der Zuschauergewalt in diesem Band belegen, deutet vielmehr alles darauf hin, daß wettkampfsportliche Veranstaltungen Situationen schaffen, in denen Gewalt aufgebaut, gewalttätige Handlungsmuster gelernt und verstärkt werden. SCHMIDT zeigt in seinem Beitrag eindrucksvoll, daß die Bereitschaft zu körperlicher Gewalt im Sinne bewußter Regelverletzungen unabdingbare Voraussetzungen für den sportlichen Erfolg sind. So besehen baut der Spitzensport und – wie die Beiträge von KÄHLER und SPRENGER nachweisen – beileibe nicht nur er allein körperliche Gewalt bzw. Neigungen zu körperlicher Gewalt nicht ab, sondern legitimiert, ja fördert und fordert diese sogar. Dabei ist das Problem der Gewalt – auch wenn dies aufgrund der überwiegend aus dem Bereich des Fuß- und Handballspiels in diesem Band dargestellten und diskutierten Fallbeispiele den Anschein haben mag – nicht allein auf die sogenannten ‹Kampfsportarten› beschränkt. Selbst in Sportarten, die wegen ihres ‹Oberschichtencharakters› lange Zeit den Anschein eines fairen, vornehmen Sportbetriebes erweckten, bedarf es heute zusätzlicher Mechanismen sozialer Kontrolle, um gewalttätige Handlungen zu sanktionieren. So wurden in Anlehnung an die Praktiken in den USA für europäische Tennisturniere weiße, gelbe, grüne und roten Karten eingeführt. Rote Karten (Disqualifikation des Spielers) gibt es zum Beispiel bei schwerwiegenden sprachlichen Verstößen oder Gesten, körperlichen Attacken gegen Funktionäre, Oberschiedsrichter, Schiedsrichter, Spieler, Zuschauer, Balljungen oder Platzpersonal. Gerade am Beispiel des Tennissports läßt sich eindrucksvoll nachzeichnen, wie der Sport in dem Moment, in dem er aus seiner Privatheit heraus- und an die Öffentlichkeit tritt, nicht mehr länger im Freizeit-, Muse- und Vergnügungsbereich verhaftet bleibt und sportliche Erfolge sozial und wirtschaftlich immer mehr an Bedeutung gewinnen, nicht mehr den Werten der Fairneß gerecht werden kann. Der ehemalige Wimbledonsieger Arthur Ashe umschreibt dies treffend, wenn er sagt: «Wir haben im Tennis den Spaß zugunsten des Geldes aufgegeben» (so die Tennis Times 1977). Zwei Beispiele von Berichten über Tennisturniere mögen verdeutlichen, wie sich diese Entwicklung auf dem «Center Court» niederschlägt:

«Die 16000 Zuschauer erlebten zeitweise nicht nur das erwartet hochklassige Duell zweier Asse, sondern – erneut – auch das Duell McEnroe kontra Schiedsrichter. Nicht weniger als zwölfmal wurde das Spiel unterbrochen: Der 21jährige nörgelte an den meisten Entscheidungen des Unparteiischen herum, *schmiß das Racket zu Boden, trat auf den Schläger, schoß den Ball Richtung Linienrichter und Zuschauerreihen*» (*Hannoversche Allgemeine Zeitung* vom 11.2.1981).

«Nastase ignorierte Aufschlag – Funktionär verhinderte Streit. Nur mit Mühe konnte beim Grand-Prix-Tennisturnier von Denver eine *Schlägerei* zwischen dem Rumänen Ilie Nastase und Jim Delaney (USA) vermieden werden» (*Hannoversche Allgemeine Zeitung* vom 5.3.1981).

So hat denn auch der Vorsitzende des All England Clubs am Vorabend des Wimbledonturniers 1982 allen Spielern angedroht, er werde persönlich dafür sorgen, daß jeder «rausfliegt», der sich während des Turniers schlecht benimmt (vgl. *Hannoversche Allgemeine Zeitung* vom 22.6.1982).
Dabei scheint mir wichtig, nochmals hervorzuheben, daß die zunehmende Kommerzialisierung und Professionalisierung des Sports nur eine Ursache für diese Entwicklung ist. Gerade der Beitrag von KÄHLER und die Erkenntnis, daß selbst im Frauenfußball körperliche Gewalt zunehmend im

Interesse des Erfolgs eingesetzt wird, weisen darauf hin, daß die starke Betonung des Erfolgs im Sport dazu führt, daß körperliche Gewalt im Sinne von bewußter Regelverletzung zunehmend an Bedeutung gewinnt und auch eingesetzt und legitimiert wird. Die dem Sport gemeinhin zugeschriebenen positiven Eigenschaften wie Förderung der Kameradschaft, Schulung von Fairneß und Ritterlichkeit, Bildung des Charakters, um nur einige zu nennen, sind zumindest auf der Ebene des Leistungs- und Wettkampfsports längst nur noch Wunschdenken, keineswegs aber mehr Verhaltensmaximen der Sportler.
Solche positiven Eigenschaften treffen nur solange zu, haben nur solange Gewicht, wie sich der Sport noch weitgehend in einem geschützten, mehr privaten Bereich abspielt und sportliche Erfolge, sportliche Wettkämpfe noch keine Bedeutung haben, keiner öffentlichen Bewertung ausgesetzt sind.
Die Entwicklung des Sports in Richtung von immer weniger privaten, spielerischen, selbstbestimmten Handlungen, zu immer mehr öffentlichen, ernsten, öffentlich bewerteten, fremdbestimmten sowie leistungs- und erfolgsorientierten Handlungen führt dazu, daß körperliche Gewalt im Sinne von bewußten Regelverletzungen gegenüber der Befolgung des Fairneßgebotes immer mehr an Bedeutung gewinnt. Das gesellschaftliche Primat des Erfolgsdenkens wirkt sich auch auf den Sport aus, und zwar auf die Sportlergewalt wie auf die Zuschauergewalt.

Physische Manipulationen

Scheint es auch nach den Dopingskandalen anläßlich der Olympischen Sommerspiele in Montreal 1976 und den besonders in der Bundesrepublik heftigen Disputen zwischen Ärzten, Sportfunktionären und Sportlern, die zu einer öffentlichen Anhörung in der 6. Sitzung des Sportausschusses des Deutschen Bundestages am 27. 9. 1977 und schließlich zu der Grundsatzerklärung für den Spitzensport führte, ruhiger geworden zu sein, das Dopingproblem, das Problem körperlicher Manipulationen von und an Sportlern ist nach wie vor akut. Handelte es sich bei den vorherigen Ausführungen um Gewalthandlungen von Sportlern oder Zuschauern gegen Sportler oder Zuschauer, so haben wir es hier zum einen mit Formen der körperlichen Gewaltanwendung von Sportlern gegen sich selbst zu tun, zum anderen mit Formen körperlicher Gewalt von Funktionären und Sportärzten gegen Sportler. Dabei erstreckt sich die Palette körperlicher Manipulationen an und von Sportlern von der Verabreichung von Anabolika zur Förderung der sportlichen Leistungsentwicklung und zur Kompensation extensiven Trainings über Cortison- und Vitaminspritzen, Eigenbluttransfusionen, Verbesserung der Fließeigenschaften des Blutes, die Verwendung von Beta-Rezeptorenblockern und Beruhigungsmitteln (wie Librium, Valium usw.), von Lokalanästhetica, Elektrostimulationen und Luftklistiere bis hin

zur Verabreichung von wachstumshemmenden Mitteln, ja selbst operativen Eingriffen zur Optimierung von Bewegungsabläufen. Nichts scheint im Interesse sportlichen Erfolges undenkbar; das ärztliche Ethos, der hippokratische Eid werden dem Primat sportlichen Erfolges geopfert. Die oft zitierte Antwort eines DDR-Trainers auf die Frage, weshalb seine Mädchen so tiefe Stimmen hätten, sie sollten schwimmen und nicht singen, zeigt, mit welcher Mentalität und Einstellung zumindest auf dem internationalen Parkett des Spitzensports ans Werk gegangen wird.
Es kann hier nicht der Ort sein, in eine ausführliche Diskussion der Dopingproblematik einzutreten; dies würde nicht nur den Rahmen dieses Beitrags, sondern auch meine fachliche Kompetenz übersteigen. Statt dessen seien zur Kennzeichnung des Problems einige Aussagen von Medizinern, Sportlern und Funktionären zur Bedeutung körperlicher Manipulationen an und von Sportlern angefügt.

«Ich sehe nicht ein, daß wir unseren Athleten nicht die Chancengleichheit geben sollten. Kein Athlet geht hier an den Start, ohne irgendein Mittel eingenommen zu haben» (Prof. Nöcker, Olympiaarzt der deutschen Olympiamannschaft in Montreal 1976).

«Solange ich als Sportarzt tätig bin, sind Athleten Substanzen eingespritzt worden, vor allem sogenannte Mineralgemische, und zwar in der westlichen wie in der östlichen Hemisphäre der Welt» (Prof. Keul, Olympiaarzt der deutschen Olympiamannschaft in Montreal 1976).

«Einigen Spitzenathleten wurden in der Olympiavorbereitung Anabolikadosierungen verabreicht, die wir nicht einmal einem Elefanten mit gutem Gewissen zuführen würden» (Dr. Segesser, Olympiaarzt der Schweizer Olympiamannschaft in Montreal 1976).

«Entweder wir machen in vertretbarem ärztlichen Rahmen mit, oder wir steigen aus dem Spitzensport aus» (Dr. Mader, Sportarzt an der Deutschen Sporthochschule Köln).

«Es ist geradezu *unmenschlich*, einem Sportler nach jahrelangem Training im entscheidenen Augenblick die Hilfe zu verweigern und damit seine Niederlage gegen die hormongeladene Ostkonkurrenz vorweg zu besiegeln» (Prof. Keul).

«Ich würde selbst spätere Impotenz und auch einige Jahre meiner Lebenserwartung opfern, wenn ich nur mit Anabolika Erfolg haben sollte» (Deutscher Gewichtheber).

«Wenn ich Olympiasieger werde, ist es mir egal, wenn ich in zehn Jahren tot bin» (Deutscher Gewichtheber).

«90 Prozent der Nationalmannschaft der Leichtathleten schlucken und spritzen» (Manfred Ommer, Sprinter).

«Man muß im Sport-Krieg ja sagen, will man nicht im Hochleistungssport von den Ländern des Ostblocks lächerlich gemacht werden» (Dr. Philippi, Sportarzt an der Deutschen Sporthochschule Köln).

«Wenn man in der Leichtathletik versuchen sollte, den Joker Chemie auszuschalten, den Sport sauberzuhalten, dann müßten bis auf den Langstreckenlauf sämtliche Disziplinen völlig gestrichen werden» (Prof. Kirsch, Präsident des Deutschen Leichtathletik Verbandes).

«Ohne Anabolika wäre der Medaillensegen für einige Nationen bei den Olympischen Spielen in Montreal sicher nicht so reichlich ausgefallen, zumindest nicht bei den Damen» (Prof. Neumann, Schering AG).

«Wie, du nimmst keine Anabolika? Dann bist du selbst schuld, wenn du es nicht schaffst» (Hoher Leichtathletik-Funktionär zu Liesel Westermann, als sie darauf hinwies, daß die Olympia-Norm ohne Anabolika nicht zu schaffen sei).

Diese Zitate, die sich nahezu beliebig fortsetzen ließen, belegen in beängstigender Weise, wie sehr körperliche Gewalt zur Berufspraxis von Sportärzten, von Sportlern und Sportfunktionären gehört. Wer dabei meint, daß nach den heftigen Diskussionen um das Problem pharmakologisch-medizinischer Manipulationen im Spitzensport und der daraus entstandenen Grundsatzerklärung für den Spitzensport des Deutschen Sportbundes das Problem körperlicher Manipulationen ein für allemal gelöst sei, täuscht sich und andere. So sieht der Sportmediziner Hollmann sicherlich die Entwicklung realistischer, wenn er sich in der Zeitung *Die Welt* am 7.2.1977 zur Entwicklung des Leistungssport wie folgt äußert:

«Der Leistungssport ist ... nur ein Kind seiner Zeit und seiner Gesellschaft. Man kann ihn nicht isoliert sehen. Und wir leben nun einmal in einer Zeit der naturwissenschaftlichen Manipulierbarkeit von allem nur Möglichen und Denkbaren im Leben. Meine Befürchtung ... ist also die noch größere Manipulation des Spitzensportlers.»

Entsprechend bezeichnet Hollmann die ‹Anti-Doping-Charta› des Deutschen Sportbundes als «rührend naiv» und vergleicht ihre Verfasser mit Ingenieuren, die «einen Mondflug mit Materialien aus Peterchens Mondfahrt» starten wollen.
Angesichts dieser Entwicklung beklagt Liesel Westermann in ihrer Autobiographie:

«Hier geht ihr zu weit! Ihr, die ihr dieses Spiel scheinbar so bedenkenlos mitspielt, ihr, die ihr so skrupellos die Einsätze im Pokerspiel des Leistungssports hochtreibt, bis an die Grenze individueller Existenz; unbedacht vernichtet ihr das Menschliche, das Spielerische, das Abenteuerliche, den fröhlichen Freiheitsraum menschlicher Bewährungskraft, den der Sport und der Leistungssport so lange besaß. An diesem Punkt der modernen Entwicklung verblaßt der Reiz des Abenteuers Leistungssport, der jahrzehntelang vielen jungen stürmischen Menschen eine so unglaubliche Vielfalt an wertvollen Erlebnissen zu bieten vermochte. An seine Stelle tritt die nackte Brutalität eines Existenzkampfes um die Leistung um der Leistung willen» (Westermann 1977, 133f).

Dabei zeigen Untersuchungen, daß in Sportarten und -disziplinen, in denen körperliche Manipulationen unabdingbare Voraussetzungen für den sportlichen Erfolg zu sein scheinen, «die Brutalität des Existenzkampfes um die Leistung um der Leistung willen» von Frauen um keinen Deut geringer ist als im Männersport; sie scheint sogar noch ausgeprägter zu sein (vgl. auch Pilz 1982, 247 ff). Körperliche Gewaltanwendung – dies zeigen Untersuchungen wie auch die sportliche Alltagswelt – ist somit kein Privileg der Männer, ist weniger eine Frage des Geschlechts oder geschlechtsspezifischer Verhaltensmuster als eine Frage der Notwendigkeiten, der Werte und Normen des jeweiligen sozialen Handlungsfeldes. Auch hier gilt, daß die immer größer werdende gesellschaftliche, wirtschaftliche und politische Bedeutung sportlicher Erfolge dazu führt, daß körperliche Gewalt mehr und mehr zu einem unverzichtbaren Instrumentarium sportlichen Erfolges wird, daß der Erfolg die Mittel heiligt. Dabei tragen die Medien an dieser Entwicklung, wie die Beiträge von Volkamer und Blödorn zeigen, ein gerütteltes Maß an Mitschuld, nicht nur, was die Sportler- und Zuschauergewalt, sondern auch, was physische Manipulationen anbelangt. Man denke nur an die Überbewertung sportlicher Bestleistungen, an denen alle anderen Leistungen immer wieder gemessen werden, ungeachtet der oft kaum zu vergleichenden Voraussetzungen, unter denen die jeweiligen Leistungen erzielt wurden.

Hochleistungstraining und -sport von Kindern

Die zunehmende Erfolgsmentalität, die immer größer werdende gesellschaftliche, politische und wirtschaftliche Bedeutung sportlicher Erfolge haben eine weitere, überaus beängstigende Entwicklung zur Folge: die zunehmende Vorverlegung des systematischen Trainings in das frühe Kindesalter und – in einigen Sportarten – das Erreichen absoluter Höchstleistungen in immer jüngeren Jahren. Bereits ab dem vierten Lebensjahr sollen und müssen Kinder in Fördergruppen erfaßt und einem systematischen Training unterworfen werden, um sie zu potentiellen Olympiakandidaten ‹heranzuzüchten›. So meint der Münchener Sportarzt Lenhart allen Ernstes:

«Wenn wir eine breite Basis haben wollen, um im Spitzensport den Anschluß an die großen Nationen zu halten, muß der Schulsport wesentlich intensiviert werden, denn nur aus einer großen Zahl motorisch Geschickter läßt sich eine entsprechende Zahl Medaillenanwärter züchten» (*Stern* 1977, Nr. 31).

Hinter dieser Aussage verbergen sich zwei erschreckende Visionen: zum einen der Schulsport als Kaderschmiede der Nation mit all seinen damit verbundenen Problemen, wie die Beiträge von Kähler und Sprenger anzeigen, zum anderen das Heranziehen von Kindern zum biologischen Material, zu Objekten für Züchtungsversuche: dies alles im Interesse sportlichen Erfolges, nationalen Prestiges. Dabei nimmt das Training von Kindern bei einigen Sportarten heute Formen an, die der Kinderarbeit des Frühkapitalismus vergleichbar sind. Während Lehrer für eine 40-Stunden-Woche zu Arbeitsniederlegungen greifen, Gewerkschaften die 38-Stunden-Woche avisieren, wird bei hochleistungssporttreibenden Kindern stillschweigend eine 52-Stunden-Woche und mehr geduldet, ja gefordert. Obwohl Kinderarbeit im letzten Jahrhundert verboten wurde und Jugendarbeit strengsten Gesetzen unterliegt, werden heute in manchen Sportarten (vornehmlich Schwimmen, Turnen, Eiskunstlaufen) Kinder ‹knochenharter›, äußerst eintöniger, ja stupider Trainingsarbeit ausgesetzt. Die harmonische psychische wie soziale Entwicklung und die Gesundheit dieser Kinder werden den ehrgeizigen Bedürfnissen von Eltern, Trainern und Funktionären geopfert. Greifen wir exemplarisch den Tagesablauf der 13jährigen Schwimmerin Ina Beyermann heraus:

4.15 Uhr Wecken, anschließend Fahrt von Leverkusen nach Köln zum Training
5.15 Uhr Training bis 7.15 Uhr
7.30 Uhr Fahrt mit Eltern zur Schule (Frühstück im Auto)
8.00 Uhr Schule bis 12.00 Uhr
12.30 Uhr leichte Gymnastik, Mittagessen, Schularbeiten
15.00 Uhr kurzer Mittagsschlaf
16.00 Uhr Fahrt zur zweiten Trainingseinheit
17.00 Uhr Training bis 19.00 Uhr
21.00 Uhr Schlafen

Dabei handelt es sich beim Hochleistungstraining von Kindern vorwiegend um fremdbestimmtes Handeln (vgl. Kemper/Prenner 1974). Kinder werden einem Zwang ausgesetzt, den sie zwar spüren, dem sie sich aber nicht entziehen können. Dazu meinte eine Kunstturnerin:

«Manchmal habe ich einfach keine Lust mehr ... Dann möchte ich alles hinschmeißen und irgendwo hingehen zum Tanzen. Aber dann überlegt man es sich doch wieder. Ich habe so viele Jahre für den Leistungssport geopfert, daß ich nicht alles Hals über Kopf aufgeben kann. Ich habe mich für den Leistungssport entschieden und muß so leben, wie es von mir verlangt wird.»

Die Rekrutierung von Spitzensportlern im Kindesalter muß so besehen als eine Form der Gewalt an Kindern bezeichnet werden, deren sich die Kinder kaum entziehen können. Besonders schwerwiegend ist dabei, daß Belastungsumfang und -intensität nicht an den Bedürfnissen und Interessen der Kinder orientiert sind, sondern primär an den sachlogischen Erfordernissen, die aus der optimalen Vorbereitung und Durchführung des Trainingsprozesses abgeleitet werden. So etwa wurde am ‹Turninternat› in Frankfurt die «Unterwerfung des freien Willens für ein hartes Training» gefordert und unverblümt – man fühlt sich ins letzte Jahrhundert zurückversetzt – als Lernziel «Persönlichkeit durch Askese» angegeben (vgl. *Der Spiegel* vom 20.10.1975). Wo zweckfreies spielerisches Tun für eine harmonische Persönlichkeitsentwicklung unbedingt erforderlich ist, verarmt das harte, einseitig auf die Perfektionierung motorischer Leistungen bezogene Training vor allem den emotionalen und sozialen Bereich. Mediziner warnen vor ‹vorprogrammierten Frührentnern›, Psychologen und Soziologen sprechen

von ‹sozialen Krüppeln›, die total manipulierbar und total abhängig sind und in ihrer ‹Sexualität infantil› blieben.
Es scheint in der Tat so, wie es bereits ADORNO (1963, 75) formuliert hat: «Zum Sport gehört nicht nur der Drang, Gewalt anzutun, sondern auch der, zu parieren und zu leiden.»

Trainingsintensität
Wenn man sich die Verletzungshäufigkeiten von Spitzensportlern aufgrund eines harten, zum Teil unphysiologischen und oft ‹martialischen› Trainings vor Augen hält, kann man sich des Eindrucks nicht erwehren, daß viele Spitzensportler ‹permanent Kranke› sind. Der internationale Leistungsstandard hat heute eine Ebene erreicht, die von den Athleten einen Trainingsaufwand abfordert, der unter menschlichen wie medizinischen Gesichtspunkten kaum mehr zu verantworten ist. Turmspringer hechten während ihrer Laufbahn bis zu 175000 mal vom 10-Meter-Turm, Speerwerfer absolvieren bis zu 2000 Speerwürfe pro Monat, Kunstturnerinnen knallen unzählige Male während des Trainings mit dem Becken vom oberen auf den unteren Holm am Stufenbarren, 14jährige Skifahrer stemmen unzählige Male bis zu 70-Kilogramm-Gewichte, schwimmende Kinder trainieren bis zu 42 Stunden wöchentlich im Wasser, um nur einige Beispiele zu nennen. Die Grenze der Leistungsfähigkeit der Bänder, Sehnen und Wirbelsäulen ist längst erreicht. Wer heute, vor allem in bestimmten leichtathletischen Disziplinen und Kraftsportarten, auf der nationalen wie internationalen Ebene mithalten will, muß über Jahre hinweg ein Training absolvieren, das gelegentlich masochistische Züge trägt. Selbst bei Verletzungen sehen sich viele Athleten gezwungen weiterzutrainieren, um nicht den Anschluß zu verlieren. Ein markantes Beispiel für diese für den Außenstehenden unbegreifbare, fast brutale Inhumanität des Trainings lieferte der Kugelstoßer Ralf Reichenbach. Obgleich er morgens beim Aufstehen vom Stuhl schon fürchterliche Schmerzen im Knie verspürte, fuhr er anschließend ins Training, um trotz der Gewißheit der Schmerzen, die er haben würde, mit Zentnerhanteln über 100 Kniebeugen zu machen. Der Schweizer Sportmediziner HOWALD (1977, 243) spricht unverhohlen von sportlichem Training, das zur körperlichen Schwerarbeit geworden ist, «was seinen Ausdruck auch in täglichen Umsätzen von 6000 Kilokalorien findet». Das sportliche Training ist zur körperlichen Schwerstarbeit geworden, das der Sklavenarbeit im Altertum vergleichbar ist. Dennoch unterwerfen sich immer wieder Sportler solchen Torturen, um im Rampenlicht der Öffentlichkeit zu stehen. So besehen trägt das Training bis zur totalen Erschöpfung Züge körperlicher Gewalt gegen sich selbst, Züge von Masochismus in sich. «Der große Sport beginnt da, wo die Gesundheit aufhört», hat Bert Brecht einmal gesagt. In der Tat: Unter diesen Gesichtspunkten hat Sport mit Gesundheit nichts mehr gemein. Der Slogan ‹Treibe Sport und bleibe

gesund› muß im Bereich des Spitzensports – und nicht nur da – ersetzt werden durch ‹Treibe Sport oder bleibe gesund›. Dabei führt das extensive Training zu der geradezu paradoxen Konsequenz, daß gesundheitsschädigende Präparate wie Anabolika unter anderem deshalb verabreicht werden, um noch schlimmere Folgen intensiven Trainings zu verhindern.

Zum Problem der Sportgeräte und -anlagen

Ein weiteres, vor allem bezüglich der Verletzungsanfälligkeit und Verletzungshäufigkeit von Athleten nicht zu vernachlässigendes Problem einer uneingeschränkten Erfolgsphilosophie stellt die technische ‹Verbesserung› von Sportgeräten und Sportanlagen im Interesse einer kontinuierlichen Verbesserung von Rekorden dar. So schreibt Howald (1977, 243):

«Entscheidend haben zum immer häufigeren Auftreten von Sportschäden am Bewegungsapparat auch technische Neuerungen wie zum Beispiel der Kunststoffbelag auf den Laufbahnen in der Leichtathletik beigetragen.»

Hierzu zählen auch die steten Veränderungen und technischen Verbesserungen im Automobilrennsport, die oft auf Kosten der Sicherheit der Fahrer erfolgen, die Konstruktion von Bobschlitten, die so schnell sind, daß sie kein Pilot mehr kontrollieren kann, wie der Einsatz von den inzwischen verbotenen plastifizierten Rennanzügen im alpinen Skisport. Gemein ist all diesen Beispielen, daß im Interesse eines rücksichtlosen Verfechtens immer neuer Bestleistungen die Gesundheit der Athleten hinten ansteht. Zu erwähnen ist in diesem Zusammenhang auch das Verbot des Einsatzes von Verletzungsgefahr verringernden Geräten im Interesse besonders spektakulärer Übungsfolgen und Übungsabgänge (z. B. Weichbodenmatten beim Kunstturnen). Dem Fetisch des Rekordes, dem Grundsatz des ‹citius – altius – fortius›, wird die Gesundheit des Athleten mehr oder weniger leichtfertig geopfert.

Psychische Manipulationen

Es mag zunächst nicht einsichtig sein, weshalb psychische Manipulationen ein Symptom für körperliche Gewalt im Sport sein sollen. Die folgenden Ausführungen werden jedoch die enge Verflechtung von zunehmendem Einsatz psychoregulativer Methoden im Bereich des Spitzensports und körperlicher Gewalt offenlegen. Dabei scheint es zunächst hilfreich, den sowjetischen Sportpsychologen Lalayan (1974, 116) zu zitieren, der 1972 auf die Frage «Sportpsychologie – wofür?» anläßlich des gleichnamigen Symposiums in Magglingen wie folgt antwortete:

«– für die Unterstützung der Sportpraxis,
– für neue und größere Fortschritte im Sport,
– für die Wiederholung früherer Höchstleistungen,
– für neue Bestleistungen.

Der Sportpsychologie wird mit der Zeit noch größere Bedeutung zukommen, weil die Rekorde verbessert werden müssen, weil die psychischen und physischen Anstrengungen folglich noch größer werden müssen ... Deshalb muß sich die Sportpsychologie in gleichem Maße verbreiten, wie neue Rekorde aufgestellt werden.»

Im Klartext heißt dies: Die Sportpsychologie hat sich uneingeschränkt in den Dienst der Verbesserung sportlicher Leistungen zu stellen, sie hat dazu beizutragen, natürliche, physiologische und psychologische Barrieren zu beseitigen bzw. zu verschieben. Mittels autogenem Training, psychregulativen Methoden, posthypnotischen Aufträgen u. ä. sollen Angstgefühle genommen, Hemmungen beseitigt, risikohaftes Verhalten gefördert, inhumanes Training ertragen und Sportlern der ‹nötige Biß›, die nötige Bereitschaft zu körperlicher Gewalt eingeimpft werden. Einige Beispiele mögen dies verdeutlichen. Von alpinen Skirennläufern ist bekannt, daß neben allgemeinen Methoden des Angstabbaus mit einem Gerät trainiert wird, das durch einen Summton das Abweichen vom idealen Abfahrtswinkel signalisiert. Ziel ist, die ideale Abfahrtshaltung zu automatisieren. Versuche haben ergeben, daß Athleten, die mit diesem Gerät trainiert haben, viel länger in der optimalen Haltung, der sogenannten Eiform, geblieben sind als die Vergleichsgruppe. Nun ist aber das Abweichen von der Eiform sicher nicht allein eine Frage des Trainings, sondern in erster Linie eine Reaktion des Körpers auf Unsicherheiten, eine natürliche, automatische Abwehrreaktion gegen Gefahrenmomente. Ein Skiläufer öffnet seine Haltung doch meist erst dann, wenn Bodenwellen, extreme Kurven usw. ein Verbleiben in der Eiform ohne Gefahr vor einem Sturz nicht mehr erlauben. Durch diese Trainingsmethode und weitere Methoden des Angstabbaus werden somit natürliche Abwehrreaktionen gegen Gefahrenmomente durch psychische Manipulationen überlistet, die ‹Vernunft der Natur› wird dem Erfolg, oft auch der Gesundheit geopfert.

In diesen Bereich gehören auch Methoden der psychologischen Mobilisation, der Psychoregulation und Autosuggestion mit dem Ziel, Sportler für einen Wettkampf ‹scharf›, aggressiv zu machen. Zu welchen Perversionen diese psychologischen Maßnahmen im Interesse sportlichen Erfolges führen können, macht ein Bericht in der *Hannoverschen Allgemeinen Zeitung* vom 13. 7. 1978 mit dem Titel «Auschwitz-Film als Motivation für Fußballteam» deutlich:

«Der 32jährige Fußballtrainer Richard Allagich aus Sydney benutzte einen zehnminütigen Ausschnitt aus einem Dokumentarfilm über Naziverbrechen im Konzentrationslager Auschwitz während des zweiten Weltkrieges, um seine Mannschaft am vergangenen Wochenende vor einem Ligaspiel zu ‹motivieren›. Allagich erläuterte am Mittwoch sein Verhalten: ‹Ich sagte den Jungs während des Films, sie sollten sich vorstellen, sie hätten einen Sohn, eine Tochter, Frau oder Mutter in dem Lager und würden nun ihren Tod rächen wollen.› Durch diese Motivation habe seine Mannschaft die Kraft zu ihrem 1 : 0 Erfolg gefunden, meinte der Coach, der in Jugoslawien Sport und Psychologie studiert hat.»

Einen Tag später heißt es in der *Hannoverschen Allgemeinen Zeitung*:

«Der australische Fußballtrainer Richard Allagich, der seine Spieler mit Filmen aus dem Konzentrationslager Auschwitz hatte motivieren wollen, ist nach einer Protestwelle vor allem aus der jüdischen Gemeinde Sydneys von seinem Posten als Betreuer des Vereins Manly Sydney zurückgetreten. Allagich zeigte sich trotz der massiven Proteste weiter von seiner Methode überzeugt.»

Mag dies ein erschütternder Einzelfall sein, die psychologischen Methoden des Angstabbaus und der emotionalen Aufheizung erreichen nur zu oft die Grauzone psychologischen Dopings und leisten dem Einsatz von körperlicher Gewalt Vorschub. Die Problematik dieser Methoden liegt einmal darin begründet, daß ihre Anwendung kaum nachweisbar ist. Was jedoch viel gravierender ist: Psychoregulative Methoden sind so angelegt, daß sie vom Trainer und Athleten gelernt werden können, ja müssen, und nach Einweisung durch den Psychologen vom Trainer und/oder Athleten selbst angewendet werden. Sie entgleiten somit der Kontrolle des Psychologen, der die Verantwortung bei Gefährdung der Gesundheit und Eingriffen in die Persönlichkeit und Persönlichkeitsentwicklung des Athleten dem Trainer und Athleten selbst überantwortet, die unter oft unerträglichem Erfolgsdruck stehend – wie das Beispiel Allagich zeigt – nur zu leicht der Versuchung unterliegen, Gebote der Fairneß, Grenzen der Humanität und Ethik zu überschreiten (vgl. auch EBERSPÄCHER 1979).

Körperliche Gewalt – nur ein Problem des Spitzensports?

Die hier schlaglichtartig vorgebrachten Ausführungen über Symptome körperlicher Gewalt im Sport zeichnen ein pessimistisches Bild, was die weitere Entwicklung zumindest des Spitzensports anbelangt. Die ‹Brutalisierung›, das Problem körperlicher Gewalt scheinen erst am Anfang ihrer Entwicklung zu stehen. Moderner Spitzensport hat nichts mehr mit Gesundheitsförderung oder -erhaltung zu tun, nichts mit ‹idealer Körperformung› oder gesunder Persönlichkeitsentwicklung, nichts mit ethischen Normen und Werten. Wer heute im ‹großen Sport› mithalten will, muß mit dem Training bereits im Kindes- und Jugendalter beginnen, sich oft einem ganztägigen, bis an die Grenzen des Erträglichen und manchmal auch darübergehenden Training unterwerfen, sich psychoregulativer Methoden und pharmakologisch-medizinischer Manipulationen bedienen, muß bis zum letzten kämpfen auf Kosten der eigenen Gesundheit wie der der Gegner. Dabei mögen die bisherigen Ausführungen den Eindruck erweckt haben, als sei das Phänomen körperlicher Gewaltanwendungen lediglich das Problem des zwar repräsentativen, aber doch nur einen verschwindend ge-

ringen Prozentteil des gesamten Sports erfassenden Spitzensports. Allein dem ist nicht so. Nicht nur aufgrund der Vorbildwirkung des attraktiven ‹Bruders› Spitzensport haben sich Probleme körperlicher Gewalt bereits fest in viele Bereiche des Freizeitsports eingenistet, sondern auch und besonders aufgrund der Tatsache, daß die hinter all diesen Auswüchsen stehende Erfolgsmentalität auch über Bereichen des Sports steht, die mehr dem Freizeit- oder Breitensport, dem Fitneßsport zuzurechnen sind. So lassen sich körperliche Gewalthandlungen im Sinne von bewußten Regelverletzungen im Interesse sportlichen Erfolges bis in die Kreis- und Bezirksligen, bis zu den C- und D-Jugendlichen, ja selbst im Schulsport und Sportunterricht nachweisen (vgl. die Arbeiten von Kähler, Pilz und Sprenger in diesem Band).
Folgt man Aussagen von Sportmedizinern und Allgemeinmedizinern, so kommen immer mehr Eltern von jugendlichen Leistungssportlern und Leistungssportler selbst der untersten Wettkampfebenen in die Praxen und fordern nach leistungsfördernden Mitteln mit dem Hinweis, daß das, was für Spitzensportler gut und hiflreich sei, auch für sie gut sein müsse. Verfolgt man die Entwicklung des ‹Trimm- und Fitneßsports›, der Volksläufe und des Joggings, so lassen sich Probleme ungezügelten Ehrgeizes bis hin zu masochistischen Quälereien zu genüge feststellen. Der Primat des Erfolges, das uneingeschränkte Leistungsstreben, die Pervertierung des Leistungsprinzips, bei dem der Erfolg die Mittel heiligt, erfassen immer mehr Bereiche sportlichen Handelns. Selbst der sonntägliche alpine Skisport hat sich unter dem Vorbild des ‹sportlichen, rasanten Fahrens› und sicherlich auch aufgrund einer ‹aggressiven Werbung›, die draufgängerisches Fahren als das ‹non plus ultra› des Skifahrens propagiert, zu einem ‹Kampfsport› entwickelt, bei dem Todesfälle infolge von Kollisionsunfällen immer häufiger werden. Bereits 1974 warnte der Österreichische Informationsdienst für Bildungspolitik und Forschung vor den Gefahren des bislang ungefährlichen, beschwingten Ausgleichssports. Unter dem Vorbild des alpinen Skirennsports hat sich das «Freizeitvergnügen Skifahren zum harten Leistungs-, Kampf- und Schausport gewandelt» (Schwarzenbach 1974). So wird denn auch in einem Bericht der *Hannoverschen Allgemeinen Zeitung* vom 22. Januar 1982 beklagt, daß die Zahl der Zusammenstöße auf den Skipisten in den Alpen mit schwerwiegenden Folgen erheblich zugenommen habe. Wörtlich heißt es hier:

«Zwei Todesfälle auf Skipisten im Allgäu und im Ötztal an einem Januarwochenende haben das Augenmerk auf eine gefahrenträchtige Entwicklung gelenkt. Die beiden Fälle sind nur die Spitze eines bedrohlichen Eisbergs: Allein an diesem Unglückssonntag mußten im Allgäu 52 Skifahrer nach Unfällen von Bergwachtmännern und Notärzten versorgt werden. Bei 25 von ihnen war sogar ein Hubschraubereinsatz nötig.»
«Außer der ‹Übervölkerung› der Schneetrassen vor allem an Wochenenden und dem

vielleicht psychologisch bedingten, die wachsenden Alltagszwänge überwindenden ‹Austoben› haben Experten noch andere Ursachen für die Häufung von Kollisionen ausfindig gemacht. Der Österreichische Skiverband verwies auf ‹*Rennläuferambitionen* nicht mehr ganz taufrischer Jahrgänge› – eine *plötzliche Welle von sportlichem Ehrgeiz*, mit der wohl auch die sich mehrenden Herzattacken beim Langlauf zu erklären wären.»

Dieser Bericht spricht für sich und belegt eindrucksvoll, wie stark der ‹attraktive Spitzensport› als Vorbild auf den Breiten- und Freizeitsport einwirkt und dort Probleme körperlicher Gewalt erzeugt (auch hier wird die Verantwortung der Massenmedien deutlich, die sich nahezu ausschließlich dem besser zu vermarktenden Spitzensport verschreiben). Zusätzlich wird deutlich, wie stark der Primat der Erfolge – hier im Sinne eines oft ungezügelten Ehrgeizes – bereits den Breitensport erfaßt hat.
Auch wenn die Beiträge in diesem Band sich vorwiegend mit dem Problem körperlicher Gewalt im Bereich des Leistungs- und Hochleistungssports auseinandersetzen, die Analysen der Ursachen und Bedingungen für diese Probleme lassen sich ohne weiteres auf andere Bereiche des Sports übertragen. Dabei werden die einzelnen Beiträge nicht zuletzt daran zu messen sein, inwieweit sie Lösungsperspektiven für die dargestellten Probleme anbieten. Als ersten Einstieg in die Problematik und zum kritischen Überdenken eigener Positionen möchte ich eine Lösungsperspektive zitieren, die der Sozialpsychologe SCHMIDT (1976, 133f) zur Diskussion gestellt hat, die er jedoch als utopisch bezeichnet:

«Zu fordern wäre eine allgemeine Dezentralisierung der *Sportförderung* sowie eine starke Förderung des *Breitensports* auf Kosten des repräsentativen *Spitzensports*. Zu überlegen wäre, ob internationale Konkurrenzen, *internationale* Leistungsvergleiche mit dem Charakter von *Länderkämpfen* nicht grundsätzlich entfallen sollten. Auch Aufklärung über die ‹Gefahren des Sports› – allerdings nicht im Sinne der Warnung vor Sportverletzungen, sondern im hier verfolgten ‹psychohygienischen› Sinne – wäre angebracht.
Aktive Sportler könnten sich gegen Übertraining und inhumane Formen der *Dressur* als internationale Spitzensportler zur Wehr setzen, indem sie sich entsprechende Interessenvertretungen schaffen. Zu erwägen wäre auch die Bildung internationaler Sportgruppen oder Sportclubs. *Sportberichterstattung*, sowohl in den elektronischen wie in den Zeitungsmedien, müßte ihres spektakulären, Vorurteile stimulierenden Charakters beraubt werden. Es wäre durchzusetzen, daß über politisch relevante internationale Vergleichskämpfe etwas weniger berichtet wird und etwas mehr über die Vorgänge, die diese Ereignisse hervorbringen und von ihnen hervorgebracht werden.
Jede einzelne dieser Anregungen erscheint nicht realisierbar ohne einschneidende Veränderungen in der betreffenden *Gesellschaft* – ein Umstand, aus dem ein weiteres Mal die enorme gesellschaftliche Bedeutung des Sports hervorgeht.»

HITACHI
4

Gewalt von Sportlern

Hans-Günther Schmidt

Foulspiel als Pflichtprogramm – Erfahrungen als Aktiver und Trainer

Hallenhandball zählt heute zu den gefährlichsten Sportarten, die wir kennen. Die Entwicklung dazu war vorgezeichnet und hätte auch nicht aufgehalten werden können, es sei denn, die Verantwortlichen hätten auf den Anspruch verzichtet, jemals Anschluß an die Weltklasseleistungen der Ostblockmannschaften zu gewinnen.

Als ich aus Rumänien in die Bundesrepublik kam, begannen die Vereine hierzulande gerade, ihren geliebten Feldhandball in die Halle zu übertragen. Das war völlig unattraktiv. Und auch in den folgenden Jahren, als die deutschen Handballer sich bemühten, ihr Spiel durch artistische Elemente wirkungsvoller zu gestalten, blieben sie noch weit hinter der Weltspitze zurück.

In Rumänien sorgte indessen Professor Kunst für die effektivste Mischung. Er übernahm das athletische Spiel der Deutschen, die Technik der Dänen und Tschechoslowaken und als sicherlich wichtigste Beigabe die bedingungslose Härte der Schweden und braute daraus einen Handballcocktail, der den Rumänen schon bald den Titel des Weltmeisters einbrachte. Ich habe damals schon kennengelernt, was heute in der Bundesrepublik unter «Foulspiel als Pflichtprogramm» verstanden wird, obwohl mir kein Trainer in Deutschland bekannt ist, der Fouls jemals in sein Übungsprogramm eingebaut hätte.

Als sich die bundesdeutschen Teams entschlossen, die Härte der Weltklassemannschaften zu übernehmen, weil sie nicht länger die zweite Geige spielen wollten, hieß es damals wie heute in geschickter Umschreibung: «Die Spieler müssen eine gesunde, männliche Härte zeigen!»

- Im Klartext bedeutet das: Alle nur denkbaren, versteckten Fouls mit dem Ziel, den Gegenspieler zu entnerven, zur Resignation zu zwingen oder gar – wenn auch in seltenen Fällen – durch vorsätzliche Verletzung kampfunfähig zu machen.

So wurde die Weisung zur Farce; denn jene «gesunde» Härte hatte immer ungesundere Auswirkungen. Aber die Akteure lernten schnell, dieses Risiko zu kalkulieren, für den Gegner und für sich selbst. Die wirkungsvollsten Spieler wurden schließlich jene, die nicht nur mit technischen Mitteln, sondern auch mit der Gewalt ihres durchweg zwei Zentner schweren Körpers den Erfolg suchten und bewußt Gegengewalt provozierten.
Ich gehörte auch dazu, und allzuviel hat sich nicht geändert; denn ich fungiere heute als Spielertrainer, obwohl ich mich zuweilen wie ein Invalide fühlte. Ich glaube, es gibt im modernen Hallenhandball kein Foul, das ich nicht irgendwann einmal zu spüren bekommen hätte.

- Ich habe kein einziges intaktes Fingergelenk mehr, das Nasenbein ist nach mehreren Brüchen verkrüppelt, Kapselerweiterungen in den Schultergelenken machen mir zu schaffen, die Platzwunden am Kopf habe ich schließlich gar nicht mehr gezählt, und Bänderdehnungen sowie Muskelfaseranrisse sind selbstverständlich geworden. Zu meinen schwersten Verletzungen zählt eine Hodenquetschung und zuletzt ein Wirbelsäulenschaden, der operiert werden mußte. Nur knapp kam ich an einer Querschnittslähmung vorbei, und schmerzfrei bin ich eigentlich an keinem Tag.

Es sind vor allem die Abwehrspieler der Spitzenvereine, die ohne die üblen Fouls nicht auskommen können, und ich habe als Vollstrecker stets die ganze Palette aller nur denkbaren Härten zu spüren bekommen.
In der Bundesrepublik war der VfL Gummersbach, in dem ich meine größten Triumphe feiern konnte, nur darum bahnbrechend, weil er sich als einer der ersten Vereine hierzulande die bedingungslose Härte der Weltklasseteams zu eigen machte und sie schließlich genauso effektvoll praktizierte. Sonst wäre der mehrfache Europacupsieger nie zu seinen Erfolgen gekommen. Herausragend in der Abwehr war Klaus Brand, in seiner Glanzzeit einer der besten Deckungsspieler der Welt, aber auch nur darum, weil ihm eine unvorstellbare Menge von «Härten» in seiner Trickkiste zur Verfügung stand und weil er in seinem bedingungslosen Einsatz bereit war, Gegengewalt in Kauf zu nehmen. Er hat den Buckel hingehalten und war so an beinahe jedem meiner Tore erheblich beteiligt.
So war es der totale körperliche Einsatz, der Verzicht jeglicher Rücksicht auf sich selbst, das Powerplay dieser unvergleichlich harten Männer auf

dem Parkett, das im Handumdrehen die Massen begeisterte, und mit den Massen kam das große Geld. Der Erfolgszwang wurde noch größer und die Fouls noch häufiger. Die Schwelle zur Brutalität wurde immer öfter überschritten. Die deutschen Mannschaften mußten mit den Wölfen aus den Ostblockstaaten heulen, sie hatten keine andere Möglichkeit. Ein VfL Gummersbach, der in den entscheidenden Begegnungen des Europapokals im stets ausverkauften Hexenkessel der Westfalenhalle versucht hätte, mit spielerisch-technischen Mitteln zum Erfolg zu kommen, wäre rettungslos verloren gewesen, darüber gibt es keinen Zweifel. Und an dieser Tatsache hat sich auch nichts geändert. Es liegt in der Eigenart des Spiels. Ich meine, daß der Hallenhandball auch in Zukunft nur dann die Massen begeistern können wird, wenn er hart bleibt; denn ich fürchte, wenn aus dem beliebten – weil bedingungslosen – Kampfspiel ein Match für brave Buben wird, werden die Zuschauerzahlen sinken, und ich weiß nicht, was dann aus unserem Handball werden soll.

Sicherlich waren durch den persönlichen Ehrgeiz, den zunehmenden Erfolgszwang, den Traum von Siegesprämien und großen Reisen, den Rausch der Massenbegeisterung und den Fanatismus der Fans Spieler und Mannschaften – und gewiß auch die Schiedsrichter – gehörig überfordert; aber diese Anspannung, das kaum noch Erträgliche, gehörte nun einmal zu großen Spielen in ausverkauften Hallen.

Der Wandel, der sich im modernen, lukrativen Handball vollzog, wirkte sich schließlich auch auf die Auswahl der Spielertypen aus. Die Leichtgewichtler verschwanden aus den Reihen der Erfolgsmannschaften. Sie hatten der Härte der schwergewichtigen ‹Brecher› nichts mehr entgegenzusetzen, nahmen verzweifelt Zuflucht zu allzu offensichtlichen Fouls und wurden in der Sportpresse schließlich als hinterlistige Hyänen abgestempelt, die kneifen, kratzen, spucken, treten, schlagen und würgen, ohne Rücksicht auf Verluste. Der Hallenhandball wurde zu einem Kampf der Giganten, in dem nur noch Zweizentnerbrocken aufeinanderprallten, die weit weniger wendig sind, Körperkraft und -gewicht nicht mehr unter Kontrolle behalten können, wodurch schwerste Verletzungen heraufbeschworen werden.

Ich bin sicher, daß die Verletzungsgefahr viel größer geworden ist, seitdem nur noch diese Hünen auf dem Parkett herumwuchten; dazu kommt nach wie vor das bewußte Foulspiel der Abwehrstrategen. Heute würden diese vierkantigen, brutalen Riesenkerle mit ihren Catcherfiguren jeden Handballartisten von einst glatt vernaschen.

Die folgende Leistungsentwicklung brachte zwangsläufig neue Varianten in die Spielanlage und einen Wechsel der erfolgsorientierten Schwerpunkte innerhalb der Mannschaften. Es gab Zeiten berühmter Kreisläufer, denen es geradezu Spaß zu machen schien, die furchtbaren Prügel der Abwehrreihen zu beziehen, und es gab Zeiten unvergessener Rückraumschützen, deren Wurfkraft spielentscheidend war. Diese ‹Bomber› hatten es nicht nötig, sich auf gefährliche Zweikämpfe einzulassen oder sich ohne Rücksicht auf die eigenen Knochen durch die knüppelnden Deckungsreihen zu tanken.

Das war damals auch meine große Zeit und zugleich die Glanzepoche der Duda, Gruia und Maximov. Es gab Vereine, deren Abwehrblock sich auf diese Werfer überhaupt nicht einstellen konnte. Wir blieben jedoch nur wenige Jahre als Angriffsspieler dem Mann in der Abwehr gegenüber leicht im Vorteil, und zwar aufgrund trainingsbedingter Gesichtspunkte; denn damals spielte das Abwehrspiel in der Trainingsmethodik eine noch untergeordnete Rolle. Ende der sechziger Jahre hat sich aber auch hier eine Steigerung vollzogen, als die Trainer erfolgreich darangingen, die Abwehrqualitäten ihrer Schützlinge zu verbessern. Im gesamten internationalen Handball steigerte sich fast gleichzeitig der Standard im Abwehrspiel. Der langjährige Bundestrainer Vlado Stenzel gestaltete mit der 3-2-1-Formation das Deckungssystem viel effektiver und engte damit die Entfaltungsmöglichkeiten der gefürchteten Rückraumschützen entscheidend ein. Eine neue Ära brach an, in der die Härte der Abwehrspieler noch spielentscheidender wurde. Der Erfolgszwang hat seither den ästhetischen Hallenhandball wohl ein für allemal verdrängt; Erfolge bestimmen jetzt ausschließlich die Richtlinien und heiligen die Mittel.

Schon immer waren es die typischen Angriffsspieler, die am ärgsten ‹gefoltert› wurden. Hier ist es vor allem der Kreisläufer, der weitaus am meisten einzustecken hat. Er kämpft am härtesten Mann gegen Mann, ist darauf programmiert, reißt er doch die Lücken in die gegnerische Abwehr, die dann der Schütze aus der zweiten Reihe nutzen kann. Seitdem aber auch die ehemals drahtigen und wieselflinken Kreisläufer zwei Zentner auf die Waage bringen, ist der Kampf am Wurfkreis noch massiver geworden; denn wenn ein solcher Koloß erst einmal in Richtung Tor wuchtet, wer will ihn da mit fairen Mitteln überhaupt noch bremsen?

- Schläge ins Gesicht, Tritte auf die Füße, Hiebe in die Rippen, Stöße in den Magen oder in die Hoden, blitzschnell mit den Ellbogen oder mit der Handkante ausgeführt, Pferdeküsse und Stiche mit den Fingern, all diese Fouls kommen in einem Spiel immer wieder vor.

Die Schiedsrichter nehmen nur einen Bruchteil dessen wahr, was wirklich auf dem Parkett geschieht, obwohl sie zu zweit sind. «Das Spiel ist zu schnell und zu raffiniert geworden», klagen die Unparteiischen. Hinzu kommt, daß die wenigsten von ihnen alle Fouls kennen, die zur Anwendung kommen, selbst dann nicht, wenn sie selbst einmal aktiv gespielt haben. Nicht wenige Schiedsrichter indessen lassen ganz bewußt vieles durchgehen. Das ist auch die Auffassung von Nationalspieler Spengler. Zugunsten einer Heimmannschaft würden oft große Zugeständnisse gemacht, woran die beklemmende Enge der Hallen und die Furcht vor den Fans schuld seien. Wenn schon

erfahrene Spieler zuweilen durch die Hektik eines Spielgeschehens überfordert sind und deren Nerven versagen, die Übersicht verlorengeht, um wieviel mehr muß das auf die Unparteiischen zutreffen!
Zu den verletzungsträchtigsten Fouls gehören Angriffe auf einen Spieler bei Tempogegenstößen, wenn dieser in den Torraum hechtet. Oft knallt der Werfer gegen den Torpfosten oder gegen die Hallenwand. Dabei bedarf es meist nur eines leicht vorgestreckten Knies, um dem hereinfliegenden Angreifer eine verhängnisvolle Richtung zu geben.
Wenn im Hallenhandball überhaupt ein Spieler auf Fouls verzichten kann, dann ist es der kreative Stürmer, der sich auf Schnelligkeit, Ideenreichtum und Wurfkraft stützen kann. Und doch werden auch üble Stürmerfouls praktiziert. Zu den gemeinsten Aktionen zählt das Hochziehen des Knies in Richtung Hoden des Abwehrspielers und das Einstemmen der Schulter in den Brustkorb des Gegners. Nicht immer also ist der Deckungsspieler der Bösewicht.
Dennoch bleibt der erfolgreiche Abwehrstratege nach meinen Erfahrungen der Mann, der ohne üble Tricks wohl niemals auskommen wird. Zwar wird kein Trainer ein Foulspiel einstudieren, aber er wird sicherlich sagen: «Du mußt es machen wie jener Meier, wenn du ein wirklich guter Deckungsspieler werden willst!» – Und von Meier weiß dann jeder, daß dieser alle Fouls beherrscht, die zur modernen Abwehrstrategie gehören.

- Dem jungen Nachwuchstalent bleibt damit gar nichts anderes übrig, als sich systematisch das ganze Repertoire an Fouls anzueignen, das seine Vorgänger zu Abwehrspielern der Weltklassc machte.

Das gefährlichste Deckungsfoul ist für meine Begriffe das Unterlaufen beim Sprungwurf. Ich habe dabei nicht nur Nierenquetschungen erlitten, sondern auch jene Bandscheibenverletzung, die mir heute noch so schwer zu schaffen macht.

- Dennoch gestehe ich dem Deckungsspieler diese Härte zu. Das ist nun einmal Hallenhandball. Ich als Stürmer provoziere ja die Abwehr, und ich mache einen klaren Unterschied zwischen der Härte, dich ich gegen andere ausübe, und der Gewalt, die ich bewußt herausfordere und zu verarbeiten bemüht bin.

Wer im Erfolgshandball Angst zeigt, der ‹bringt› nichts und steht auf verlorenem Posten, und wer keine Angst kennt, der riskiert Kopf und Kragen und provoziert noch mehr Gewalt. Jeder Spieler der Bundesliga weiß das, und man nimmt es in Kauf. Es gibt den nachahmenswerten Prototyp des Deckungsspielers; der ist brutal, um erfolgreich zu sein, zerstört durch seine bedingungslose Härte, durch seine Brutalität die Kreativität des Angriffsspielers. Das ist nun einmal die Realität auf dem Hallenparkett.
Zugegeben: Die Verletzungsgefahr ist groß, weil es eben vor allem in der Abwehr jene Fouls gibt, die zum Programm gehören. Keine Spitzenmannschaft kommt ohne sie aus. Aber die Gefahr vergrößert sich noch erheblich

durch die schlechte Beschaffenheit mancher Hallenböden und durch jene unbeabsichtigten Fouls, die beispielsweise durch echtes Versehen, mangelnde Wendigkeit oder Konditionsschwäche zustande kommen. Um so unverständlicher ist mir bei den Spielen die fast in allen Hallen fehlende ärztliche Betreuung. Oft entscheiden bei einem schweren Unfall die ersten Minuten über das Leben des Verletzten. So sollte doch mindestens ein in Sportverletzungen erfahrener Masseur an jedem Spielfeldrand sitzen, der sogleich lebensrettende Maßnahmen einleiten kann, wenn es erforderlich ist. Im Idealfall freilich müßte ein Sportarzt bei jedem Spiel zugegen sein, zumindest in der Bundesliga.

Als ich mir meine schwere Wirbelsäulenverletzung in Wülfrath zuzog, habe ich nach Tagen, als die Schmerzen nicht nachließen, selbst einen Arzt aufgesucht. Wir Spieler in der Bundesrepublik sind längst daran gewöhnt, uns allein um die ärztliche Betreuung kümmern zu müssen.

Beispielhaft geht es dagegen im Ausland zu, vor allem in den Ostblockstaaten. Wo immer wir jenseits unserer Grenzen spielten, stets waren Ärzte zur Stelle, die sich auch um leichtere Verletzungen kümmerten.

Nach meiner Erfahrung leisten die Sportmediziner in Deutschland eine hervorragende Forschungsarbeit, aber es fehlt die praktische Anwendung der Erkenntnisse; ich habe die Spezialisten vor Ort vermißt.

- Dauerschäden bei uns Handballern werden immer häufiger. Ein Jochen Feldhoff ist durch diesen Sport für sein ganzes Leben gezeichnet. Alle Gelenke unterliegen einer ungeheuren, oft einseitigen Beanspruchung. Da wären Untersuchungen durch Fachmediziner in regelmäßigen Zeitabständen schon angebracht; doch auch in den dreizehn Jahren, in denen ich für den VfL Gummersbach gespielt habe, gab es nicht eine einzige Untersuchung durch den Verein. Schweren Folgeschäden könnte man ganz sicher vorbeugen, Handballkrüppel brauchte es nicht zu geben.

Freilich, ein Vollbluthandballer, dem sein Hausarzt sagt, er solle seinem Sport mit Rücksicht auf eine lädierte Wirbelsäule oder eine ausgerissene Gelenkkapsel lieber ade sagen, wird womöglich schnell zu einer Praxis wechseln, wo er derlei guten Rat nicht mehr zu hören bekommt. Einem Spezialisten jedoch dürfte auch der wildeste Handballkämpfer wohl vertrauen. Aber eben diese stehen im Handball kaum zur Verfügung.

Wenn der Hallenhandball heute mit Boxen und Eishockey als besonders gefährliche Sportart in einem Atemzug genannt wird, so bleibt doch ein wesentlicher Unterschied, bedingt durch die Eigenart des Spiels: Der Boxer ist auf jeden Ausfall seines Gegners vorbereitet, der Handballer nur selten, und die Eishockeyspieler gehen geschützt in ihren Kampf. Der Handballer wartet bestenfalls mit Knie- oder Ellbogenschützern auf, und das auch nur, um noch mehr riskieren zu können. Der Kopf ist bei diesem unheimlich hart geführten Spiel völlig ungeschützt.

Nicht wenige Angriffsspieler neigen dazu, seitlich mit der besonders empfindlichen Schläfenpartie in die gegnerische Abwehr hineinzugehen, und da kann es nur verwundern, daß eigentlich noch recht wenig passiert, wo soviel geballte Kraft aufeinanderprallt.

Der Gummersbacher Joachim Deckarm hatte nicht das Glück, bei einem Zusammenstoß mit seinem Gegenspieler Panovics in Tatabanyai glimpflich davonzukommen. Wochenlang rang der Weltklassespieler mit dem Tod und ist auch heute nur zu einem Teil wiederhergestellt. So tragisch dieser Unfall auch war, so selten er vorkommt, er könnte sich in jedem x-beliebigen Spiel wiederholen.

Schwere Unfälle aktivierten die Verantwortlichen des Deutschen Handballs immer wieder, sich etwas einfallen zu lassen, um der Verrohung des Spiels Einhalt zu gebieten. Im Mittelpunkt der Sorgen um die Weiterentwicklung des rassigen Spiels stand stets die Frage, was zu tun sei, wenn auch die Schiedsrichter die Grenze zwischen erlaubt und verboten, zwischen hart und gemein nicht mehr zu ziehen vermochten und am Ende restlos geschundene Mannschaften in die Kabinen humpelten. Die Verantwortlichen, und allen voran TK-Präsident Emil Horle, gaben sich allergrößte Mühe, den Unparteiischen durch lehrreiches Filmmaterial alle erdenklichen Hilfen zu geben, den Blick für alle vorkommenden Härten und Fouls zu trainieren und das Erfaßte reaktionsschnell umzusetzen; dennoch blieben viele Schiedsrichtergespanne überfordert.

Der Ruf nach einer Korrektur der alten Regeln, die jene unbeschreibliche Härte hatten aufkommen lassen, wurde immer lauter. Zugleich stellten die Mitglieder der Technischen Kommission fest, daß allzu viele Feinheiten und rein spielerische Elemente des Handballs verlorengegangen waren, und sie begannen, sich nach dem schnellen, ästhetischen Spiel mit Witz und Artistik zurückzusehnen. Inzwischen sind die neuen Regeln da und haben zunächst ein heilloses Durcheinander verursacht. Die Spieler und mit ihnen ganze Mannschaften, die bislang aufgrund ihrer Härte und ihres bedingungslosen Einsatzes am wirkungsvollsten und erfolgreichsten waren, sehen nur noch gelbe und rote Karten. Nationalspieler Kurt Klühspies ist, wie die meisten Stars, schockiert, und meinte: «So geht uns der Handball mit Sicherheit kaputt.»

Tatsächlich sind Spieler wie Trainer stark verunsichert, und die Haudegen in den Abwehrzentren trauen sich kaum noch, die Angreifer zu stoppen. Oft werden die Spiele restlos zerpfiffen, und die Vorstände fürchten bereits, daß bald vor leeren Rängen gespielt wird, denn – und das ist die einhellige Meinung der Fans – «So wollen wir Hallenhandball auch nicht sehen!»

Heiner Brand, der Abwehrchef der Weltmeistermannschaft und des VfL Gummersbach schimpft: «Man kann doch aus unserem Hallenhandball keinen Basketball machen. Kampf und Härte machen doch schließlich den

Reiz dieser Sportart aus. Wenn man ihr das nimmt, was bleibt da noch übrig, das die Zuschauer von den Sitzen reißen könnte?»

Wenn auch hinter vorgehaltener Hand bereits gemunkelt wird, der Deutsche Handballbund werde möglicherweise eines Tages wieder zu den alten Regeln zurückkehren, geht es doch für die Vereine im Augenblick darum, aus der neuen Situation das Beste zu machen. Tatsache ist, daß das Spiel durch die neuen Regeln bereits viel schneller geworden ist, und der Stürmer hat – wie es vor Jahren schon einmal der Fall war – wieder erhebliche Vorteile. Sicherlich sind dadurch mehr Wurfvarianten möglich, die auch zum Erfolg führen. Darin kann ein neuer Reiz liegen. Es ist durchaus denkbar, daß sich die Trainer dem neuen Regelwerk dadurch anzupassen versuchen, daß sie wieder den wendigen, athletischen Spielertyp vermehrt in ihr Team einbauen.

- Die ‹Schlitzohren› in den Deckungsreihen, die Abwehrspieler mit Weltklasseformat, werden deswegen aber nicht aus den Mannschaften verbannt werden. Man wird sie womöglich dringender benötigen als jemals zuvor, weil nur sie mit ihrer unerschöpflichen Trickkiste die neuen Vorteile der Stürmer zunichte machen können. Und eines wird sicher auch geschehen: Diese Abwehrstrategen werden noch viel raffinierter, für die Schiedsrichter überhaupt nicht mehr erkennbar zu Werke gehen.

Ich habe es selbst immer wieder erfahren, daß dem Einfallsreichtum, was Brutalität angeht, keine Grenzen gesetzt sind, und ich fürchte, genau das werden wir schon bald auf dem Handballparkett erleben. Die Fouls sind aus dem Spitzenhandball nicht mehr wegzudenken, daran können weder neue Regeln noch sonstwer etwas ändern. Das ist die Realität. Ich halte es für völlig ausgeschlossen, daß unsere Deckungsspieler darauf zurückschalten können, was vielleicht der ehemalige Bundestrainer, Werner Vick, unter «gesunder, männlicher Härte» versteht.

Ich nehme diese Härte, wie sie von allen Weltklassemannschaften praktiziert werden muß, in Kauf, habe mich möglicherweise daran gewöhnt, sonst würde ich mit meinen 39 Jahren nicht wieder aktiv spielen. Aber ich habe noch nie in meinem Leben einem Menschen geraten, Handballer zu werden, auch meinen Söhnen nicht.

Gunter A. Pilz

Körperliche Gewalt von Sportlern – Zum aktuellen Stand sportwissenschaftlicher Forschung

Im Zuge der sich im sportlichen Alltag immer mehr abzeichnenden Diskrepanz zwischen den Geboten sportlichen Fairplays und dem tatsächlichen Verhalten der Athleten, setzte innerhalb der letzten zehn Jahre vornehmlich im deutschsprachigen und anglo-amerikanischen Bereich eine inzwischen kaum mehr überschaubare Flut von Untersuchungen über Ursachen und Bedingungen gewalttätiger Handlungen von Sportlern ein. Es wäre angesichts dieser Entwicklung vermessen, wollte dieser Beitrag den Anspruch erheben, auch nur annähernd dem breiten Spektrum von Fragestellungen und Untersuchungsergebnisse zur Sportlergewalt gerecht zu werden. (Ausführliche Darstellungen und Diskussionen empirischer Untersuchungen zum Problem aggressiver und gewalttätiger Handlungen von Sportlern sind zu finden bei GABLER 1976; PILZ/TREBELS 1976; PILZ 1982 und SCHMIDT 1978.) Im folgenden soll deshalb auch nur ein allgemeiner Überblick im Sinne einer Trendanalyse gegeben werden. Dabei soll nach einer kurzen Diskussion des Stellenwertes empirischer Untersuchungen anhand einer Unterscheidung zwischen ‹expressiver› und ‹instrumenteller› Gewalt den Wandlungen körperlicher Gewalt im Sport nachgegangen, und schließlich die Bedeutung instrumenteller Gewalt im heutigen Leistungssport aufgezeigt werden.

Stellenwert empirischer Untersuchungen

Es kann hier nicht der Ort sein, in eine ausführliche methodologische, methodische oder theoretische Diskussion über die Problematik empirischer Untersuchungen einzutreten (vgl. hierzu ALBRECHT 1982). Andererseits scheinen mir einige grundsätzliche Anmerkungen zur Bedeutung empirischer Untersuchungen erforderlich, vor allem um die Wertigkeit der nachfolgend dargestellten Ergebnisse besser einschätzen zu können.
Jede Form empirischer Forschung – dies wird oft verkannt – bedeutet Reduktionismus, das heißt Verkürzung gesellschaftlicher – in unserem Falle sportlicher – Wirklichkeit; denn je strenger sich empirische Forschung an naturwissenschaftliche, testtheoretische Kriterien hält im Interesse objektiver, zuverlässiger, eindeutiger Ergebnisse, desto mehr entfernt sie sich

von der Alltagswirklichkeit. Untersuchungen im Labor mit sogenannten Aggressionsmaschinen, die das Gewaltpotential, die Bereitschaft zu körperlicher Gewalt im Sinne von fingierten Bestrafungen, über unterschiedliche starke Stromstöße messen, sind ein plastisches Beispiel dieser Reduktion von Wirklichkeit. Es dürfte jedenfalls schwerfallen, vom Auslösen unterschiedlicher Voltstärken im Labor auf tatsächliche körperliche Gewalthandlungen etwa beim Tennisspiel zu schließen.

Je mehr wir umgekehrt jedoch der gesellschaftlichen Komplexität gerecht werden wollen, je näher wir unsere Untersuchungen der Alltagswirklichkeit bringen wollen, desto vager werden die Untersuchungsinstrumente, desto weniger eindeutig und wiederholbar die Ergebnisse. Es erscheint mir deshalb wichtig, ganz gleich welcher Untersuchungsinstrumente, Erhebungsverfahren man sich bedient, daß empirische Daten im Sinne von Trendaussagen und weniger von Einzeldiagnostiken verwendet werden. Dabei hat die Interpretation der Daten unter Berücksichtigung der konkreten sportlichen, sportartspezifischen Situation zu erfolgen und gesellschaftliche Entwicklungstrends jeweils mitzureflektieren.

Die vorliegenden Untersuchungsbefunde liefern nun bei weitem kein einheitliches Bild. Für die zum Teil widersprüchlichen Ergebnisse lassen sich neben den oft referierten Mängeln bezüglich Stichprobenauswahl und -umfang, Präzisierung und Kontrolle relevanter Variablen sowie der Meßmethoden und statistischen Auswertung (vgl. ALBRECHT 1982; SINGER/HAASE 1975) besonders Wandlungen der untersuchten Personengruppen im Sinne einer Wandlung von mehr Generellem zu mehr Spezifischem anführen. Damit sind nicht nur Veränderungen der Einstellungen und Wertmuster der befragten Menschen innerhalb verschiedener Untersuchungszeiträume gemeint, sondern auch Wandlungen im Sinne einer zunehmenden Differenzierung der zu befragenden Personengruppen.

Wurden in den ersten Untersuchungen oft nur Unterschiede zwischen Sportlern und Nichtsportlern gemacht bzw. Sportler ganz allgemein erfaßt, so zeichnet sich im Laufe der empirischen Auseinandersetzung mit dem Phänomen körperlicher Gewalt im Sport eine differenziertere Erfassung und Auswahl der Untersuchungsgruppen ab: Sportler/Leistungssportler; Sportler unterschiedlicher Sportarten, unterschiedlichen Alters und Geschlechts; schließlich Sportler unterschiedlicher Leistungsstärke. Diese Wandlung von der Generalität zur Spezifität läßt sich auch bezüglich der verwendeten Untersuchungsinstrumentarien nachzeichnen. Wurde in der ersten Phase vorwiegend auf in der Psychologie gängige allgemeine Persönlichkeitstest zurückgegriffen, so setzte man im nächsten Entwicklungsstadium spezifischere Fragebogen, besonders Aggressionsfragebogen ein. Über sportspezifische Persönlichkeitstests und Leistungsmotivationsfragebogen bis zur Entwicklung eines sportspezifischen Aggressionsfragebogens führt dann die Entwicklung zur Konstruktion von situations- und sportartspezifischen Fragebögen und ausgefeilten Beobachtungsbögen. Wenn im folgenden ein einheitliches Bild des Forschungsstandes gezeichnet wird, so gilt es zu berücksichtigen, daß es sich einmal um eine Darstellung von Trends handelt, zum anderen die unterschiedlichen Meßverfahren und Untersuchungsgruppen im Sinne einer Relativierung der jeweiligen Ergebnisse mitberücksichtigt wurden.

Körperliche Gewalt im Sport – Ein Phänomen unserer Zeit?

Den folgenden Ausführungen liegt die Annahme zugrunde, daß der Sport keinen gesellschaftlichen Freiraum darstellt, sondern als Teilbereich menschlichen Zusammenlebens «eine Manifestation spezifischer gesellschaftlicher Entwicklungen schlechthin» ist, der sich auch «weiterhin in Übereinstimmung mit künftigen Entwicklungen verändern wird» (ELIAS 1975, 105).

Um die Frage der Wandlung körperlicher Gewalt im Sport zu beantworten; um den scheinbaren Widerspruch zwischen der These von der Zunahme körperlicher Gewalt einerseits und der Abnahme, Dämpfung körperlicher Gewalt andererseits aufzulösen; schließlich um empirische Ergebnisse zur körperlichen Gewalt im Sport sachgerechter einschätzen zu können, ist es erforderlich, zwei Formen körperlicher Gewalt zu unterscheiden:
- expressive, affektive Gewalt
- instrumentelle, rationale Gewalt.

Expressive Gewalt meint gewalttätige Handlungen, die ohne Belastungen des sozialen Verhaltensstandards der jeweiligen Gesellschaft, Schicht oder Sportart bewegen, die lustbetont ausgeführt und lustvoll erlebt werden. Sie entspricht somit den gesamtgesellschaftlich oder situations- und sportartspezifisch tolerierten Gewaltstandards, wie sie ELIAS mit dem Begriff der «Angriffslust» umschrieben hat.

Instrumentelle Gewalt meint dagegen weniger ein lustbetontes Ausagieren gewalttätiger Bedürfnisse als genau kalkulierte, geplante, rational eingesetzte, die gesellschaftlichen und sportartspezifischen Gewaltstandards überschreitende Handlungen im Interesse eines übergeordneten Ziels (z. B. sportlicher Erfolg, finanzielle Gratifikationen).

Beide Formen kommen nie in ‹Reinkultur› vor; vielmehr gilt es, jeweils eine Balance zwischen expressiver und instrumenteller Gewalt herzustellen. So ist es sehr wohl möglich und auch empirisch nachweisbar, daß instrumentelle Gewalt, die im Laufe des sportlichen Sozialisationsprozesses erlernt wurde, langfristig lustvoll erlebt wird. Es handelt sich also um «idealtypische» Unterscheidungen, zumal Gewalt – «da menschliche Rationalität und Emotionen untrennbare Aspekte eines einzigen Ganzen sind» –

niemals völlig «rational» oder völlig «affektiv», «wohl aber mehr oder weniger ‹rational› oder mehr oder weniger ‹affektiv›» ist (Dunning im Druck). Faßt man auf der Folie dieser begrifflichen Unterscheidung grob den aktuellen Stand der Erkenntnisse zum Problem körperlicher Gewalt im Sport zusammen, so können wir festhalten, daß die Balance zwischen expressiver und instrumenteller Gewalt sich immer mehr in Richtung instrumenteller Gewalt verschiebt. Dies soll nun anhand von sozialhistorischen Analysen und empirischen Daten belegt werden.

Wandlungen expressiver körperlicher Gewalt

Auch wenn im sportlichen Wettkampf «die Kampf- und Angriffslust ... einen gesellschaftlich erlaubten Ausdruck» findet, so läßt sich auch im Bereich des Sports eine «deutliche Kurve der Mäßigung und der humanisierenden Affekttransformation» verzeichnen, ist der Sport «gemessen an den Augenfreuden vergangener Phasen eine überaus gemäßigte Inkarnation der verwandelten Angriffs- und Grausamkeitsneigungen» (Elias 1977 I, 280f). Diese Wandlungen expressiver Gewalt im Sinne einer zunehmenden Dämpfung, Tabuierung körperlicher Gewalt lassen sich u. a. an der Veränderung des Regelwerks der einzelnen Sportarten festmachen. Diese hatten nicht zuletzt das Ziel, das im Regelwerk verankerte Maß an körperlicher Gewalt immer mehr zurückzudrängen. So sieht Dunning (1979, 13) in der Entwicklung des Fußballspiels u. a. eine «Tendenz zu ‹zivilisierteren› Verhaltensformen».

Eine Gegenüberstellung einiger der strukturellen Eigenschaften der volkstümlichen und modernen Sportspiele möge verdeutlichen, «daß im Verlauf der einsetzenden Modernisierung des Fußballspiels die Spieler sich zunehmend der Erwartung ausgesetzt sahen, ein höheres Niveau der Selbstkontrolle einzuüben, und daß einige der gewalttätigen Elemente der früheren Spielformen beseitigt oder unter strengere Kontrolle gebracht wurden» (Dunning 1979, 18; vgl. Tabelle 1).

Die früheren Formen des Sports, die volkstümlichen Spiele waren im Vergleich zu heute in bezug auf das Regelwerk erheblich weniger organisiert, weniger differenziert, um ein Vielfaches härter, wilder, brutaler, erlaubten einen ungleich höheren Grad an gesellschaftlich tolerierter körperlicher Gewalt (vgl. auch Dunning 1979, 1981; Rittner 1978). So lesen sich Berichte über frühere Formen körperlicher Wettkämpfe und volkstümliche Spiele in unseren heutigen Moralvorstellungen wie grausame Schauergeschichten, die eine Palette von äußerst brutalen, grausamen Handlungen beinhalten, die im Regelwerk verankert, zumindest nicht verboten waren. Da wird von zwei Faustkämpfern der Antike berichtet, die sich mit einem fortwährenden Schlagabtausch einverstanden erklärten, wobei der erstere seinem Gegner einen Schlag auf den Kopf versetzte, den dieser zwar überlebte:

Volksspiele	Moderne Sportspiele
Hoher Grad sozial tolerierter physischer Gewaltanwendung, emotionale Spontaneität, geringe Zurückhaltung	Niedriger Grad sozial tolerierter physischer Gewaltanwendung, hohe Kontrolle über Emotionalität, hohe Zurückhaltung
Offene und spontane Erzeugung einer Vergnügen bereitenden Kampfstimmung	Stärker kontrollierte, sublimierte Erzeugung einer Kampfstimmung (Spannung)
Nachdruck auf Gewalt und Kraft (force) statt Geschicklichkeit (skill)	Nachdruck auf Geschicklichkeit statt Gewalt und Kraft

Tabelle 1: Struktureigenschaften der Volksspiele und modernen Sportspiele (Auswahl) (vgl. Dunning 1979, 17)

«Als letzterer aber seine Deckung vernachlässigte, stach der Gegner ihm mit ausgestreckten Fingern in die Seite und riß ihm seine Eingeweide heraus und tötete ihn so» (Elias 1975, 93).

Nicht selten wurde ein im olympischen Zweikampf getöteter Athlet nachträglich zum Olympiasieger erklärt, weil er besonders tapfer gekämpft hatte. Im Jahre 1602 berichtet ein gewisser Carew (zit. nach Dunning 1981, 139) über die Gefährlichkeit des ‹Schleuderns›, einem Vorläufer des heutigen Fußballspiels.

«Als Beweis dafür, ist das Schleudern beendet, wirst Du sie sich heimwärts zurückziehen sehen, wie nach einer verlorenen Schlacht, mit blutigen Schädeln, gebrochenen Knochen, die Glieder verrenkt, und mit Quetschungen, die ihr Leben zu verkürzen dienen; dennoch ein gutes Spiel, und weder Ankläger noch Krone sind dessenthalben beunruhigt.»

Verständlich wird dieses ungleich höhere Maß an erlaubter körperlicher Gewalt in früheren Formen des Sports, wenn wir es mit den Standards der Gewaltkontrolle, den Gewaltstandards der damaligen Gesellschaften, in Beziehung setzen. Die Anwendung, Verherrlichung körperlicher Gewalt war bis zu einem gewissen Grade lebensnotwendig. Erst die immer weiter um sich greifende wirtschaftliche Verflechtung machte kalkulierbares, rationaleres, auch längerfristig angelegtes Handeln notwendig und somit eine Kontrolle der Affekte, der körperlichen Gewalt. Mit anderen Worten: Die zunehmende Arbeitsteilung im Laufe des Zivilisationsprozesses führt zu einer immer größer werdenden Abhängigkeitskette der Menschen untereinander und macht eine stärkere Kontrolle der Affekthandlungen, eine zunehmende Monopolisierung und Dämpfung der körperlichen Gewalt erforderlich. Die Lust an der Gewaltanwendung und Qual von anderen wird immer mehr unter eine staatliche Kontrolle gestellt (vgl. ausführlicher hierzu: DUNNING im Druck; ELIAS 1977, 1978). Diese Rückbindung expressiver Gewalt, die zunehmende Kontrolle über körperliche Gewalt, läßt sich bis in die jüngere Geschichte der Fußballregeln, die auch eine Geschichte der zunehmenden Dämpfung körperlicher Gewalt im Fußballsport ist, nachzeichnen:

1845 werden an der Schule in Rugby die ersten geschriebenen Regeln eingeführt, u. a. um den Einsatz von Tritten gegen das Schienbein zu beschränken und den Gebrauch von ‹navvies› (eisenbeschlagenen Stiefeln), die besonders schwere Verletzungen hervorriefen, zu verbieten;
1874 wird das Treten, Schlagen und Beinstellen des Gegners verboten;
1880 wird der Freistoß eingeführt, wenn ein Spieler die Regeln verletzt;
1884 wird der Schiedsrichter als ‹externe Kontrolle› eingeführt;
1909 kann ein Spieler wegen Unsportlichkeit vom Platz gestellt werden;
1970 werden ‹gelbe› und ‹rote› Karten eingeführt.

Neben dem Hinweis auf die zunehmende Dämpfung körperlicher Gewalt ist das große Verdienst der Arbeiten von DUNNING und vor allem von ELIAS, auf die enge Verflechtung des Ausmaßes und der Form körperlicher Gewalt mit den Wandlungen gesellschaftlicher Strukturen, mit den allgemeinen Standards sozial erlaubter körperlicher Gewalt, der Gewaltkontrolle und damit verbundenen Gewissensbildung der jeweiligen Gesellschaft gegenüber körperlicher Gewalt aufmerksam gemacht zu haben. Diese Zusammenhänge wurden vor allem von psychologischen Untersuchungsansätzen der sportspezifischen Gewaltforschung immer wieder vernachlässigt.
Die Dämpfung der expressiven Gewalt ist jedoch je nach Gesellschaft, nach sozialer Schicht, nach Sportart unterschiedlich weit vorangeschritten, unterschiedlich stark ausgeprägt. So ist die Dämpfung körperlicher Gewalt in den Sportarten wie Boxen, Eishockey oder Hallenhandball erheblich weniger stark fortgeschritten als zum Beispiel im Basketball. Dabei zeigt sich, daß Sportler von Sportarten, in denen körperliche Gewalt aufgrund des Regelwerkes noch einen im Vergleich zu gesamtgesellschaftlichen Gewaltstandards relativ hohen Stellwert hat (z. B. Boxen, Eishockey, Ringen, Rugby usw.), vorwiegend aus einem sozialen Milieu, aus Familien stammen, in denen körperliche Gewalt ein legitimes Mittel der Interessendurchsetzung ist, körperliche Gewalt noch größtenteils lust- und freudvoll erlebt und ausgelebt wird (vgl. u. a. BOLTANSKI 1976; DUNNING im Druck; SCHLAGENHAUF 1977; VOIGT 1978). Der schichtspezifisch unterschiedlich weit vorangeschrittene Grad der Dämpfung körperlicher Gewalt wirkt somit als Selektionskriterium für die Ausübung einer mehr oder weniger ‹aggressi-

ven› Sportart. Neben dieser schichtspezifisch unterschiedlichen Einstellung zu körperlicher Gewalt, zum Körper schlechthin, wirken sich vor allem alters- und geschlechtsspezifisch unterschiedliche Standards der Legitimation körperlicher Gewalt auf die Art des Sporttreibens und die Wahl der Sportart aus. Im Zuge der Wandlungen der Geschlechtsrollen in Richtung einer Annäherung geschlechtsspezifischer Verhaltenstandards, einer Annäherung der Machtverhältnisse zwischen Männern und Frauen, dringen aber auch Frauen mehr und mehr in Sportarten ein, die den Einsatz körperlicher, expressiver Gewalt bedingen (vgl. Kröner 1976; Pilz 1982; Smith 1972). Die *gesellschaftlich, kulturell* unterschiedlich stark ausgeprägte Sensitivität und Toleranz gegenüber körperlicher Gewalt läßt sich u. a. an dem in Nationalsportarten unterschiedlich stark ausgeprägten Maß an erlaubter körperlicher Gewalt festmachen. So ist das im Vergleich zum europäischen Fußball ungleich größere Maß an körperliche Gewalt im American Football mit dem im Vergleich zu europäischen Gesellschaften ungleich höheren Stellenwert körperlicher Gewalt in der heutigen amerikanischen Gesellschaft und gleichzeitig im Zusammenhang mit der jungen, von individueller körperlicher Gewalt geprägten amerikanischen Geschichte zu sehen. Dieser kulturell unterschiedlich stark ausgeprägte Grad der Dämpfung körperlicher Gewalt ist sicherlich auch ein Grund für das im Vergleich zu mittel- und nordeuropäischen Athleten ungleich höhere Maß an expressiver, offener Gewalt südeuropäischer oder lateinamerikanischer Sportler. Das in diesen Kulturbereichen noch erheblich stärker ausgeprägte Maß an tolerierter, individueller körperlicher Gewalt – man denke nur an die strengen Moralkodexe, an die Blutrache – wirkt sich auch auf das Verhalten der Sportler aus.

Ein im Zusammenhang mit der Bedeutung expressiver, körperlicher Gewalt besonders kontrovers diskutiertes Problem ist die Frage kathartischer (‹reinigender›) Wirkungen sportlicher Gewalthandlungen, wobei vor allem triebtheoretische Modelle und die Frustations-Aggressions-Hypothese (vgl. Bürger u. a.) Pate solcher Untersuchungen stehen. An dieser Stelle sei auf die umfassende Studie von Peper (1981) verwiesen, die u. a. die triebtheoretisch begründete Katharsisauffassung im Sinne einer motorischen Abreaktion aufgestauter Aggressionsenergien nicht bestätigen konnte, wohl aber die Bedeutung frustrierender Ereignisse für expressive Gewalthandlungen.

Fassen wir zusammen: Im Laufe des Zivilisationsprozesses, im Rahmen gesamtgesellschaftlicher Entwicklungstrends, setzt eine, wenn auch schicht-, gesellschafts- und kulturspezifisch unterschiedlich stark ausgeprägte, immer stärker werdende Kontrolle der Affekte und körperlichen Gewalt ein, die die expressive Gewalt immer mehr zurückbindet. Auch wenn das Ausmaß der Dämpfung der körperlichen Gewalt in verschiedenen Sportarten noch unterschiedlich stark ausgeprägt ist, die Regeln der ‹aggressiveren›, ‹härteren› Sportarten sind im Vergleich zu ihren früheren Formen und volkstümlichen Vorläufern von erheblich weniger tolerierter körperlicher Gewalt geprägt. In einer längerfristigen Perspektive verliert somit das Problem der expressiven körperlichen Gewalt im Sport zunehmend an Bedeutung, während im gleichen Zuge das Problem instrumenteller körperlicher Gewalt zunehmend an Bedeutung gewinnt: Die Problemfelder verlagern sich von der expressiven auf die instrumentelle körperliche Gewalt.

Zum Problem der instrumentellen körperlichen Gewalt im Sport

In dem einführenden Kapitel dieses Bandes, vor allem in den eindrucksvollen Ausführungen von Hans-Günther Schmidt wurde bereits darauf hingewiesen, daß die immer größer werdenden Anforderungen, die immer größer werdende gesellschaftliche, wirtschaftliche und politische Bedeutung sportlicher Erfolge dazu geführt haben, daß die Einhaltung der Regeln, die Befolgung des Fairneßgebotes die «geheiligte Ideologie des Amateurismus» zusehends von einer «technokratischen Moral» (Heinilä 1974) überlagert werden, die sich nurmehr am Erfolg – ganz gleich, mit welchen Mitteln er auch erreicht wird – orientiert. So belegen Untersuchungen im *Eishockey* (vgl. u. a. Faulkner 1974; McCarthy/Kelly 1978; Smith 1978, 1979; Vaz 1974); im *Feldhockey* (Morris 1975); im *Fußball* (Begerau 1981; Frogner/Pilz 1982; Heinila 1974; Pilz 1981); im *Hallenhandball* (Albrecht 1979; Biere u. a. 1979; Duell/Klein/Sichelschmidt 1980); im *Wasserball* (Gabler 1976), daß außerhalb des sportartspezifischen Regelwerks ein ‹informelles aggressives Normensystem› besteht, das körperliche Gewalt in weit höherem Maße toleriert, als die offiziellen Regeln vorsehen. Dieses vorwiegend im Bereich der Mannschaftsspiele empirisch belegte Vorherrschen instrumenteller körperlicher Gewalt läßt sich, wie die einleitenden Ausführungen zu diesem Band zeigen und wie auch die empirische Studie von Ulrich (1977) am Beispiel von Radfahrern, Ruderern, Schwimmern, Skifahrern u. a. belegt, auch auf Individualsportarten übertragen. Dabei zeigt sich aufgrund der bisherigen Ergebnisse, daß das die jeweilige Sportart bestimmende Regelwerk einen wesentlichen Einfluß auf das *Ausmaß*, mehr aber noch auf die *Art* gewalttätigen Handelns von Sportlern ausübt. So kommt Gabler (1976) aufgrund einer Analyse von Basketball-, Fußball-, Hallenhandball- und Wasserballspielen zu dem Ergebnis, daß Differenzen der Foulhäufigkeit in den untersuchten Sportarten weniger auf die Dispositionen der Sportler als vielmehr auf die unterschiedlichen Strukturen der einzelnen Sportarten zurückzuführen seien. Dabei spielt, wie Voigt (1982) auf der Basis einer neueren Untersuchung von Fußball-, Eishockey-, Hallenhandball-, Basketball- und Volleyballspielen auf verschiedenen Leistungsebenen nachgewiesen hat, die je spezifische Regelung einer Sportart eine entscheidende Rolle für das Ausmaß instrumenteller körperlicher Gewalt von Sportlern. Je rigider das Regelwerk gefaßt ist, desto erfolgreicher sind Mannschaften die regelkonform spielen, während umgekehrt gilt: Je liberaler das Regelwerk abgefaßt ist (z. B. beim Hallenhandball, Eishockey oder Fußball), desto erfolgreicher sind Mannschaften, die am häufigsten instrumentelle körperliche Gewalt einsetzen. In diesem Zusammenhang ist die Frage interessant, inwieweit die von Hans-Günther Schmidt in seinem Beitrag bereits angesprochene Änderung der Handballregeln, die rigidere Auslegung der Regeln und strengere, konsequentere Bestrafung von Regelverletzungen, in der Tat dazu führen, daß instrumentelle körperliche Gewalt im Hallenhandball zurückgedrängt wird. Erste Beobachtungen und Analysen weisen in diese Richtung. Allerdings muß berücksichtigt werden, daß mit zunehmender Rigidität des Regelwerks instrumentelle körperliche Gewalt nicht weniger vorkommt, wohl aber zunehmend ‹hinter die Kulissen verbannt›, zunehmend versteckter, gleichsam ‹raffinierter› (vgl. auch Begerau 1981, 329 und Schmidt in diesem Band, Seite 25ff) wird und somit weniger häufig und weniger leicht registriert werden kann. Das Ergebnis von Voigt (1982), daß im Fußball nahezu doppelt so häufig instrumentelle Gewalt vorkommt als im Basketballspiel, muß dahingehend relativiert werden, daß die instrumentellen Fouls im Fußball leichter registrierbar sind, aufgrund des ‹liberalen› Regelwerks offener ausgeübt werden als im Basketball.

Eine zentrale Bedeutung in bezug auf den Einsatz und die Häufigkeit instrumenteller körperlicher Gewalt kommt der Bedeutung des jeweiligen sportlichen Wettkampfes, dem Erfolgsdruck und -zwang zu, der auf den Sportlern lastet. Frogner/Pilz (1982), Smith (1975, 1978, 1979) und Vaz (1974) weisen anhand ihrer Untersuchungen im Bereich des Eishockeys und Fußballs nach, daß die Bedeutung, die die Trainer dem Sieg der Mannschaft beimessen, die Bereitschaft der Sportler erhöht, die Gegner regelwidrig ‹auszuschalten›, auch auf die Gefahr hin, diese ernsthaft zu verletzen. Mehr noch: Mit steigender Spielklasse und Leistungsstärke steigt die Bereitschaft, instrumentelle körperliche Gewalt zu legitimieren und anzuwenden, wobei auch die Wertigkeit instrumenteller Gewalt für den Erfolg durch Außenstehende als immer bedeutender erlebt wird (vgl. Tabelle 2, Seite 44).

Mit zunehmender Altersklasse, zunehmender sportlicher Erfahrung und Leistungsstärke wird das Einhalten des Fair play immer mehr als hinderlich für den sportlichen Erfolg eingeschätzt und erlebt, wird instrumentelle Gewalt zunehmend legitimiert (vgl. Tabelle 3, Seite 45).

Der Vorteil der eigenen Mannschaft gewinnt gegenüber der Fairneß mit zunehmendem Alter und Leistungsniveau immer mehr an Bedeutung. Der Einsatz instrumenteller körperlicher Gewalt wird im Laufe des sportlichen Sozialisationsprozesses systematisch gelernt und schließlich weitgehend verinnerlicht; instrumentelle, körperliche Gewalt wird zu «sozial erworbenem Normalverhalten» (Smith 1975). Dabei weist das letzte Statement in

Statements	Alters-, Spielklasse		
	Minor Midget bis Juvenile (N = 169)	Pee Wee bis Bantam (N = 313)	Junior B und Junior A (N = 122)
Wenn du persönlich Anerkennung im Eishockey finden möchtest, ist es hilfreich, hart (rough) zu spielen; die Leute schauen darauf	52	70	88
Die andere Mannschaft grob anzugreifen, führt zwar zu Strafen, aber langfristig hilft es oft, erfolgreich zu sein	51	64	74
Die meisten Leute achten Spieler nicht, die nicht kämpfen, wenn sie angegriffen wurden (picked on)	31	42	59
Um erfolgreich zu sein, benötigen die meisten Hockeyteams einen oder zwei grobe Kerle, die immer bereit sind zu kämpfen	43	57	84

Tabelle 2: Zustimmung zu Aussagen, die die Nützlichkeit der Anwendung instrumenteller körperlicher Gewalt betreffen (Angaben in Prozent; vgl. Smith 1979)

Tabelle 2 zusätzlich auf die enge Verflechtung ‹expressiver› und ‹instrumenteller› Gewalt einerseits, die Bedeutung bestimmter Spielerpositionen in Mannschaftssportarten bezüglich der Häufigkeit und Art körperlicher Gewalt andererseits hin (vgl. auch Morris 1975; Naul / Voigt 1972). Wie bereits im Beitrag von Hans-Günther Schmidt angedeutet, werden bestimmte Spielertypen aufgrund ihrer Persönlichkeitsstruktur und Gewaltstandards für besondere Aufgaben (‹Sonderbewachung›; Vorstopper usw.)

Auf dem Spielfeld hat sich ein Spieler wie folgt zu verhalten:	Zustimmung in Prozent				
	15 Jahre	16 Jahre	17 Jahre	18 Jahre	Profis
Zu versuchen, soviel wie möglich Vorteile für seine Mannschaft zu erzielen	27	31	39	44	54
Dem Geist des ‹fair play› zu entsprechen	40	29	30	22	16
Den Forderungen des Schiedsrichters zu entsprechen	29	31	25	29	24
Keine Antwort	4	9	6	5	6
	100	100	100	100	100

Tabelle 3: Einschätzung des ‹Fair play› im Vergleich zum Mannschaftsinteresse und dem Entsprechen der Forderungen des Schiedsrichters, differenziert nach Altersklassen (vgl. HEINILÄ 1974, 40)

eingesetzt. So lassen sich gerade in Mannschaftssportarten Spielerpositionen und Spieleraufgaben herauskristallisieren, die im Vergleich zu anderen ein erheblich höheres Maß an expressiver, vor allem instrumenteller Gewalt bedingen. Auch wenn im Laufe des sportlichen Sozialisationsprozesses Fairneß zunehmend erfolgsorientierten, instrumentellen körperlichen Gewalthandlungen Platz macht, der Einsatz instrumenteller Gewalthandlungen erfolgt im Gegensatz zur expressiven Gewalt nie ‹blind›, wahllos, sondern nur in ganz spezifischen, besonders bedrohlichen Situationen (vgl. u. a. BEGERAU 1981; FROGNER/PILZ 1982 und SCHMIDT 1978). So weist SCHMIDT (1978, 206ff) nach, daß mit zunehmendem Wettkampfcharakter die körperliche Unversehrtheit des Gegners geringer eingeschätzt wird, die instrumentellen körperlichen Gewalthandlungen gegen Gegenspieler zunehmen (vgl. Tabelle 4, Seite 46). Dabei muß mindestens zwischen zwei grundsätzlich verschiedene Situationen unterschieden werden, zum einen – wie die Untersuchung von SCHMIDT (1978) zeigt – die Bedeutung des Spiels selbst, zum anderen bestimmte Spielkonstellationen während des Spiels. So wird ein Spieler in einem besonders wichtigen Spiel, wo es um den Pokal, den Auf- oder Abstieg geht, eher bereit sein, seinem Gegenspieler gleich zu Beginn

Charakter des Wettkampfs	Häufigkeit instrumenteller körperlicher Gewalt
Trainingsspiel	58
Freundschaftsspiel gegen rangtiefere Gegner	45
Meisterschaftsspiel gegen rangtiefere Mannschaften	65
Meisterschaftsspiel gegen rangplatzgleiche oder rangplatzhöhere Mannschaften	99

Tabelle 4: Zusammenhang zwischen der Häufigkeit instrumenteller körperlicher Gewalt und dem Wettkampfcharakter (vgl. SCHMIDT 1978)

ein paarmal in die Knochen zu treten, um ihn einzuschüchtern und sich Respekt zu verschaffen. In der Untersuchung von HEINILÄ (1974) stimmten entsprechend auch 54 Prozent der befragten Profifußballer und 38 Prozent der Fußballamateure der Aussage zu, daß in wichtigen Spielen alle Mittel erlaubt seien, um zu gewinnen. Im anderen Falle wird ein Gegenspieler eher dann umgetreten, wenn das Spiel kurz vor Schluß noch unentschieden steht und er sich in einer aussichtsreichen Schußposition befindet, als wenn das Spiel schon entschieden ist und er zu einer Flanke ansetzt. So meinten 70 Prozent der befragten Fußballprofis in HEINILÄS Untersuchung, daß ein Spieler in einer aussichtsreichen Schußposition unbarmherzig zu Fall gebracht werden muß. Bei den Amateuren vertraten noch 54 Prozent der befragten Spieler diese Ansicht. Die Untersuchung von FROGNER/PILZ (1982) weist darauf hin, daß entgegen der immer wieder vertretenen These, der Frauensport zeichne sich durch weniger Gewalt, vor allem durch das nahezu vollständige Fehlen instrumenteller körperlicher Gewalt aus, Fußballspielerinnen in gleich hohem Maße wie Fußballspieler erwarten, daß im Spiel hart eingestiegen wird. Entsprechend begehen Fußballspielerinnen ebenso häufig instrumentelle körperliche Gewalthandlungen wie Fußballspieler. So geben die Fußballspielerinnen offen zu, daß über 30 Prozent ihrer Regelverletzungen instrumentelle körperliche Gewalthandlungen seien; bei den Fouls ihrer Gegenspielerinnen vermuten sie sogar, daß 50 Prozent in die Kategorie instrumenteller körperlicher Gewalt einzuordnen

Handlungen	Geschlecht	Handeln		Legitimieren	
		$\overline{x}$	sign.	$\overline{x}$	sign.
Den Gegner mit den Händen wegdrücken	männlich weiblich	2.62 2.58	ns	2.39 1.82	.002
Mit dem Ellbogen den Gegenspieler stoßen	männlich weiblich	2.34 2.20	ns	2.57 1.53	.001
Dem Gegenspieler ein Bein stellen	männlich weiblich	1.94 1.73	ns	1.98 1.31	.001
Den Gegenspieler mit der Faust schlagen	männlich weiblich	1.13 1.20	ns	1.13 1.24	ns

Tabelle 5: Mittelwertvergleich der Häufigkeit instrumenteller körperlicher Gewalt während eines Punktspiels und der Legitimierung dieser Handlungen, getrennt nach Geschlecht (vgl. FROGNER/PILZ 1982, 243)

seien. Besonders interessant ist jedoch die Tatsache, daß die Fußballspielerinnen instrumentelle körperliche Gewalt zwar während eines Punktspiels relativ häufig anwenden, sie dieses Verhalten jedoch – offensichtlich aufgrund traditioneller Rollenklischees – nicht rechtfertigen. Fußballspielerinnen weisen – wie Tabelle 5 zeigt – im Gegensatz zu den Fußballspielern eine ausgeprägte Differenz zwischen der Häufigkeit ihrer instrumentellen körperlichen Gewalthandlungen einerseits, der Legitimierung dieser Handlungen andererseits auf.

Der Konflikt zwischen traditionellen Geschlechtskanons und den Erfordernissen des Wettkampfsports, der sich in der Tabelle 5 widerspiegelt, läßt sich auch daran festmachen, daß die Mädchen häufiger als die Jungen vom Trainer ausgewechselt werden, weil sie nicht hart genug spielen, und auch häufiger gelobt werden, wenn sie durch ein grobes Foul ein Tor verhindert haben bzw. häufiger auf aggressives Spiel, harten Einsatz trainiert werden. Offensichtlich müssen aufgrund unterschiedlicher Sozialisationserfahrungen die Mädchen mehr als die Jungen lernen, im Spiel hart einzusteigen, körperliche Gewalt im Interesse sportlichen Erfolges einzusetzen, so daß sie auch vom Trainer entsprechend mehr darauf vorbereitet werden (vgl. Tabelle 6, Seite 48).

Diese Ergebnisse machen zusätzlich auf die Bedeutung des Trainers bei der Sozialisation instrumenteller körperlicher Gewalt aufmerksam. Dem Trainer, der ja einem oft noch erheblich höheren Erfolgsdruck unterliegt (man

Trainerdruck	Fußball-spieler (n = 253)	Fußball-spielerinnen (N = 45)
Der Trainer erwartet von uns, daß wir im Spiel nicht zu zimperlich sind und hart einsteigen	3.46	3.71
Im Training werden wir auf harten Einsatz gegen den Spielgegner trainiert	2.53	2.91
Im Training und vor Spielen besprechen wir, wie wir am besten den Gegner durch körperliche Angriffe stoppen können, ohne daß der Schiedsrichter es abpfeift	2.26	2.40
Wenn ich durch ein grobes Foul ein Tor verhindern konnte, hat mich unser Trainer dafür gelobt	1.63	1.84
Es ist mir schon passiert, daß ich vom Trainer während eines Spiels ausgewechselt wurde, weil ich nicht hart genug rangegangen bin	1.43	1.80

Tabelle 6: Ausmaß des Trainerdruckes auf instrumentelle körperliche Gewalt, getrennt nach Geschlecht (vgl. FROGNER/PILZ 1982, 242)

vergleiche nur das sich immer wieder sich drehende ‹Trainerkarussell› während der Meisterschaftsrunden), kommt die Rolle der zentralen Sozialisationsinstanz instrumenteller körperlicher Gewalt zu. Demgegenüber fällt den anderen Sozialisationsagenten wie Mitspielern, Zuschauern, Massenmedien und Eltern (nach dem Grad deren Bedeutung aufgelistet) mehr die Rolle von Bezugsgruppen zur Legitimierung instrumenteller körperlicher Gewalt zu (vgl. auch FAULKNER 1974; SMITH 1979).

Fassen wir zusammen: Das ‹Foulspiel als Pflichtprogramm› im Sinne von instrumenteller körperlicher Gewalt ist aus dem leistungssportlichen Alltag nicht mehr wegzudenken. Die zunehmende Bedeutung sportlicher Ereignisse, vor allem sportlicher Erfolge führt dazu, daß sich die Wertvorstellungen, die sozialen Kanons im Wettkampfsport, die expressive Gewalt immer mehr verlagern in Richtung eines Erfolgsdenkens um jeden Preis und damit verbunden einer zunehmenden Anwendung und Legitimierung instrumenteller körperlicher Gewalt. Um es mit WEIS (1976, 312) zu sagen:

«Je stärker der Sport professionalisiert wird, je mehr der Sieg als das Ziel sportlichen Strebens gegenüber den Mitteln, mit denen er erreicht wird, betont wird, je wichtiger schließlich die wirtschaftlichen oder sonstigen Folgen eines Sieges sind, desto höher mag die Wahrscheinlichkeit sein, daß die Regeln des Sports zugunsten anderer Interessen verletzt werden.»

Diese Aussage gilt – und dies sei nochmals hervorgehoben – für den Männer- wie den Frauensport gleichermaßen. Diese Entwicklung, die zunehmende Bedeutung instrumenteller Gewalt im Frauen- wie im Männersport, ist dabei nichts anderes als ein Anpassungsprozeß an die Anforderungen und Normen des Leistungs- und Erfolgssports, an strukturelle Bedingungen der jeweiligen Sportart, an gesamtgesellschaftlichen Normen und Verhaltensstandards der Leistungsgesellschaft schlechthin. Die Frage, wie dieser Entwicklung Einhalt geboten werden kann, ist somit nicht befriedigend damit zu beantworten, daß man auf die Möglichkeit der Verschärfung von Bestrafungen instrumenteller körperlicher Gewalthandlungen verweist. Solche Maßnahmen führen angesichts der engen Verflechtung instrumenteller Gewalt im Sport mit dem zunehmenden Erfolgsdruck, den Werten und Normen einer Leistungs- und Erfolgsgesellschaft und mit den gesamtgesellschaftlichen Gewaltstandards, eher dazu, daß «zu lernen, wie man durch das Sanktionsnetz schlüpft ... dann vermehrt auf dem Trainingsprogramm» der Sportler steht (BEGERAU 1981, 329; vgl. auch HANS-GÜNTHER SCHMIDT in diesem Band). Bevor sich somit nicht auch Wandlungen der gesamtgesellschaftlichen Normen und Verhaltensstandards in Richtung auf mehr Menschlichkeit und Rücksichtnahme und weniger Ausnutzen eigener Vorteile auf Kosten anderer vollziehen, scheinen tiefgreifende Veränderungen im Sinne einer Rückbindung instrumenteller körperlicher Gewalt im Wettkampfsport kaum realistisch.

Gunter A. Pilz

Zusammenstellung von Zeitungsberichten und Sportleraussagen zur Gewalt von Sportlern

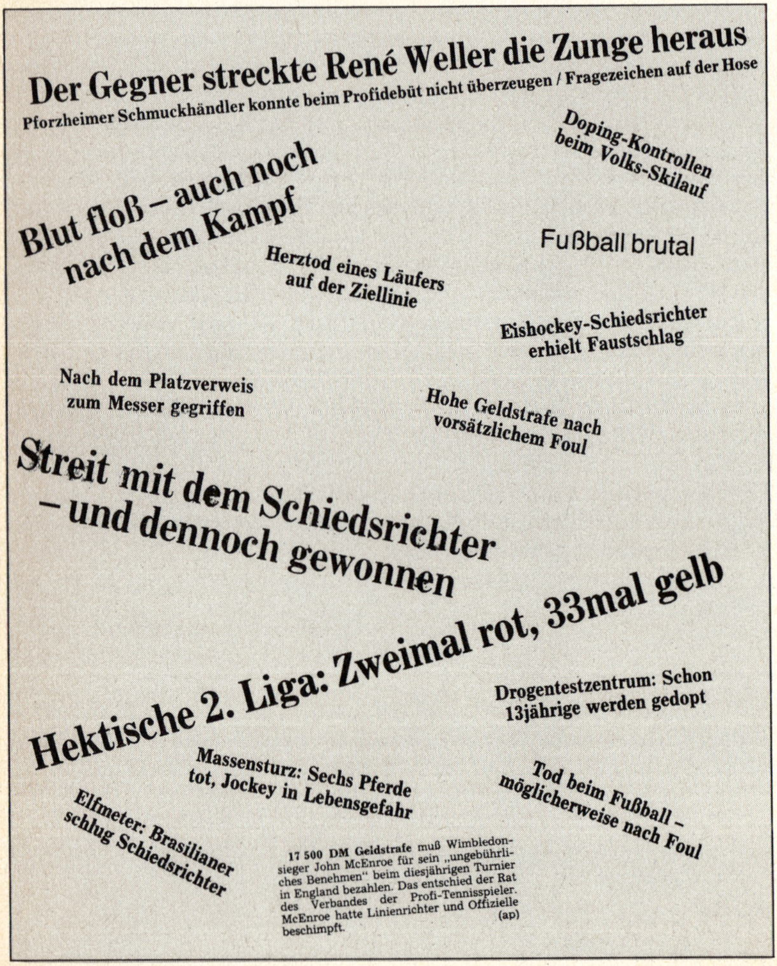

Der Gegner streckte René Weller die Zunge heraus
Pforzheimer Schmuckhändler konnte beim Profidebüt nicht überzeugen / Fragezeichen auf der Hose

Doping-Kontrollen beim Volks-Skilauf

Blut floß – auch noch nach dem Kampf

Fußball brutal

Herztod eines Läufers auf der Ziellinie

Eishockey-Schiedsrichter erhielt Faustschlag

Nach dem Platzverweis zum Messer gegriffen

Hohe Geldstrafe nach vorsätzlichem Foul

Streit mit dem Schiedsrichter – und dennoch gewonnen

Hektische 2. Liga: Zweimal rot, 33mal gelb

Drogentestzentrum: Schon 13jährige werden gedopt

Massensturz: Sechs Pferde tot, Jockey in Lebensgefahr

Tod beim Fußball – möglicherweise nach Foul

Elfmeter: Brasilianer schlug Schiedsrichter

17 500 DM Geldstrafe muß Wimbledonsieger John McEnroe für sein „ungebührliches Benehmen" beim diesjährigen Turnier in England bezahlen. Das entschied der Rat des Verbandes der Profi-Tennisspieler. McEnroe hatte Linienrichter und Offizielle beschimpft. (ap)

«Wir unterscheiden uns nicht allzusehr von Tieren, wir tragen unseren Existenzkampf mit allen Mitteln aus. Jeder muß versuchen, den anderen fertigzumachen.»
(Jupp Kapellmann, in: *stern* 1975, Nr. 43)

«Der Bundesligafußball ist deshalb zu einem brutalen Existenzkampf heruntergekommen, weil sportlicher Ehrgeiz durch teilweise rücksichtslosen finanziellen Ehrgeiz ersetzt worden ist.»
(Ewald Lienen, in: *konkret Sport* 1982)

«Viele Spieler suchen geradezu die Ballnähe, um bei vorsätzlichen Fouls vorgeben zu können, das Foul wäre im Kampf um den Ball geschehen und nicht absichtlich. Dabei geht es ihnen nur darum, die Knochen zu treffen.»
(Ewald Lienen im *Aktuellen Sportstudio* des ZDF vom 14.11.1981)

«Es stimmt, daß ich ihn treffen wollte ... – Hartwig hat mich kurz vorher mit der Faust ins Gesicht geschlagen, die Schramme ist zu sehen. Ich habe ihn später weder berührt noch getreten. Als er am Boden lag, hat mich Hartwig ausgelacht und mir die Zunge herausgestreckt.»
(Hans-Gunter Neues zu seinem Platzverweis am 15.8.1981 beim Spiel Kaiserslautern – Hamburger Sportverein, in: *Hannoversche Allgemeine Zeitung [HAZ]* vom 17.8.1981)

«Natürlich gebe ich das zu, ich habe nachgetreten und darauf steht Platzverweis, aber das war ja nur der Schlußpunkt, die Vorgeschichte, meine ich, zeigt diesen Fall in einem ganz anderen Licht ... Mein Gegenspieler Lorant hat mich von der ersten Minute an durch versteckte Tritte und alle erdenklichen Handlungen auf die gemeinste Weise provoziert. Gegen Schluß des Spiels, kurz vor dem Platzverweis, hat er mir bei einem Eckstoß die Hoden gequetscht und gezerrt.»
(Jupp Kapellmann zu seinem Platzverweis beim Spiel Saarbrücken – Bayern München, in: *HAZ* vom 19.9.1977).

«Ich kenne eine alte Weisheit aus dem Geschäft. Die heißt: Du brauchst nicht Fußball spielen, du mußt nur aufpassen, daß der andere nicht Fußball spielt.»
(Max Merkel, in: *Körpererziehung* 31/1981, 10, 470)

«Unsere Jungs sind zu naiv.» (1) – «In dieser Situation gab's nur eine Lösung: umhauen.» (2) – «Rasieren, den Schützen vor dem Schuß rasieren.» (3) – «Die Naivität eskalierte in der 87. Minute zur Dummheit.» (4).
(Präsident Siebert (1), Trainer Max Merkel (1 und 2), Mittelstürmer Klaus Fischer (3) und der Sportberichterstatter (4) zu der Tatsache, daß beim Bundesligaspiel zwischen Schalke 04 und Mönchengladbach die Schalker in der 87. Minute noch den Ausgleichstreffer zum 2:2 Endstand durch den Gladbacher Jensen hinnehmen mußten.
In *HAZ* vom 24. 11. 1975)

«Kein Trainer kann es sich leisten, einen Mann zum Foulspiel aufzufordern. Ich motiviere jeden Spieler, innerhalb von 90 Minuten bis an die Grenzen des Erlaubten zu gehen.»
(Trainer Feldkamp vom 1. FC Kaiserslautern, in: *HAZ* vom 30. 9. 81)

«Man muß auch sehen, daß die Trainersprache nicht so geschliffen ist. ‹Nun geht mal hin› heißt noch lange nicht, daß jemand totgetreten werden soll.»
(Trainer Erich Ribbeck vom DFB, in: *HAZ* vom 30. 9. 81)

«Tritt dem Hölzenbein doch in die Knochen.» «Pack ihn dir.»
(Trainer Rehhagel, in *HAZ* vom 17. 8. 81)

«Erwisch ihn gleich am Knöchel, dann hast du deine Ruhe.»
(Traineranweisung an einen Schalker Spieler, in: *Körpererziehung* 31/1981, 10, 470)

Geschichte des Foulspiels von Günther an Borg anhand der Berichterstattung der Badischen Neuesten Nachrichten:

Freitag, 23. 10. 1981, Bericht zum am Abend stattfindenden Spiel zwischen dem Karlsruher SC und Eintracht Braunschweig:
(Hervorhebungen durch den Verfasser)
«Die Mannschaft hat diese Woche sehr konzentriert trainiert und will heute auch entsprechend *aggressiv* zu Werke gehen! Insbesondere seine beiden Angreifer Schüler und *Günther* will Krafft heute in die Pflicht

nehmen, droht gar mit Konsequenzen, falls sie ähnlich ‹*müde*› wie zuletzt agieren sollten: ‹Dann werden schon im nächsten Auswärtsspiel andere Leute stürmen!›»

Samstag, 24. 10. 1981, Bericht vom Spiel KSC – Braunschweig:
«*Günthers brutales Foul.* Braunschweigs Vorstopper Hasse Borg erlitt nach Günthers schwerem Foul *einen Bruch des Schienbeins.*»

Donnerstag, 29. 10. 1981, Pressekonferenz mit Emanuel Günther:
«Kein Profi will seinem Berufskollegen das Bein brechen.»

Montag, 16. 11. 1981, zum Bericht vom Spiel Nürnberg – KSC:
«Nach Fehltritten seiner Zauderer – Krafft läßt sich solche Leistungen nicht mehr bieten ... ‹Es ist für mich als Trainer deprimierend, mit ansehen zu müssen, wie *ängstlich* meine Mannschaft seit Günthers *Unglücksfall* gegen Hasse Borg zu Werke geht. Wir scheuen den Zweikampf, zu 80 Prozent war Nürnberg stets Sieger. Auf diese Weise kann man kein Spiel gewinnen.› ... ‹Wer sich vorbelastet fühlt, muß mir das sagen. Dann bleibt er aus dem Team. Denn *ähnlich schwache Leistungen lasse ich mir künftig nicht mehr gefallen.*› ... ‹Ich *verlange eine gewisse Härte, ohne dabei unfair zu spielen.*›»

Auszüge aus Paul Breitners Buch: Ich will kein Vorbild sein
(Copress-Verlag: München 1980)

«Fußball ist ein Kampfsport. Nicht so zurückhaltend und ungefährlich wie Fechten, Judo oder Karate ... Nein, Fußball ist wie Boxen. Da wird ordentlich hingelangt, da wird manchmal auf alles, was sich rührt, getreten und geschlagen. So sieht's aus.»(S. 25)

«Ich behaupte: wir müssen den Jugendlichen lehren, foul zu spielen! Das klingt jetzt vielleicht brutal, aber was hilft es, ständig um den heißen Brei herumzureden ... Denn eines ist klar, und das gilt für Schüler genauso wie für Bundesligaprofis: bevor ich dem Gegner erlaube, ein Tor zu schießen, muß ich ihn mit allen Mitteln daran hindern – und wenn ich das nicht mit fairen Mitteln tun kann, dann muß ich es eben mit einem Foul tun. Lieber einen Freistoß als ein Tor. Wer das nicht offen zugibt, der lügt sich was vor – oder er ist kein Fußballer.» (S. 26)

«Aber ich muß auch oft Dinge tun, für die ich eine Verwarnung oder die gelbe Karte kassiere ... Daß bei solchen Fouls dann der eine oder andere Spieler verletzt werden kann, das liegt im Risiko unseres Jobs, das ist normal und unumgänglich.» (S. 26–27)

«Herr Polizeipräsident, nun kann in der Westkurve nichts mehr passieren.»
(*Zeichnung:* Schoenfeld)

Gewalt von Zuschauern

Hans-Joachim Schulz / Robert Weber

Zuschauerausschreitungen – Das Problem der Fans

Das Problem der Zuschauergewalt aus der Sicht der Öffentlichkeit

Seit Mitte der siebziger Jahre ist das Thema *Gewalt im Sport* nicht mehr nur in Form von regelwidrigen aggressiven Handlungen aktiver Sportler immer wieder aktuell im Bewußtsein einer breiten Öffentlichkeit, sondern auch in seiner Erscheinung als Gewalt von Zuschauern. Verfolgt man die Berichterstattung in den Medien, so entsteht der Eindruck, daß insbesondere Zahl und Umfang gewalttätiger Ausschreitungen von Zuschauern nationaler und internationaler fußballerischer Großveranstaltungen in den letzten Jahren stark zugenommen haben. Fußballplätze werden als «Kriegsschauplätze», gewalttätige Auseinandersetzungen von Zuschauern als «blutige Schlachten» mit Verletzten und Toten beschrieben. Es überwiegen emotional getönte Schlagzeilen, spektakuläre Schilderungen von Einzelfällen, die dann verallgemeinernd dargestellt dem Geschehen seinen Schrecken geben und ihn zukunftsträchtig erhalten.
Eine besondere Rolle spielt in diesem Zusammenhang die jugendliche Subkultur der Fußballfans, die seit Bestehen der Bundesliga stetig im Wachsen begriffen ist und der sich zur Zeit wohl nahezu 150000 meist in sogenannten Fanclubs organisierte Jugendliche zugehörig fühlen. Diese Fans zeichnen

sich für den Beobachter zunächst u. a. dadurch aus, daß sie rückhaltlos hinter ‹ihrer› Mannschaft stehen, bestimmte Stehplatzkurven und Stadionblöcke als ihr festes Territorium betrachten und aufgrund ihrer gruppenspezifischen Normen, Symbole und Verhaltensrituale die optisch und akustisch auffälligste Zuschauergruppe ausmachen.
Bei oberflächlicher Betrachtung bestätigen sie ihr negatives öffentliches Image als Schläger- und Säufervereine: Im Mittelpunkt ihrer Aktivitäten scheinen oft ziellos wirkende verbale und körperliche Aggressionen sowie exzessiver Alkoholgenuß zu stehen. Einige führen Waffen wie Fahrradketten, Totschläger, Messer und Gaspistolen mit sich. In den Farben ‹ihres› Vereins gekleidet, ziehen sie in zu Hunderten zählenden Gruppen grölend und randalierend durch die Straßen zum Stadion und genießen und pflegen – erschrocken begafft und bestaunt von anderen Zuschauern und Passanten – den Mythos vom männlich-harten und furchtlosen Fan nach englischem Vorbild. An jedem Fußballwochenende rollt neben dem Showgeschäft auf dem Rasen die mit überraschenden und phantasievollen, aber auch ritualisiert-aggressiven Eigenaktivitäten inszenierte Fanshow ab. Ihre Anreizfunktion für passive Sitzplatzzuschauer ist beträchtlich. Aus gebührend sicherer Entfernung konsumiert man nicht nur 22 Balltreter, sondern auch ein paar Tausend ‹Verrückte› und deren unberechenbare Selbstdarstellung. Das kann den Samstag auch bei einem langweiligen Spiel noch interessant gestalten. Vom Familienvater am Stammtisch über das Polizei-Telex bis zu sämtlichen Massenmedien wird nicht nur über das Ballspektakel, sondern insbesondere auch über das aggressive Fantheater berichtet und letzteres damit erheblich belohnt und verstärkt.
Wo liegen die Ursachen für den oft unbegreiflichen Vandalismus jugendlicher Fans, unter welchen Bedingungen kommt es zu aggressiven Zuschauerhandlungen? Die meisten Presseberichte bleiben in ihrer undifferenzierten, auflagensteigernden Beschreibung spektakulärer Ausschreitungen an der Oberfläche. Von seiten des finanzstarken DFB oder der Vereine wurden bisher keinerlei Maßnahmen ergriffen, um die Bedingungen aggressiver Fanhandlungen erforschen zu lassen und gewalttätige Ausschreitungen in Zukunft eventuell zu vermindern.
Man hat oft zu seinen Fans ein gebrochenes Verhältnis: Einerseits schafft es eine schlechte Presse und schadet dem Ansehen des Vereins, wenn unter seinem Namen und Emblem kriminelle Handlungen wie Diebstahl, Raub und Körperverletzung begangen und bekannt werden. Andererseits hat jeder Fanklub (auch ein gewalttätiger) eine positive, insbesondere wirtschaftliche Funktion für seinen Verein. Er sorgt für Werbung und Bekanntheit in der Öffentlichkeit, kauft eine Vielzahl von Utensilien, die mit Vereinssymbolen und -farben bedruckt sind. Und er ist ein treuer Dauerkartenkunde sowie zuverlässiger Unterstützer für die eigene und Störer für die gegnerische Mannschaft.

Populäre Erklärungsversuche für Zuschauerausschreitungen und Funktion naiver Verhaltenstheorien für die Fans

Beim Versuch der Erklärung und Interpretation des sozialen Phänomens ‹Zuschauergewalt› finden in die Kommentare der Massenmedien durchweg spekulative Modelle Eingang, insbesondere die in Deutschland beliebten und gemeinhin akzeptierten Instinkt- und Triebtheorien. Es ist die Rede vom Abreagieren und Dampfablassen auf dem Fußballplatz, von überschäumenden aggressiven Staus, von dem Freiraum Stadion, den der Mensch wohl auch brauche, um mal so richtig toben und brüllen zu können. Sowohl Pressekommentatoren und Sportberichterstatter als auch Politiker, Vereinsfunktionäre, Polizisten und Ordnungskräfte, Bundesbahnbeamte in Fan-Sonderzügen und nicht zuletzt die Fußballfans selbst hängen diesen Erklärungsversuchen an. Ein typischer Satz ist dabei der folgende aus einem Interview mit einem Polizisten:

- «Die (Fans – die Verf.) haben doch die ganze Woche nichts als Ärger zu Hause, am Arbeitsplatz oder in der Schule. Und da lassen die halt mal am Samstag auf dem Fußballplatz so richtig die Sau los, schreien sich alles so richtig aus dem Leib. Das ist doch klar, und die brauchen das auch in dem Alter.»

Im Rahmen einer vom Bundesinstitut für Sportwissenschaft in Köln in Auftrag gegebenen Studie befragten die Verfasser insgesamt 33 Polizisten und Ordner sowie 28 Fans nach ihren persönlichen Erklärungsvorstellungen über die Ursachen von Fan-Aggressionen (vgl. Gabler/Schulz/Weber 1982). Die Antworten der weitaus meisten Befragten (78 Prozent) lassen sich einer Frustrations-Aggressions-Theorie mit Langzeitcharakter kombiniert mit einem hydraulisch funktionierenden Triebenergiedruck à la Lorenz'scher Dampfkesseltheorie (vgl. Lorenz 1963 und Arbeitsblatt 2, Seite 149ff) zuordnen. Diese Vorstellungen beruhen auf dem naiven persönlichen Überzeugungswissen, daß sich die Fan-Aggressionen durch Frustrationen (am Arbeitsplatz, in der Familie oder in der sonstigen Freizeit) aufbauen und anstauen und einen Auslaß, ein Ventil brauchen, hier das dann scheinbar unabänderliche Samstag-Spektakel. Umgangssprachlich wurden von allen befragten Fans und Ordnungskräften unter Frustrationen dabei Frustrationen im weiteren Sinne (Selg 1975, 15) verstanden, d. h. sowohl die Störung von zielgerichtetem Verhalten als auch das Auftreten aversiver Reize (zum Beispiel Ärger bei der Arbeit) sowie das Vorhandensein von Mangelzuständen und Entbehrungen (zum Beispiel Erlebnishunger, Langeweile, ‹nichts los› während der Woche).

Insbesondere von Ordnern und Polizisten werden den aggressiv auffälligen Fans häufig langfristig frustrationsreiche Biographien unterstellt. Man spekuliert, daß ihr Alltag zahlreiche frustrierende Elemente enthalte. Auffallend ist, daß z. B. lerntheoretische Vorstellungen als populäre psychologische Konzepte zur Erklärung von Aggressionen kaum vorhanden sind. Die unter Fachpsychologen unumstrittene und empirisch gesicherte Bedeutung von Verstärkern (Belohnungen im weitesten Sinne wie auch Aufmerksamkeit schenken) und aggressiven Modellen für den Aufbau (das Erlernen) aggressiver Handlungen ist als naives Überzeugungswissen nicht präsent. Die von drei Viertel der Befragten vertretenen naiven Theorien über menschliches Verhalten sind nach unserer Ansicht höchst problematisch; denn sie sind geeignet, verbale, nonverbale und körperliche Aggressionen schon vor der aggressiven Handlung oder im nachhinein zu erklären und zu legitimieren. Die Funktion dieser beschriebenen moralischen Rechtfertigung besteht für die Fans in der Vermeidung eines schlechten Gewissens sowie in der Entschuldigung vor der Umwelt. Insbesondere triebtheoretische Vorstellungen haben diesen fatalen Nutzen für den Aggressor im Gegensatz zu lerntheoretischen Erkenntnissen, die ihm nicht ganz so bequem die Verantwortung für sein eigenes Tun abnehmen.

Diese Ergebnisse machen das Problem deutlich, daß es die Vertreter der empirischen Aggressionsforschung in den letzten Jahrzehnten nicht verstanden haben, wissenschaftlich empirisch gesicherte Einsichten über menschliche Aggressionen in einer verständlichen Sprache einer breiten Öffentlichkeit zu vermitteln. Demgegenüber waren Triebtheoretiker bei der Popularisierung ihrer Lehnstuhlgedanken, Einzelfall- oder Tierbeobachtungen gefährlich erfolgreich. Wissenschaftler haben sich – im Gegensatz zum Problem der Sportler-Aggressionen – mit dem Phänomen der Zuschauergewalt bisher kaum ernsthaft auseinandergesetzt. In der psychologischen, sportpsychologischen und sportsoziologischen Literatur liegen zwar eine Reihe von Gelegenheitsäußerungen vor. Es handelt sich dabei jedoch zumeist um populäre, spekulative und empirisch nicht belegte Gedanken, um Aussagen, die sich bei der Erklärung aggressiver Zuschauerhandlungen oft mit der Hinzuziehung einer dogmatischen Theorie oder der Darstellung einer Bedingung zufriedengeben (zum Beispiel Frustrationen auf Grund des Spielverlaufs, Sozialisationserfahrungen der Fans, Enthemmung durch Alkohol usw.). Umfassendere Beschreibungen und Bedingungs-Analysen leisten z. B. Pilz (1979), Friebel (1980), Pramann (1980) und Weis (1980). Empirische Untersuchungen zum Problem der Aggressivität und Gewalthandlungen von Fußballzuschauern fehlen allerdings fast gänzlich bis auf die Feldstudien von Schulz/Weber (1979) und Gabler/Schulz/Weber (1982).

Bedingungen von Zuschauerausschreitungen

Bei der Analyse von gewalttätigen Zuschauerhandlungen wird deutlich, daß es nicht *die* Bedingung als Ursache der Aggressionen gibt. Vielmehr müssen eine Reihe recht unterschiedlicher Bedingungen zur Erklärung von Fan-Ausschreitungen herangezogen werden, die einerseits in der aggressiv handelnden Person liegen, andererseits der Umwelt zugeordnet werden können. Diese Bedingungen können schon langfristig gegeben sein oder aber als Auslöser erst unmittelbar vor der aggressiven Handlung auftreten. Sie beeinflussen sich gegenseitig und wirken gemeinsam (zur näheren Erläuterung vgl. SCHULZ/WEBER 1979).

Abbildung 1: Schema zur Darstellung wichtiger Einzelbedingungen

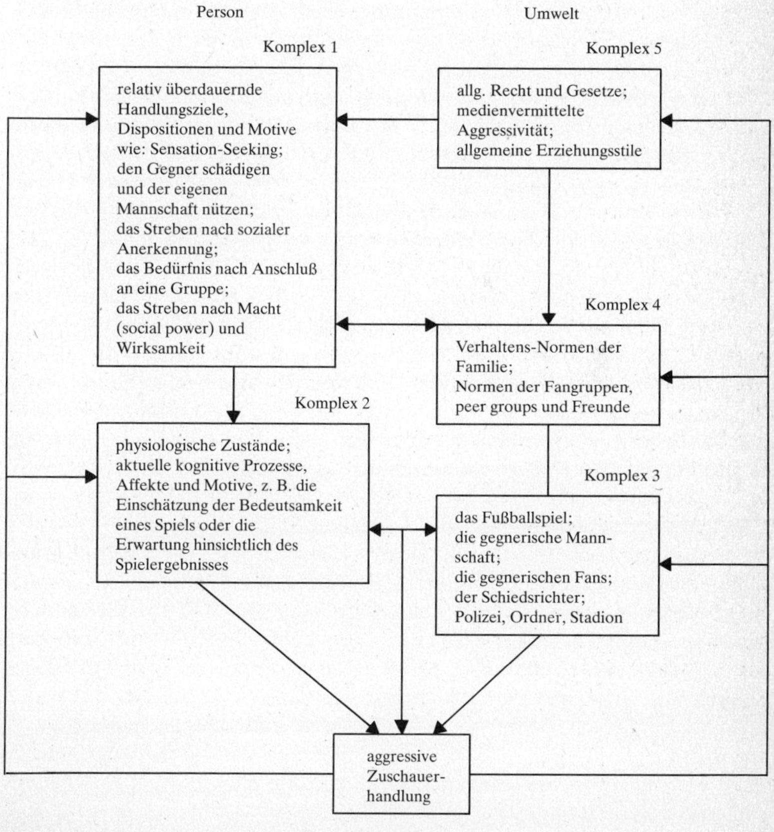

Die Abhängigkeiten und Beziehungen zwischen den verschiedenen Bedingungskomplexen verdeutlicht ein Beispiel:
Ein Fußballzuschauer hat in vielen für ihn aggressionsthematischen Situationen gelernt, daß ihm eine aggressive Handlung Befriedigung verschafft, die Handlungsfolgen für ihn also positiv sind. Aufgrund dieser Erfahrungen hat er eine bestimmte, relativ überdauernde aggressive Verhaltensdisposition erworben. Diese relativ überdauernde Bereitschaft wird sich unmittelbar auf seine aktuellen Reaktionen für mögliche aggressionsthematische Reize auswirken. Die momentane Bereitschaft des Zuschauers hängt natürlich auch z. B. vom augenblicklichen physiologischen Zustand des Individuums ab. Unser Zuschauer könnte etwa Alkohol getrunken haben und somit eventuell negative Folgen seiner Handlung weniger realistisch einschätzen. Wird nun dieser Stadionbesucher beispielsweise nach einem Spiel auf dem Heimweg von einem Gegnerfan verspottet (= aggressionsthematischer Reiz – vielleicht genügt es auch, daß er einem Fan in den gegnerischen Vereinsfarben nur begegnet), so ist es wahrscheinlich, daß unser Zuschauer diese Situation als aggressionsthematisch wahrnimmt. Jetzt kann seine Verhaltensdisposition zu aggressivem Handeln aktualisiert werden, vor allem dann, wenn er die erwarteten Handlungsfolgen aufgrund früherer Erfahrungen und eingeschränkt durch seinen momentanen alkoholisierten Zustand positiv einschätzt. Als objektiv beobachtbare Handlung tritt in unserem Beispiel nun möglicherweise eine körperliche Aggression des Zuschauers in Form eines Faustschlages gegen den Gegnerfan auf, der eine Schädigungsabsicht zugrunde liegt.
Auf der Umweltseite wirkt diese Handlung zurück auf die aktuelle Situation, vor allem auf den Gegnerfan und auf Beobachter der Szene. So könnte der Geschlagene zum Beispiel aufgrund eines aktuellen Wut-Gefühls wiederum verbal oder auch seinerseits körperlich aggressiv reagieren (hier wäre dann eine Kette von Reaktionen und Gegenreaktionen denkbar). Umstehende Zeugen könnten Partei ergreifen, den einen oder anderen verbal verstärken oder beschimpfen oder auch selbst körperlich aggressiv eingreifen usw.
Die aggressive Handlung unseres Zuschauers wirkt sich im Falle positiver Konsequenzen nicht nur für ihn selbst, sondern auch für seine Bezugsgruppen, zum Beispiel seinen Fanklub, verstärkend – also genau dieses gewalttätige Verhalten stabilisierend – aus. Mitglieder seines Klubs oder andere Freunde könnten seine erfolgreiche Aktion beobachtet oder davon gehört haben. Auch sie lernen daraus. Eine Bezugsgruppe von Fans mit einem aggressiven Normensystem produziert wiederum in den Situationen des Stadionumfelds aggressionsthematische Reize und/oder sucht solche vermehrt auf.
Eine Häufung von aggressiven Handlungen im Bereich des Zuschauersports könnte gesamtgesellschaftliche Folgen haben und andere sozio-kul-

turelle Bedingungen schaffen helfen. So ist es durchaus denkbar, daß die verschiedenen Formen der Zuschaueraggressionen einen allgemeinen Gewöhnungsprozeß an aggressive Handlungen unterstützen. Aggressionen würden – durch die Medien modellhaft vorgestellt – auch in weiteren gesellschaftlichen Bereichen leichter toleriert und zur Norm werden. Die soziokulturellen Bedingungen wirken wieder in Form von formellen und informellen Normen und Rollenvorstellungen auf unseren aggressiven Zuschauer und auf seine Bezugsgruppen, in denen Aggressionen zur Norm gehören oder werden können. Die Bedingungen dieser Gruppen wiederum (etwa die Verstärkung von aggressiven Handlungen) helfen mit, seine relativ überdauernden Verhaltensdispositionen, Einstellungen und Motive zu stabilisieren (oder zu verändern). Umgekehrt tragen seine relativ überdauernden Bereitschaften auch zur Stabilisierung bzw. Veränderung der Normen seiner Bezugsgruppen bei.

Ergebnisse der vorliegenden Studien

Umfang der Zuschauerausschreitungen

Schenkt man Polizeistatistiken Glauben, so scheint der Umfang der Zuschauerausschreitungen bei weitem nicht so groß zu sein, wie die verschiedensten Institutionen und die Medien ihm Bedeutung zukommen lassen. In der Saison '79/80 zählten Stuttgarter Polizisten 25 Schlägereien mit circa 140 beteiligten Personen und 35 Verletzten vor, während und nach Bundesligaheimspielen des VfB Stuttgart; tatsächlich liegt die absolute Zahl aber weitaus höher. Allein in einem Spiel aus dieser Saison gab es Massenschlägereien mit mehreren hundert Beteiligten.
Derartige körperliche Aggressionen kommen im Stadion selbst relativ selten vor, insbesondere dann, wenn eine strikte Blockeinteilung zwischen Heim- und auswärtigen Zuschauern besteht, sowie andere organisatorische Maßnahmen getroffen werden. Auf An- und Abmarschwegen sind dagegen – möglicherweise als Folge der inzwischen weitgehenden Kontrollen im Stadion – erheblich mehr körperliche Aggressionen zu beobachten.

Personenkreis der Fußballrowdies

An fast allen körperlichen Auseinandersetzungen sind jugendliche Fußballfans beteiligt, auf die sich deshalb auch die wenigen vorliegenden empirischen Untersuchungen (auch die der Verfasser) konzentrierten. In den häufigsten Fällen finden diese Aggressionen unter den Jugendlichen statt; die meisten und schwerwiegendsten körperlichen Auseinandersetzungen konnten zwischen Fans solcher Vereine festgestellt werden, bei denen über Jahre (zum Teil über Jahrzehnte) hinweg historisch gewachsene Rivalitäten und Feindschaften bestehen. Solche Auseinandersetzungen werden von den entsprechenden Fanklubs häufig schon Tage im voraus geplant. Über die Ursprünge und Gründe der historisch gewachsenen Rivalitäten und Feindschaften haben die meisten Fans nur eher diffuse Vorstellungen. Regionales Konkurrieren scheint, wie Tabelle 1 zeigt, eine Rolle zu spielen.

	Gefährlichkeit*	Entfernung von Stuttgart (in km)
Bayern München	28	220
1860 München	25	220
Schalke 04	20	431
1. FC Köln	17	376
1. FC Kaiserslautern	6	171
Hertha BSC Berlin	4	624
Eintracht Frankfurt	2	217
VfL Bochum	2	420
Borussia Mönchengladbach	2	416
Eintracht Braunschweig	1	543
Werder Bremen	1	671
Hamburger SV	1	700

* Die Zahlen geben die Anzahl der VfB-Fans wieder, die die Fans des jeweiligen Vereins als besonders gefährlich einstuften.

Tabelle 1: Entfernung anderer Bundesligavereine von Stuttgart und die Bewertung der Gefährlichkeit ihrer Fans durch VfB-Fans

Die Fans

Es ist nicht möglich, eine Beschreibung zu liefern, die auf jeden Fan zutrifft, doch handelt es sich bei Fußballfans um eine relativ homogene Gruppe, die sich in vielen Merkmalen gleichen oder ähneln. Zum Teil sind sie in Fanklubs organisiert, zum Teil haben sie mit deren Mitgliedern lose Verbindungen. Man findet sie nur auf einem kleinen Ausschnitt der Altersverteilung, die meisten Fans sind zwischen 14 und 22 Jahre alt, ungefähr 75 Prozent sind männlichen Geschlechts.

Wenn man Schulbildung und Beruf der Fans erfaßt, ergeben sich keine Hinweise auf das öffentliche Vorurteil, daß es sich bei ihnen um sozial besonders benachteiligte Angehörige der Unterschicht handelt. So werden von ihnen überaus häufig handwerkliche Berufe angestrebt – ein Indiz für die Zugehörigkeit zur unteren Mittelschicht.

Einfluß des Spielgeschehens auf die Fans

Dieses Problem ist seit einiger Zeit von vielen Seiten besonders engagiert und kontrovers diskutiert worden, speziell Aggressivität und Aggression betreffend. Sind die Wirkungen des Zuschauens bei einem Fußballspiel für Zuschauer und Gesellschaft positiv im Sinne einer Katharsis aggressiver Strebungen oder negativ, also aggressivitätssteigernd durch Lernprozesse? Dabei darf das Spielgeschehen als Wirkungskomponente nicht isoliert betrachtet werden. Der Zuschauer wird im Verlauf des Spiels neben dem Geschehen auf dem Rasen gleichzeitig mit Signalen aus anderen Bereichen des Stadions konfrontiert, die natürlich auch wieder vom Spielgeschehen mit abhängig sein können. Gerade in den Fanblöcken der Bundesligastadien sind besonders aktive, auffällige Verhaltensweisen der Zuschauer zu beobachten. Grundsätzlich sollte zwischen kurzfristigen und langfristigen Wirkungen unterschieden und schließlich die verschiedenartigen Verläufe von Spielen berücksichtigt werden.

In mehreren Untersuchungen zur Zuschaueraggressivität beim Fußball und bei vergleichbaren Sportarten konnte nachgewiesen werden, daß – ohne Rücksicht auf bestimmte Spielvariablen – die Bereitschaft der Fans, aggressiv zu handeln, nach dem Erleben des Fußballspiels im Mittel höher ist als vorher (siehe Abbildung 2). Die auf der bereits erwähnten Triebtheorie basierende, zumindest in weiten Teilen der Öffentlichkeit und in den Medien immer noch populäre Katharsis-Hypothese, nach der sich beim Betrachten aggressiver Handlungen aggressive Energien abbauen, ist hier nur schwer haltbar. Schon lernpsychologische Laborexperimente hatten gezeigt, daß körperlich aggressive Handlungen, wenn sie modellhaft von Zuschauern wahrgenommen werden (wobei noch einige Rahmenbedingungen, wie positive Verstärkung des Modells, hinzukommen), diese anschließend aggressiver handeln als Personen, die dieser Beeinflussung nicht unterzogen wurden. Neben dem Modellernen (Beobachten von Spieler- und Zuschaueraggressionen) können wir einen Aggressivitätsanstieg mit speziellen Verhaltensnormen der Zuschauer im Stadion erklären.

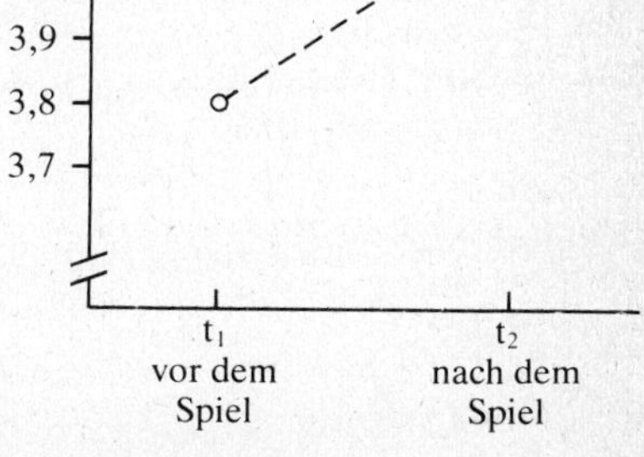

Abbildung 2: Aggressivität von Fans vor und nach Fußballspielen (N = 350)

Es ist im Stadion und besonders im Fanblock üblich, aggressives Verhalten sowohl von Akteuren als auch von anderen Zuschauern zu verstärken; andererseits wird solches Verhalten in den seltensten Fällen negativ sanktioniert (Schulz/Weber 1979, 296).

Besonders bei «harten» Spielen, also solchen mit häufigen und brutalen Fouls, Elfmetern, gelben und roten Karten, ist ein deutlicher Aggressivitätsanstieg zu verzeichnen. Weniger Einfluß auf die aggressiven Bereitschaften der Fans scheint das Spielergebnis zu haben. Denn nicht jede Niederlage «seiner» Mannschaft bedeutet für den Fan eine Frustration, die sich möglicherweise auf aggressive Bereitschaften auswirkt; vielmehr wären neben dem Ergebnis auch die Erwartungen des Fans zu berücksichtigen. Selbst eine knappe Niederlage kann nämlich bei bestimmten Spielkonstellationen oder bei einem stark überlegenen Gegner sowohl von Spielern als auch von Zuschauern als befriedigend empfunden werden.

Die Bereitschaft, aggressiv zu handeln, ist in diesem Zusammenhang zwar ein wichtiger, aber nicht der einzige Persönlichkeitsaspekt, der sich im Verlauf des Spiels verändert. Emotionale Aspekte wie Trauer – Freude, Spannung – Entspannung, Zufriedenheit – Unzufriedenheit und andere sind je nach dem Verlauf eines Spiels – wie auch für den Betrachter offensichtlich – weiten Schwankungen unterworfen. Man kann davon ausgehen, daß gerade die als angenehm empfundenen intensiven Gefühlszustände von Fans durch den Stadionbesuch aufgesucht werden. Sie dürften für den Fan auch eher im Mittelpunkt des Erlebens stehen als die aggressive Erregung.

Der häufige Besuch von Fußballspielen kann längerfristige Auswirkungen auf den Zuschauer haben. Beobachten konnte man ein sprunghaftes Ansteigen der Zahl der Fanklubs des VfB Stuttgart nach dessen Wiederaufstieg in die Bundesliga und ein weiteres Ansteigen nach den folgenden Saisons, die für den VfB überraschend erfolgreich verliefen (vgl. Tabelle 2).

Zeitpunkt bzw. Saison	Zahl der Stuttgarter Fanclubs	Leistungen des VfB Stuttgart
1. 10. 70	Gründung des ersten VfB-Fanklubs	
Anfang 74	Herausgabe einer eigenen Klubzeitung	
74/75		Abstieg aus der Bundesliga
75/76		
76/77		Wiederaufstieg in die 1. Bundesliga

Zeitpunkt bzw. Saison	Zahl der Stuttgarter Fanklubs	Leistungen des VfB Stuttgart	
5. 10. 77	49 Klubs	10:10 Punkte	12. Tabellenplatz
30. 10. 77	52 Klubs	14:12	7. Tabellenpl.
18. 11. 77	58 Klubs	16:14	7. Tabellenpl.
10. 12. 77	68 Klubs	20:16	4. Tabellenpl.
7. 1. 78	85 Klubs	23:17	4. Tabellenpl.
21. 1. 78	93 Klubs	25:19	4. Tabellenpl.
4. 2. 78	96 Klubs	27:21	5. Tabellenpl.
1. 10. 79	77 in einer Interessengemeinschaft zusammengeschlossene Klubs, ca. 60 weitere Klubs	erfolgreich in UEFA-Cup-Spielen	

Tabelle 2: Entwicklung der Fanklub-Kultur des VfB Stuttgart im Zusammenhang mit den Leistungen der Bundesligamannschaft

Der Erfolg der Mannschaft schien sich auf die aggressiven Tendenzen der Fans ausgewirkt zu haben. Aggressivitätsmittelwerte der Fans stiegen während einer Erfolgsserie des VfB in der Saison '77/78 (5 teilweise hohe Heimspielsiege hintereinander) fast kontinuierlich an (vgl. Abbildung 3).

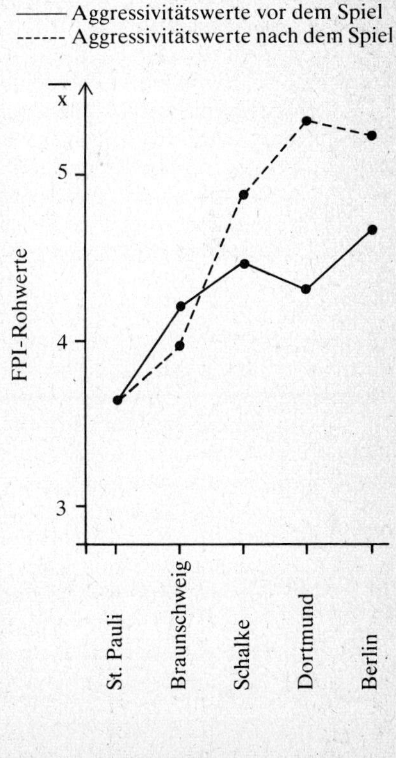

Abbildung 3: Aggressivität von Stuttgarter Fans vor und nach fünf aufeinanderfolgenden siegreichen Bundesligaheimspielen des VfB Stuttgart in der Saison 1977/78 (aus SCHULZ/WEBER 1979)

Wir vermuteten damals, daß mit dem Erfolg der Mannschaft auch die Erwartungen der Fans an die Leistung der Mannschaft stiegen (vgl. SCHULZ/WEBER 1979). Siege des VfB wurden aus der Sicht der Fans immer wichtiger, da jetzt die Teilnahme an einem internationalen Fußballwettbewerb erreicht werden konnte. Der Bedeutungsanstieg der Spiele dürfte zu einem erhöhten allgemeinen Erregungsniveau geführt haben, was, überträgt man Ergebnisse aus der experimentellen Psychologie, vermehrt aggressive Reaktionen hervorrufen kann.

Werte und Normen der Fanklubs

Fanklubs gelten als subkulturelle Gruppierungen, in denen von der Gesellschaft teilweise abweichende Normen und Werte existieren. Die hauptsächlichen Aktivitäten der Gruppenmitglieder sind Besuche der Fußballspiele ihres Vereins, ihre organisatorische Vorbereitung, insbesondere bei Auswärtsspielen, die Fanklubtreffen, bei denen neben typischen formellen Vereinsaktivitäten jugendspezifische Tätigkeiten wie Flippern, Billard und Karten spielen und Musik hören dominieren, verbunden mit einem erheblichen Bierkonsum. Mit welchen persönlichen Kosten und insbesondere zeitlichem Aufwand ein Auswärtsspiel für Fußballfans verbunden sein kann, veranschaulicht Tabelle 3.

Beim Fußballspielbesuch und bei den Klubtreffen in der Stammkneipe erkennt man die Fans an ihrer Fankleidung (Jacke und Abzeichen). Gemeinsam demonstrieren sie vor allem ihre Zusammengehörigkeit, Gemeinschaft, Kameradschaft und Solidarität, Wertvorstellungen, die sie immer wieder betonen und anscheinend außerhalb ihrer Klubs kaum finden. Mutproben, wie das Ausdrücken von Zigaretten auf der Haut, denen sie sich des öfteren unterziehen und bei denen es darauf ankommt, zu demonstrieren, wie hart und klaglos Schmerzen ertragen werden können, verdeutlichen das Vorhandensein maskuliner Wertvorstellungen wie Mut, Härte und Stärke.

Über die Identifikation mit gruppenspezifischen Normen, Werten und Zielen gewinnt der jugendliche Fan Verhaltenssicherheit. Durch Kleidung, Verhaltensrituale wie die Mutproben, maskuline Selbstdarstellung und das Vertreten permissiver Normen (insbesondere, was Aggressionen betrifft) grenzen sich Fans von anderen ‹Nur›-Zuschauern ab. Sie tragen auf diese Weise ihre Besonderheit und Eigenständigkeit, ihr solidarisches Anderssein mit dem ganzen kreativen Repertoire ihrer verbalen und nonverbalen Ausdrucksmittel in einem sozialen Feld zur Schau, das wesentlich durch sie und ihre Aktivitäten bestimmt wird.

Vergleicht man die Fans mit anderen subkulturellen Gruppierungen wie Rocker, Punks oder Hausbesetzern, so müssen wir klarstellen, daß sich die Fans im Vergleich zu Jugendbewegungen, die sich eher durch ihre gesellschaftliche und politische Verweigerungshaltung auszeichnen, noch nicht

Tag und Uhrzeit	Tätigkeiten
Freitag, 23. 11. 79, ab ca. 21 Uhr	Zusammentreffen von ca. 500 bis 600 VfB-Fans am Stuttgarter Hauptbahnhof; Begrüßungsrituale, Sprechchöre, Liedersingen, Biertrinken in der Bahnhofshalle
22.40 Uhr	Abfahrt des Fan-Sonderzugs mit DB-Reiseleitung
bis Samstag, 24. 11. 79, 7 Uhr	Zugfahrt nach Hamburg, Abteile dicht besetzt; Kommunikationszentrum im Zug ist der sog. Tanzwagen, ein Wagen ohne Abteile und Sitzplätze, aber mit Getränketheke; starker Dosenbierkonsum, ständiges Singen, Tanzen, Schunkeln und Lärmen, Sprechchöre insbesondere bei Bahnhofsdurchfahrten, spontane Aktionen wie Öffnen von Wagentüren, Fußballspielen mit Bierdosen in den Gängen, Werfen von Gegenständen aus dem Zug, wenige kleinere Rangeleien; Schlafen nicht möglich
Samstag, 7 Uhr	Ankunft in Hamburg, vor dem Bahnhof Aufteilen der Fans in kleine Gruppen von 2 bis 20 Leuten (meist Freundescliquen aus Fanklubs), verschiedene Tätigkeiten wie Essen gehen, Kneipenbesuche, Stadtrundfahrt, Schlafen und Ausruhen, Besuch der Reeperbahn
ab 14 Uhr	Sammeln der VfB-Fans vor der Ostkurve des Hamburger Volksparkstadions, Gesänge und Sprechchöre, vereinzeltes Zusammentreffen mit Hamburger Fans verlaufen eher freundlich, man tauscht Abzeichen, trinkt zusammen Bier – es besteht keine historisch gewachsene Feindschaft
15.30–17.30 Uhr	Fußballspiel HSV – VfB, Ergebnis 3:2 (0:2), ständige Sprechchöre und Lieder, gemeinsame Gesten wie das Hochstrecken von Fäusten, Schwenken von Schals und Fahnen, Bierkonsum, nach 1. Halbzeit und VfB-Toren euphorisch-ausgelassene Stimmung, nach Spielende Enttäuschung, Trauer, gedrückte Stimmung, zwei VfB-Fans verhaftet wegen Einwerfen einer Fensterscheibe sowie wegen «Widerstand gegen die Staatsgewalt», vereinzelte Schlägereien und Rempeleien mit HSV-Fans ohne Personen- oder Sachschäden auf dem Weg vom Stadion zur S-Bahn
ab 17.45 Uhr	Fahrt mit der S-Bahn nach Hamburg-St. Pauli zur Reeperbahn
ab 18.30 Uhr	Aufteilen in kleinere Gruppen, Besuch von mehreren Kneipen, Klubs, Striptease-Lokalen und Eros-Centern, erheblicher Alkoholkonsum, Sprechchöre auf den Straßen
ab 20.30 Uhr	Sammeln der VfB-Fans in der Bahnhofsgaststätte, gegenseitige laute Begrüßung, man berichtet ausführlich von den heute erlebten Abenteuern, kaum Gespräche über das Fußballspiel selbst, einige Fans schlafen betrunken und/oder übermüdet auf Tischen und Bänken, andere lärmen und singen, andere Gäste meiden die Gaststätte, Bahnpolizei beobachtet, schreitet einmal ein, als mehrere Gläser zu Bruch gehen
Sonntag, 25. 11. 79 0.20 Uhr	Rückfahrt des Fan-Sonderzugs von Hamburg nach Stuttgart, Fahrt verläuft relativ ruhig, viele Fans sind sehr müde, der Reiseleiter wirft einen Fan wegen einer Schlägerei bei einem Zwischenstopp aus dem Zug, vereinzelte Sprechchöre und Gesänge im Tanzwagen, auch der teilnehmende Beobachter schläft zwei bis drei Stunden, er ist total k. o.
gegen 7.45 Uhr	Ankunft in Stuttgart, Sprechchöre auf dem Bahnsteig, Fans verlaufen sich in alle Richtungen, einige gehen zum Frühstück in geöffnete Kneipen

Tabelle 3: Ablauf eines Auswärtsspielbesuchs von Stuttgarter Fußballfans beim Hamburger Sport-Verein

allzuweit von gesamtgesellschaftlichen Normen und Wertvorstellungen entfernt haben. Das Betonen ihrer demokratischen Organisation, ihr angepaßtes schulisches und berufliches Funktionieren im Alltag sowie ihre Parteienpräferenz sind dafür deutliche Indizien. Gerade ihre politischen Vorstellungen dürften sich nur wenig von denen gleichaltriger Nichtfans unterscheiden.

Funktionen und Struktur der Fanklubs

Fanklubs bieten wie andere jugendliche Gruppierungen gerade ihren jüngeren Mitgliedern die Möglichkeit, aktiv in besonders starkem Maße auf Gruppenprozesse Einfluß zu nehmen, ohne daß ‹von oben›, also von den Erwachsenen, eingegriffen wird. Jedes Mitglied sorgt mit seinem Verhalten selbst ohne den Einfluß einer gruppenexternen Autorität für seine Position und seinen Status in der Gruppe. Speziell in den Fanklubs werden die oben beschriebenen, bei Fans verstärkt vorhandenen Motive weitgehend befriedigt. Erst mit dem Auftreten anderer Interessen und Motive wie (unter anderem) dem Aufbau und der Beibehaltung gruppenexterner heterosexueller fester Partnerschaften wird für die meisten Fans der Klub weniger attraktiv. Dann löst sich der Fan allmählich von seiner Gruppe, oder der gesamte Klub löst sich auf.

Die Mitgliederzahlen der Fanklubs liegen im allgemeinen zwischen 10 und 60. Außer am Fußballsamstag treffen sich die Fans noch ein- bis zweimal pro Woche. Die Strukturen der Klubs haben häufig hierarchischen Charakter; es ist zwar nicht immer ein einzelner Führer zu erkennen, doch sind oft Führercliquen anzutreffen, an deren Wertvorstellungen sich die anderen Mitglieder orientieren und deren Weisungen sie häufig entgegennehmen. Diese Gruppenführer müssen nicht immer mit den demokratisch nach Vereinsmuster gewählten ‹Präsidenten› oder Vorsitzenden identisch sein. Überhaupt scheinen die informellen Strukturen eine bedeutendere Rolle zu spielen. Um die eigene Gruppe als sich bewährende Gemeinschaft zu erleben, ein Wir-Gefühl und eine Gruppenidentität aufzubauen, brauchen die Fans ‹Feinde›, von denen sie sich positiv absetzen können. Die Wirkung, die sie bei ‹diesen anderen› (ein Fan – gemeint sind Polizei, Presse, andere Zuschauer, brave Bürger usw.) hervorrufen, der Widerstand, den sie ständig provozieren, hilft ihnen nur zu deutlicherer Identitätsfindung.

Man kann davon ausgehen, daß die meisten Jugendlichen, die sich vergleichbaren subkulturellen Gruppierungen anschließen, von ihrer familiären Situation, ihrer sozialen und emotionalen Lage her kaum eine Alternative haben. Die Fanklubs haben ihre wesentliche Bedeutung in der Vermeidung von Vereinzelung und Unsicherheit und dem Angebot sozialer Anerkennung, sozialer Bindung und Sicherheit, eingebettet in einen relativ selbstbestimmten und permissiven Verhaltensrahmen.

Somit haben sie, vergleichbar mit anderen Gruppen oder Banden von

Gleichaltrigen, als Sozialisationsfaktor in der Zeit der Loslösung vom Elternhaus auch therapeutische Funktion für den einzelnen.

Motive der Fans in Verbindung mit dem Aggressionsmotiv
Nach unseren Ergebnissen muß man einem häufig Krawall aufsuchenden Fan nicht nur ein starkes Aggressionsmotiv, sondern auch ein hohes *Sensation-Seeking-Motiv* und wahrscheinlich sogar ein Leistungsmotiv unterstellen. Unsere Untersuchungen zeigen auf, daß bei den meisten Fans das aktive Sensation-Seeking-Motiv, also ein aktives, möglicherweise leistungsmotiviertes Aufsuchen von reizreichen Situationen, von Spannung, Abenteuer und Gefahr, vorherrscht. Dafür sind bei ihnen andere gesellschaftlich tolerierte leistungsmotivierte Verhaltensweisen, zum Beispiel das ‹Sich Durchsetzen› im Beruf ohne Rücksichtnahme auf andere, viel seltener zu finden.

- Gerade das Erleben bzw. Nichterleben eigener Wirksamkeit – und damit zum Teil Befriedigung oder Nichtbefriedigung leistungsmotivierten Handelns – spielt bei den Fans eine große Rolle.

Zwar sind sie aus unserer Sicht an der Beeinflussung des Spielgeschehens nur sekundär beteiligt. Sie sind jedoch davon überzeugt, durch ihren Beifall und ihr Anspornen wie auch durch das Nervösmachen des Gegners den Erfolg ihrer Mannschaft in erheblichem Maße mitzuverursachen. Beobachtungen und Äußerungen von Fans belegen unsere Hypothese, daß ihnen zum Beispiel durch rückmeldende Gesten ihrer fußballspielenden Idole das subjektive Gefühl des aktiven Leisten-Könnens vermittelt wird. Dies scheint ihnen aber noch nicht auszureichen, das jugendstatusspezifische Erleben eigener Handlungsohnmacht gegenüber der Erwachsenenwelt im Alltag auszugleichen. Der Fan wird dann im Stadionumfeld losgelöst vom Spielgeschehen zusätzlich handelnd aktiv und erfährt hier seine Wirksamkeit. Aktive Fanhandlungen wie das ziellose Werfen von Gegenständen auf andere Zuschauer wirken auf den Beobachter meist aggressiv und sind doch oft nur die Überwindung eines Zustandes der Handlungsaktivierung, der in der traditionell konsumierenden Zuschauerrolle immer am Punkt der motorischen Handlungsauslösung abgebrochen werden muß – eine stressreiche Passivität.
Der Protest gegen den bloßen Konsum oder Nicht-nur-ständig-Erleiden-Wollen von zuschauerrollengemäßer Passivität (die nur unterbrochen werden darf von Beifalls- oder Mißfallensäußerungen) führt neben dem Showgeschäft Fußball zu der von den Fans selbst inszenierten Show, zu einer Kette samstäglicher Kleinabenteuer, sozialer Experimente und Happenings: «Samstags, da will ich leben, flippen, Scheiß machen», sagte ein Fan. Obwohl bei diesem Verhalten das erlebnisorientierte Handeln und seine Wirkung im Vordergrund steht und zum Teil dabei Aggressionen implizit in Kauf genommen werden, ist die externe Bewertung dieses Verhaltens

durch Beobachter mit ‹explizit aggressiv› leicht abgegeben. Diese Aggressionen sind instrumentelle Aggressionen, die durchaus keinem höheren Handlungsziel dienen müssen als dem Durchsetzen und dem Erlebenkönnen der Handlung selbst.

Möglichkeiten der Eindämmung von Ausschreitungen von Fußballfans

Wie aufgezeigt wurde, gibt es nicht die Bedingung von absoluter Bedeutung für aggressive Fan-Ausschreitungen, sondern eine Vielzahl von aktuellen und relativ überdauernden Einzelbedingungen, die miteinander wirksam sind. Daher müssen auch Interventionsvorschläge, wie der Fan-Vandalismus reduziert werden könnte, breit streuen und bei vielen bedeutungsvollen Einzelbedingungen ansetzen (vgl. GABLER/SCHULZ/WEBER 1982). Aggressives Fan-Verhalten wird natürlich wie jedes menschliche Verhalten maßgeblich bestimmt durch seine Konsequenzen. In der ermunternden Gruppensituation wird aggressives Durchsetzungsverhalten durch die Vielzahl von handlungsimmanenten Verstärkern und Bekräftigungen von außen entwickelt und stabilisiert wie durch

- Finden von Aufmerksamkeit und Beachtung bei Unbeteiligten, Zuschauern, Medien;
- Kampferfolge, etwa Schädigung und Schmerz der gegnerischen Fans, Erlangen äußerer Erfolgszeichen und Trophäen wie Schals und Jacken;
- Aufsteigen in der Gruppenhierarchie;
- Reduktion von emotionalen Spannungen (Wut- und Rachegefühlen);
- Erzeugen von Spannung, Vermeiden von Langeweile (es ist etwas los);
- Selbstbekräftigung durch positive Selbstbewertung, Bestätigung eigener Macht und Wirksamkeit u. a.

Wie diese kurze Auflistung von Verstärkern zeigt, kommen zumeist mehrere externe und interne Konsequenzen oder (als Streben danach) Motive in ihrem Zusammenspiel in Frage, die das für Außenstehende oft völlig irrationale aggressive Fan-Verhalten bestimmen. Bei dieser Vielzahl an Bekräftigungsmöglichkeiten muß man zu dem Schluß gelangen, daß eine leider sehr wirkungsvolle und Verhalten besonders verfestigende Verstärkung von Fan-Aggressionen kaum zu verhindern sein wird. Eine völlige Beseitigung der Aggressionen würde ihre ständige Erfolglosigkeit voraussetzen, was unvorstellbar ist. Doch ließe sich der Hebel an einigen bekräftigenden Verhaltenskonsequenzen ansetzen (vgl. GABLER/SCHULZ/WEBER 1982) wie bei der Veränderung der Berichterstattung der Medien (vgl. Kapitel 3). Hier wäre es psychologisch sinnvoll, nicht brutale Fouls und Fan-Ausschreitungen in den Mittelpunkt zu stellen, sondern gerade sozial positiv

bewertetes Verhalten zu verstärken, indem darüber berichtet wird, auch wenn letzterem das Sensationelle und somit die Einschaltquoten- oder Verkaufssteigerung fehlt.
Neben einer Symptomkuriererei, in der sich polizeiliche und situativ-organisatorische Maßnahmen zwangsläufig erschöpfen müssen (wie Alkoholverbote, harte Strafen, Demonstration massiver Staatsgewalt, Klettenprinzip – sich wie Kletten an die Fans anhängen – der Polizei bei der Begleitung der Fangruppen usw.) besteht u. E. nur die Chance, durch den personalintensiven Einsatz von *Sozialpädagogen* im Alltag und besonders ausgebildeten Ordnungskräften im Stadion und Stadionumfeld langfristig Fan-Verhalten zu verändern. Durch eine zielgruppenorientierte Arbeit müßte versucht werden, Sozialverhalten, Einstellungen und Vorurteile zu verändern, alternative Verhaltensweisen aufzubauen und weitere Interessen, insbesondere reizreiche Freizeitmöglichkeiten zu realisieren. Dazu muß in den Klubs, Kneipen und Treffpunkten eine vertrauensvolle Beziehung zwischen Street-Worker und Jugendlichen aufgebaut werden, um Lernprozesse in Gang zu setzen, welche die bei den Fans vorhandenen Verhaltensprobleme unter Berücksichtigung ihrer legitimen Bedürfnisse im sozial erwünschten Sinne verändern helfen.

Peter Becker

Haut'se, haut'se, haut'se in 'ne Schnauze – Das Fußballstadion als Ort der Reproduktion sozialer Strukturen

An Wochenenden wiederholen sich in allen Städten, in denen der Bundesligafußball rollt, mit verblüffender Regelmäßigkeit folgende Szenenbilder. Bereits Stunden bevor das Spiel angepfiffen wird, ziehen Gruppen martialisch gekleideter Anhänger beider Mannschaften fahnenschwingend durch die Stadt. Für sie hat das Spiel schon längst begonnen. Gegnerische Fans werden an den Ankunftsorten der öffentlichen Verkehrsmittel nicht nur von den Anhängern der Heimmannschaft, sondern auch von Polizeibeamten abgeholt und auf ihrem Weg ins Stadion begleitet. Schals in den Farben ihrer Vereine, die sie nicht nur um den Hals, sondern auch am Handgelenk oder um die Hüfte tragen, Abzeichen, Aufkleber, aufgenähte Vereinssymbole sowie Vereinsfahnen, die als Umhang fungieren, dokumentieren Vereinstreue, die immer wieder intonierten Sprechchöre und Lieder prahlerische Siegesgewißheit.

Oh, tun mir die Augen weh,
Wenn ich Eintracht spielen seh
Oh, tun mir die Augen weh. (1)

Aber eins, aber eins, das bleibt bestehn
Die SGE wird niemals untergehn. (2)

We are magic, magic, magic. (3)

Immer wieder, immer wieder, immer wieder SGE.
Von der Alm bis an die Isar, immer wieder SGE. (4)

Bumm, bumm, bumm, Eintracht haun wir um. (5)

Keiner wird es wagen, unsre SGE zu schlagen. (6)

An den Stadioneingängen werden die Fangruppen von Polizeibeamten nach Waffen bzw. Schlaggegenständen abgesucht und anschließend zu sorgfältig voneinander getrennten Blocks im Stadion geleitet. Der Wald von Fahnen und sich hin und her bewegenden Schals wird zunehmend dichter und dichter. Mit der Ankunft der Fans beginnt ein nahezu pausenloses Synchronklatschen, Sprechchöre, Gegenchöre und ‹Schlachtgesänge› kommentieren Aktionen auf dem Spielfeld und auf den Rängen. Dem Gegner wird klargemacht

> Hier regiert die SGE. (7)

> Eins und zwei und drei und vier
> So viele Tore schießen wir
> Lustig, lustig trallallallalla
> Heut ist die Eintracht mit dem Hammer wieder da. (8)

> Olé, olé, super SGE. (9)

Die gegnerischen Fans antworten mit entsprechend gleichen Sprüchen, in denen lediglich der Name des Vereins anders klingt.
Während des Spiels geben die Aktionen auf dem Rasen Anlaß zu gemeinsam angestimmten Kommentaren. Die gegnerische Mannschaft wird begrüßt mit

> Zick, zack, Zigeunerpack (10);

auf Fouls reagiert man entweder gelangweilt mit

> Na und! (11)

> Sieben, acht, neun – aus (12)

oder aufgebracht mit

> Nieder mit dem Bayern-Pack (13)

> Hölzenbein, ins Altersheim (14)

> Breitner, du Münchner Drecksau (15).

Bei ‹Fehlentscheidungen› des Schiedsrichters ertönt aus dem einen oder dem anderen Block

> Gelbe Karte, rote Karte, raus die Sau (16)

> Oh hängt sie auf, oh hängt sie auf,
> oh hängt sie auf, die schwarze Sau (17).

Dem Tormann als beliebtestem Angriffsziel bei allen Spielen redet man ein, daß seine Frau gerade mit einem anderen bumse, daß er homosexuell sei und daß seine Socken stinken. Wird ein Gegner umspielt, dann wird er bzw. die ganze Mannschaft verlacht.

> Eintracht, Eintracht – ha, ha ha (18).

Gefährliche Torszenen werden heruntergespielt.

> Eins, zwei, drei, wieder mal vorbei (19)

und erhaltene Tore bagatellisiert

> Weine nicht, wenn ein Törchen fällt
> daun, daun
> daun, daun
> Nigbur einen Elfmeter hält
> daun, daun
> daun, daun
> Wuppertal und Schalke bricht
> aber unsere Eintracht nicht
> alles alles geht vorbei
> doch wir sind ihr treu (20).

Erzielte Tore lösen Jubel

> Bum, bum, bum, heut ‹haun› wir Bayern um (21),

und Siege zumindest auf einer Seite Zukunftsvisionen aus

> Kling Glöckchen klingelingeling,
> kling Glöckchen kling
> die Eintracht die wird Meister
> Bochum wird nur zweiter
> mit Schalke wird's schon knapp
> und Bayern steigt nun ab (22)

> Oh, du wunderschöne SGE
> Du sollst ewig Deutscher Meister sein (23).

Auf der anderen Seite muß die Niederlage verkraftet und angemessen beantwortet werden

> Diese Niederlage tut uns nicht weh
> Meister wird der FCB (24)

Wenn das Eintracht-Blut
auf die Weste spritzt
dann ist alles wieder gut
dann ist alles wieder gut (25).

Diese Drohungen provozieren Antworten aus dem Heimblock

Schlagt den Bayern die Schädeldecke ein
die Schädeldecke ein, die Schädeldecke ein (26)

Am Bahnhof, am Bahnhof
da gibt's ein Wiedersehn (27)

Bayern wir kommen (28).

Nach dem Abpfiff ist das Spiel für die Fans noch lange nicht beendet. Bereits an den Ausgängen und vor dem Stadion kommt es zu Rempeleien zwischen den Fangruppen. Polizeibeamten, die ordnend in das Geschehen eingreifen, tönt es entgegen:

Alle Bullen sind schwul
Alle Bullen sind schwul
von München bis nach Liverpool (29)

Wie diese Fußballnachmittage ausklingen, was sich auf dem Rückweg der Fans durch die Stadt zu ihren Abfahrtsorten noch alles ereignet, findet sich in den Montagsausgaben der Presse in Schlagzeilen der folgenden Art wieder:
«Pokalspiel: Hertha-Fans hielten Polizei in Atem. Vier junge Leute und ein Polizist wurden verletzt», «Fußballfans setzten Interzonenzug in Brand», «Kaiserslauterer Fußballfans schlugen Passanten nieder ...»

Nicht nur Massenmedien schenken dem hier bruchstückhaft beschriebenen Phänomen ihre Aufmerksamkeit. Wissenschaftliche Analysen der mit den Ereignissen verbundenen Gewaltausschreitungen beginnen zunehmend Karriere zu machen. Auch das vorliegende Buch ist schließlich ein Indikator dafür, daß Gewalt im Sport als soziales Problem ernstgenommen und als behandlungsrelevant eingestuft wird.
In der öffentlichen Reaktion überwiegt vor allem ein ablehnendes moralisierendes Entsetzen über ‹soviel Gewalt› gegenüber einer Haltung, die das Phänomen eher als ungefährliches karnevalistisches Treiben herunter-

spielt. Besonders der Eindruck von Bedrohlichkeit, der von der Lebensweise der Fans auszuströmen scheint, ist möglicherweise ein Grund dafür, warum Ansätze überwiegen, die Fanverhalten als ‹Abweichung› beschreiben, dessen Ursachen u. a. in zerrütteten Familien (PRAMANN 1980) zu suchen sind oder in Versuchen «perzipierte sozioemotionale Deprivationen» zu kompensieren (PRENNER 1972; HERRMANN 1977, 92f; PILZ 1979). Die Problematik dieser bestehenden Forschungssituation scheint mir nicht so sehr in der Frage nach der Richtigkeit der Erklärungsfaktoren zu liegen als vielmehr in den Implikationen, die die Etikettierung ‹abweichendes Verhalten› provoziert. Mit der Verwendung der Kategorie ‹abweichendes Verhalten› wird unterstellt, daß durchgehende bzw. generell gültige Normen und Moralvorstellungen existieren. Denn nur wenn postuliert wird, daß Handlungs- oder Lebensweisen in einer Gesellschaft einheitlich sind, kann überhaupt erst sinnvoll mit dem Attribut ‹abweichend› argumentiert werden. Wer Fanverhalten zum Beispiel als Vandalismus oder Rowdytum bezeichnet, akzeptiert zwar die Möglichkeit ‹passiven› Sportkonsums in Form von Identifikation und Mannschaftsunterstützung, sieht aber offensichtlich den Handlungsrahmen verletzt, in dem dies zu geschehen hat. Die exzessive Hingabe an ein Idol, die ‹aggressive› Kleidung der Fans, ihre zunächst in Liedern symbolisch geäußerte Gewaltbereitschaft oder die selten hinterfragte Unterwerfung unter die Gruppendisziplin sind einige Formen, die den ‹dominanten› als gültig ausgegebenen Handlungsrahmen verletzen. Bewußt oder unbewußt geht es hier um die Durchsetzung eines monopolistischen Musters, soziale Realität wahrzunehmen und entsprechend zu handeln. Das distanzlose, direkte Verhaltensrepertoire der Fans, ihre ‹emotionsgeladene› Hingabe verletzen einerseits die alltäglich geltenden, bürgerlich-geordneten distanzierten Anstandsformen, Kleiderregeln, andererseits stören sie die eingespielten ‹emotionsbalancierten› Interaktionsstile. Im Rahmen dieses Konfliktes ermöglicht und rechtfertigt die Ausgrenzung der Fans als abweichend den Einsatz von Kontrolle und die Versuche ihrer Rückführung in das dominante Deutungsmuster. Bei CLARKE et al. (1981, 172) findet sich die Aussage eines Jugendlichen, die diese Integrationsbestrebungen exakt wiedergibt:

- «Sie glauben zu wissen, wie du leben sollst. Sie versuchen, dich dazu zu bringen, zu tun, was sie vorschlagen, und wenn du es nicht tust, dann haben sie das Gesetz auf ihrer Seite.»

Sieht man einmal davon ab, daß mit diesem hegemonialen Vorgehen Kulturmuster durchgesetzt werden, so verwundert der dargestellte Blickwinkel zumindest aus zwei Gründen:

1. Ironischerweise steckt in dem Argumentationszusammenhang des devianten Verhaltens verdeckt jenes Vorgehen, das gerade dem gewaltbereiten Verhalten der Fans vorgeworfen wird. Ihre Handlungen werden zwar nicht mit ‹vulgären› Begriffen stigmatisiert, die mit Hilfe des wis-

senschaftlichen Begriffsapparats vorgenommene ‹Stigmatisierung› hat jedoch eine ähnliche Wirkung, indem sie eine Bevölkerungsgruppe aus dem Bereich der ‹normalen Kultur› ausgliedert, ohne deren Eigengesetzlichkeiten angemessen zu beachten.

2. Wie oben angezeigt, ist die Aggressionsbereitschaft zum Beispiel in Liedern und Chören zwar sehr hoch; sie ist jedoch so weit ritualisiert, daß bis auf Rempeleien im Stadion und auf den Anmarschwegen tatsächliche Ausschreitungen im Verhältnis zur Anzahl der Spiele und der Menge der dort versammelten Menschen äußerst gering sind. Solange allerdings hierzu exakte, vor allem auch historische Zahlen noch fehlen, bleibt dies Vermutung, die allerdings von englischen Untersuchungen gestützt wird. Marsh et al. (1978, 115f), Marsh (1978, 79f), die auch auf den im wesentlichen rituellen Charakter des «football-aggro» hinweisen, zeigen, daß z. B. in Leeds während der Saison 1974 pro Spiel durchschnittlich 9 Zuschauer, das waren 0,02 Prozent auf die Gesamtzahl der Besucher bezogen, verhaftet wurden und in Manchester pro Spiel 3,2 Verhaftungen bei einer Zuschauerzahl von 50000 bis 60000 vorgenommen wurden. Diese Zahlen stehen nicht nur in einem deutlichen Widerspruch zu den Inhalten der Lieder, sondern in ebenso deutlichem Kontrast zu den Schilderungen der Massenmedien, in denen die Gewalt nicht auf Drohgebärden reduziert bleibt, sondern wie unter einer Lupe gleichsam bedrohliche Ausmaße annimmt.

Welche Konsequenzen ergeben sich aus der hier vorgetragenen Kritik? Gibt es eine angemessene Perspektive, sich der Lebenspraxis von Fans zu nähern? Eine Konsequenz muß darin liegen, die Annahme einer universellen Geltung von Deutungsmustern aufzugeben, die in einem hegemonialen Standpunkt enthalten ist. Vielmehr erscheint es angemessener anzunehmen, daß Lebensweisen einer Kultur nicht homogen, sondern unterschiedlich sind. Aus dieser Position ergeben sich für die weitere Argumentation zwei Schritte. Zum einen soll zunächst versucht werden, die Äußerungen der Fans als folgerichtiger Ausdruck einer eigenständigen Lebenspraxis zu rekonstruieren, zum anderen soll danach gefragt werden, welche sozialen Bedingungen daran beteiligt sind, diesen Lebensstil entstehen zu lassen.

Handlungen und verbale Äußerungen der Fans zentrieren sich vor allem um den Erfolg der von ihnen unterstützten Mannschaft. Erfolg in Form eines Sieges am Wochenende oder als Erfolgskette in Form der Meisterschaft oder eines guten Tabellenplatzes am Ende der Saison ist stets ein prekäres Gut, dessen Besitz jedes Wochenende erneut unter Beweis gestellt werden muß. Durch die hohe Identifikation mit der Mannschaft wird deren Erfolg bzw. Mißerfolg zum eigenen der Fans. Siege und Niederlagen bestätigen bzw. verletzen ihre Identität. Wenn Gegner und deren Fans mit der Absicht, das Spiel zu gewinnen, samstags im Stadion erscheinen, geht von ihnen eine massive Gefahr für die Identität der Heimfans aus. Sprech-

chöre wie (7) und (10) markieren den ‹persönlichen› Raum der Fans und machen den ‹bedrohlichen Eindringlingen› klar, wer hier den Ton angibt und daß man nicht bereit ist, die Kontrolle über dieses Territorium ohne Gegenwehr aufzugeben. Der Raum, in dem die favorisierte Mannschaft spielt, der die sozialen Aktivitäten der Fans an den Spieltagen ermöglicht, der den Rahmen für ihre Selbstdarstellung abgibt, an den fußballerische Traditionen und Erinnerungen gebunden sind, besitzt hohen Identifikationswert, an den auch Fan-Identität gebunden ist. Welche hohe symbolische Bedeutung territorialen Aspekten zugeschrieben wird, sieht man allein darin, daß es als prestigefördernde Charakterprobe gilt, durch das Territorium gegnerischer Fans zu laufen: es symbolisch in Besitz zu nehmen.
Jede Person bzw. Gruppe und jede Handlung, die Sieg und Erfolg verhindern, wirkt gegen die Bedürfnislage der Fans und stellt konsequenterweise ihre Identität in Frage. Allein die Tatsache, Gegner zu sein, ist bereits zutiefst diskreditierend. Auch der Schiedsrichter, der eine Entscheidung gegen die eigene Mannschaft fällt, liegt damit im Bereich derjenigen, die das Bedürfnis nach Erfolg an seiner Erfüllung hindern. Auf diese Bedrohungen reagieren die Fans mit Stigmatisierungen. Vor allem Bevölkerungsgruppen, die bereits durch ein Stigma ausgegliedert sind, dienen als Diskreditierungslieferanten (10, 13, 14, 15, 16, 17, 29). Je konkurrenzbesetzter die Situation erlebt wird (Spiele um Abstieg oder Meisterschaft), desto geringer sind die Barrieren zu stigmatisieren und desto affektiver sind die gewählten Stigmata.
Die öffentliche Beschimpfung kommt einer rituellen Zerstörung der Identität des Gegners gleich, indem ihm entweder menschliche Züge abgesprochen werden oder er in eine ‹anormale› Person transformiert wird. Die Stigmatisierung ist umso erfolgreicher, je deutlicher Eigenschaften als Stigmagrundlage gefunden werden, die dem Gegenteil der von den Fangruppen positiv besetzten Werte entsprechen. Da vor allem maskuline Attribute das Werteklima dominieren, sind Merkmale wie ‹körperlich schwach›, ‹homosexuell› und ‹weibisch› oder die Rolle des betrogenen Ehemanns geeignet, Schiedsrichter, Gegner und deren Fans rituell aus dem Bereich des Normalen zu entfernen.
Die Funktionen der Stigmatisierung für den einzelnen Fan bzw. seine Gruppe liegen auf der Hand. In dem Maße, in dem die gegnerische Mannschaft durch Stigmata abgewertet wird, wird auch die eigene Identitätsverunsicherung abgebaut. Ist das Bild des Gegners erfolgreich in ein Bild von lahmen, altersschwachen, asozialen Burschen umgedeutet worden, ist auch die Gefahr der Niederlage minimiert, Identität vorübergehend wiederhergestellt. Damit erfüllen Stigmata auch *Entlastungsfunktion*. Sie strukturieren im voraus die prinzipiell offene Spielsituation, indem sie Unsicherheitsfaktoren verringern. Anerkennung des Gegners, Verständnis für seine Spielaktionen, situationsgerechte Einordnung von Fouls und Schiedsrich-

terentscheidungen würden eine Erhöhung der wahrgenommenen Situationskomplexität und damit eine Beurteilungserschwerung bedeuten. Dies wiederum würde die bedingungslose Unterstützung der eigenen Mannschaft in Frage stellen. Ist daher die Situation im voraus definiert, ‹geklärt›, kann man sich ‹skrupelfrei› am Geschehen beteiligen.

Jene Eigenschaften, die man zur Stigmatisierung und rituellen Identitätszerstörung des Gegners und seiner Fans heranzieht, werden in Äußerungen, die sich auf die eigene Identität beziehen, umgekehrt und zu einem omnipotenten Gegenentwurf zusammengefügt (2, 3, 10, 23). Kurz, körperliche und geistige Überlegenheit sowie Unbesiegbarkeit sind notwendig, um Meister zu werden und es ewig zu bleiben. Gerade die Überbetonung maskuliner Werte, die Grundlage sowohl der Siege als auch der Selbstsicherheit der Fans sind, macht deutlich, daß von einer potentiellen Niederlage auch eine bedeutsame Bedrohung der überbetont männlichen Identität ausgeht.

Ist durch die Stigmatisierung des Gegners einerseits und die verherrlichende Eigenpräsentation andererseits gleichsam auf natürliche Weise die moralisch-legitime Herrschafts- bzw. Machtordnung etabliert, so wird damit ebenso eine Rechtfertigungsbasis geliefert, an der sich weitere, nach innen wie nach außen gerichtete Umgangsformen orientieren können. Für die Interaktion mit den eigenen Fans bedeutet dies unter den Aspekten Sicherung des Sieges bzw. Wiederherstellung bedrohter Identität mannschaftstreues solidarisches Handeln (20). Unter den gleichen Gesichtspunkten stellen sich die in den Sprechchören sich äußernden Interaktionsformen mit gegnerischen Fans gänzlich anders dar (25, 26, 27, 28). Die Androhung, mit körperlicher Gewalt Konflikte zu lösen, ist durch die symbolische Gewaltanwendung der Stigmatisierung bereits sprachlich vorbereitet. Vor dem Hintergrund der Ausgrenzung ist es einfacher, das Recht abzuleiten, mit physischer Gewalt gegen Gegner und seine Fangruppen vorzugehen. (Weitere kognitive Strategien, die eine Gewaltanwendung zumindest erleichtern, sind die von MATZA/SYKES (1974) beschriebenen Neutralisierungstechniken, die hier nicht weiter behandelt werden können. Dies sind vor allem ‹Berufung auf eine höhere Instanz› oder ‹Privatisierung des Konflikts›).

Allerdings erklärt diese hier vorgetragene Rekonstruktion nicht, warum Fans aus einer Vielzahl von Alternativen gerade Mittel symbolischer oder physischer Gewalt anwenden, um ihre bedrohte Identität zu verteidigen bzw. wiederherzustellen. Hierzu ist es notwendig, in einem zweiten Schritt die beschriebenen Phänomene in einen weiteren Kontext einzuordnen.

Gibt man den hegemonialen Standpunkt auf, wonach Wert-, Orientierungs- und Handlungsmuster durchgehende Geltung beanspruchen, öffnet sich damit die Voraussetzung, daß Lebensweisen in ihrer Unterschiedlich-

keit in den Blick geraten können. So wie sich materielle Existenzbedingungen in einer Gesellschaft ungleich verteilen, ist auch zu erwarten, daß kulturelle Praktiken ungleich verteilt sind. Gruppen entwickeln in ihrer alltäglichen Auseinandersetzung mit vorgegebenen Strukturen bzw. den materiellen Existenzbedingungen charakteristische Muster, die ihre alltäglichen Handlungen, Beziehungen, Bedeutungszuschreibungen, Gebräuche, Organisationsformen usw. bestimmen. Diese Muster von BOURDIEU, in seinen Arbeiten als «Habitus» bezeichnet, sind als Vermittlungskategorie zwischen ‹objektiv› vorgegebenen Strukturen und subjektiven Handlungsformen gedacht. Mit der Aneignung des Habitus erlangen Individuen eine klassenspezifisch vermittelte Kompetenz, gegenwärtige und zukünftige Situationen wahrzunehmen, sie zu strukturieren und entsprechend ihrer erworbenen Kompetenz zu handeln, der Habitus ermöglicht also seinen Besitzern, sich in dem durch ihn repräsentierten Raum kompetent zu bewegen. Da sich die Entstehungsbedingungen des Habitus – z. B. über Verbote oder moralische Unterweisungen – in den Handlungen, die durch ihn erzeugt werden, deutlich niederschlagen, tendieren eben diese sozialen Praktiken wiederum dazu, ‹objektive› soziale Strukturen zu produzieren.
Unterstellt man die Angemessenheit des hier aus räumlichen Gründen nur knapp skizzierten BOURDIEUschen Entwurfs, so muß sich aus den spezifischen Praktiken und Äußerungen der Fans jener typische Habitus rekonstruieren lassen, der diese Praktiken zu erzeugen erlaubt. Diese Rekonstruktion soll anhand einiger Beispiele vorgenommen werden. Fans unterscheiden sich durch ihre Kleidung deutlich von anderen Bevölkerungsgruppen. Abgesehen davon, daß der Kleidungsstil jeweils an ‹ihrem› Verein orientiert ist, lassen sich durchgängige Stilelemente ausmachen. Eng anliegende, Oberkörperformen betonende T-Shirts, Jeans-Jacken ohne Ärmel, die die Muskulatur der Oberarme sichtbar machen, lederne Handgelenkbänder, mit Metallnieten verzierte breite Gürtel, Vereinsembleme immer, Militärabzeichen häufig, Tätowierungen. *Kleidung und die Art, wie Kleidung den Körper in Szene setzt, signalisieren ein Körperverhältnis, dessen generierendes Prinzip körperliche Stärke und aggressive Männlichkeit ist.* Alles ist darauf ausgerichtet, den Eindruck von Verweichlichung zu vermeiden. In dieser Körperdarstellung, die implizit auch eine Inszenierung für andere ist, drückt sich zum einen das Selbstbild der Gruppe aus, zum anderen wird sichtbar, in welchen durch den Habitus festgelegten Grenzen sich vermutlich ihre Wahrnehmungen, Deutungen und Interaktionen bewegen.

In der Tat ist es das spezifische Verhältnis zum Körper und seinen Funktionen, das die Vielzahl der Praktiken und Einstellungen von Fangruppen bestimmt. Die Sprache der Fans ist eine maskuline. Inhalte von Liedern und Sprechchören reflektieren einen sozial qualifizierten und akzeptierten Körper sowie dessen ‹korrekten› und sanktionierten Gebrauch im Sinne der maskulinen Rolle des Kämpfens, Verteidigens und Siegens mit den zur Verfügung stehenden Mitteln körperlicher Stärke und Gewalt. Auf dieser Folie gewinnen schwache, weibliche oder ‹unmännlich-homosexuelle› Körpereigenschaften nur die Funktion, Begriffsreservoir für kulturelle Ausgrenzungen zu sein.

Der bedingungslose Einsatz körperlicher Kraft – wenn auch zunächst nur in sprachlicher Form – verlangt ein etabliertes Verhältnis zum Körper, mit dem sich nicht nur die Verringerung der Distanz zum eigenen Körper, sondern auch zu fremden regeln läßt. Wäre dies nicht der Fall, würde sowohl die relativ reibungslose Unterordnung unter die Gruppendisziplin als auch die bereitwillige Benutzung aggressiver Praktiken erheblich erschwert. Auffällig ist, daß auch die Interaktionen innerhalb der Fangruppen eine erhebliche Distanzlosigkeit aufweisen, was sich zum einen in Rempeleien, ‹Schau- und Statuskämpfen›, zum anderen in ‹Wortkämpfen› ausdrückt, in denen die Schwächen des Gegenübers ohne Rücksicht auf dessen psychische Verfassung aufgedeckt werden (vgl. hierzu auch Willis 1979).

Da der körperliche Habitus vergangene Erfahrungen speichert und als Regelmatrix ähnliche Problemlösungen zu generieren erlaubt, ist es möglich, die hier beschriebenen Ausschnitte der sozialen Praxis von Fans, die ein Produkt von körperlichem Habitus und der jeweils sportspezifischen Situation sind, als ein relativ autonomes Feld aufzufassen. Dabei darf jedoch nicht übersehen werden, daß die Regeln, die die körperlichen Verhaltensweisen hervorbringen, letzten Endes sich stets im Prozeß befindendes Produkt der aktiven Auseinandersetzung mit den konkreten ökonomischen Existenzbedingungen von Individuen gleicher sozialer Lage sind.

Boltanski (1976) hat gezeigt, daß die somatische Kultur sozialer Gruppen von dem Ausmaß abhängig ist, mit dem diese ihre körperliche Kraft als Kapital auf dem ökonomischen Markt einbringen müssen. Da Mitglieder unterer Soziallagen häufiger körperliche Kraft benötigen, um ihren Lebensunterhalt abzusichern als andere Lagen, führt dies zu Dispositionen, die dazu tendieren, den Körper als Mittel zu deuten. Körperkraft ist Arbeitskraft, die jedoch nicht ‹unendlich› vorhanden ist. Es entstehen daher Regeln, die die Körperbeziehungen im Sinne ökonomischer Rationalität so organisieren, daß aus knappen Kraftressourcen maximale Erträge zu erzielen sind. Diese Regeln beziehen sich z. B. auf die Entwicklung von Körperbildern, das Eß- und Trinkverhalten, auf Freizeitverhalten, Schönheitspflege sowie auf spezifische Körperwahrnehmungen. Wenn Körperkraft zur angemessenen und allgemein akzeptierten Bewältigung der ökonomischen Situation von notwendiger Bedeutung ist, so führt dies dazu, konkrete Körper an einem idealen Körperbild zu messen. Erstrebenswerte Körpertypen sind solche, die muskulöse Stärke signalisieren und damit dem Besitzer aufgrund der sozialen Bedeutsamkeit von Kraft Status verleihen. Ist ‹Kraft› wesentlicher Statuslieferant, unterliegen davon abweichende Körperfor-

men indifferenten oder gar negativen Reaktionen. Der aufgrund der ökonomischen Situation notwendige Gebrauch des Körpers unterdrückt z. B. die Wahrnehmung von Schmerzen bzw. Signalen von möglichen Krankheiten, die eine Gefahr des Verlustes von Arbeitskraft indizieren.
Boltanski (1976, 162) weist nach, daß sich durch diese intensive Nutzungspolitik kein reflexives Verhältnis zum Körper einstellen kann. Auch eine mögliche Verringerung des Körpereinsatzes und in Folge eine Reduzierung der Arbeitskapazität wird somit ‹automatisch› verhindert. Ohne ‹planvolles Wollen› irgendwelcher Individuen stellt der Habitus sicher, daß die vergangenen in ihm abgelagerten ‹objektiven› Strukturen sich in zukünftiger Praxis reproduzieren.
Willis (1977, 84ff) hat darauf hingewiesen, daß selbst in Leichtindustrien, in denen das Ausmaß körperlicher Arbeit zurückgegangen ist, Werte wie Kraft, Männlichkeit, Härte usw. für die Interaktionsformen der Arbeitsgruppen eine bedeutsame Rolle spielen. Diese intersituative Beharrungstendenz läßt u. a. darauf schließen, daß Habitusformen bereits vor dem Arbeitseintritt im Kern erworben werden. Aus den Arbeiten einer Reihe von Autoren (Clarke et al. 1981; Willis 1977; Brake 1981; Projektgruppe Jugendbüro 1977; Miller 1974; Zinnecker 1979) läßt sich entnehmen, daß Lernorte Jugendlicher unterer Soziallagen solche Bedingungen aufweisen, die eine vorzeitige Vermittlung und Bewährung typischer Wahrnehmungs-, Deutungs- und Handlungsmuster der männlichen Erwachsenen dieser Lagen erlauben. Auch das Stadion und sein Umfeld gehört zu diesen Orten. Um in dieser Situation angemessen interagieren und am Leben der Fans teilnehmen zu können, sind Verhaltensweisen notwendig, die durch demonstrative Männlichkeit und körperliche Kraft geprägt sind. An vielen Punkten dieses Ortes kann erfahren werden, welche hohe soziale Bedeutsamkeit Kraft und ihre geschickte Anwendung besitzen. Kommt es z. B. zu körperlichen Auseinandersetzungen, gilt es als feige und unmännlich, aus dem Feld zu gehen. Das Annehmen der Auseinandersetzung und ihr erfolgreicher Abschluß hingegen bedeutet nicht einfach nur, einen Konflikt gelöst zu haben, sondern der Sieg bringt Ehre ein, die sich in hohem Prestige niederschlägt. Siegreich eine Auseinandersetzung bestehen zu können, ist abhängig vom Besitz entsprechender Lösungsmittel und -strategien – von körperlicher Überlegenheit. Geltung und Respekt sind zwar prekäre Statusformen; die einmal demonstrierte Kraft verleiht jedoch genügend ‹Kredit›, nicht ständig die erreichte Position verteidigen zu müssen.
An diesem Beispiel wird deutlich, daß Verhaltensweisen, deren Wert durch den Habitus gesteigert wird, dazu verwendet werden können, andere begehrenswerte Güter einzutauschen (vgl. auch Bourdieu 1979, 1981). Im vorliegenden Fall wird physisches Kapital in symbolisches überführt. Diese Möglichkeit macht nicht nur die entsprechenden Verhaltensweisen attraktiv, sondern auch den sie erzeugenden Habitus.

Unterlegt man das beschriebene Körperverhältnis, ergeben zunächst so unterschiedlich anmutende Aspekte des Fanverhaltens wie Kleidung, Trinkverhalten, Sprachstil, Körperhaltung, geäußerte Werte, Konfliktverhalten, Lieder usw. eine kohärente Lebenspraxis, deren Elemente sich gegenseitig stützen. Formen des eigenen Verhaltens, der Interaktion in und zwischen Gruppen, sie alle sind Übersetzungen eines Erzeugungsprinzips. Ebenso wie im Falle des Konfliktverhaltens können zum Beispiel ein aggressiver lässiger Sprachstil, ein muskulöser Körper oder hoher Alkoholkonsum – als Zeichen für Männlichkeit – symbolischen Gewinn und entsprechend hohe Positionen in der Sozialstruktur der Fangruppe einbringen.

Unter Berücksichtigung der hier vorgetragenen Gedanken soll abschließend noch einmal auf die moralische Ausgrenzung der Fans bzw. auf die Trivialisierung ihrer Äußerungen eingegangen werden. Fans treten mit bereits vorhandenen Wahrnehmungs- und Handlungsmustern in eine Situation ein, deren Erfordernisse so beschaffen sind, daß eine erfolgreiche Bewältigung nur dann möglich ist, wenn jene Muster angewendet werden, die gleichzeitig mit ihrer Anwendung auch wieder die Strukturen mit ihren Erfordernissen reproduzieren. Da Habitusformen kohärenzstiftende Prinzipien sind, erlauben sie auch die Erzeugung stimmiger Praxen. Im Falle der Fans zeigt sich diese Stimmigkeit zum Beispiel in ihrem ‹code vestimentaire›, ihrem Konfliktverhalten oder in ihrer Sprache. Dabei ist es möglich, die durch den Habitus erzeugten Verhaltensweisen in erstrebenswertes symbolisches Kapital umzuwandeln. Ein weiterer Aspekt, der den Habitus nicht nur attraktiv, sondern auch änderungsresistent werden läßt, ist die Tatsache, daß er sowohl im Stadion als auch in der antizipierten Erwachsenenwelt dominante Gültigkeit besitzt. Lange Zeit vor dem Erwachsenensein kann Erwachsenensein demonstriert und eingeübt werden. Dies geschieht allerdings in eigenen und nur für Fans charakteristischen Praxisformen. Die Trivialisierung von Kleidung oder Liedern als *karnevalistisches Beiwerk* ignoriert weitgehend, daß es sich hierbei um eigene Stilformen handelt, die symbolischer Ausdruck, aber auch symbolische Aneignung der Prinzipien des gegenwärtigen und zukünftigen Alltags ihrer Produzenten sind.

Die Etikettierung der Verhaltensformen als *abweichend* läßt die besonderen Eigenschaften des Habitus außer acht. Die von Gegnern ausgehende Bedrohung richtet sich in der durch den Habitus festgelegten und ausgerichteten Wahrnehmung nicht nur gegen die Siegchancen, sondern auch gegen die männliche Identität und gegen das symbolische Kapital der Fans, das es zu verteidigen gilt.

Dabei greifen Fans auf jene Mittel zurück, die für sie leicht zugänglich sind und deren Anwendung die größte Aussicht auf Erfolg verspricht. Wie bei der Wahrnehmung steuert auch hier das gleiche Prinzip die Auswahl der Handlungsformen körperlicher und symbolischer Kraft- bzw. Gewaltanwendung. Gleichzeitig kann mit der Verteidigung symbolischen Kapitals seine Vermehrung stattfinden. In den Grenzen des vorgegebenen Habitus liegt damit kein abweichendes oder gar unsinniges, sondern ein durchaus angemessenes Handeln vor. Die ‹kulturfremde› Forderung nach der Wahl alternativer Antworten setzt gleichsam bei den Fans ein anderes kulturelles Kapital bzw. einen anderen Habitus voraus, der aber, wäre er vorhanden, diese Situation gar nicht erst entstehen ließe.

Der sich in der Praxis der Fans äußernde Zirkel, wonach die handlungsproduzierende Anwendung gleichzeitig strukturenreproduzierend wirkt, macht schließlich den sozial-stabilen Aspekt des Habitus deutlich. Ohne geplantes politisches oder pädagogisches Eingreifen konservieren sich in ‹bloßer› Anwendung des Habitus auch jene sozialen und materiellen Bedingungen, die ihn entstehen lassen.

Fanverhalten wurde in diesem Beitrag vor allem unter dem Aspekt eines *klassentypischen instrumentellen Verhältnisses zum Körper* verständlich gemacht. Die Darstellung, ob und auf welche Art andere Punkte wie Solidarität, geringe Rollendistanz, die exzessiven Formen der unmittelbaren Befriedigung affektiver Bedürfnisse sowie fehlende langfristige Planung, die ebenso zu beobachten sind, untereinander und mit diesem dominanten Gesichtspunkt zusammenhängen, bleibt aus Raumgründen einer anderen Gelegenheit überlassen. Dies gilt ebenfalls für die Frage, warum die Situation im Stadion, wenn auch in erheblich geringerem Maße, für Mitglieder anderer Soziallagen gleichfalls attraktiv ist. Hier überzeugen die wenigen bisher vorgelegten, auf Mischung hinweisenden empirischen Zahlen und ihre aufgrund der Verletzung einfacher Wahrscheinlichkeitsregeln zu einem Ritual degenerierten nutzlosen Signifikanzgrenzen noch lange nicht.

Hans-Joachim Schulz/Robert Weber

Interview mit einem Fan des VfB Stuttgart

Fan: 19 Jahre, Auszubildender im 3. Lehrjahr als Kfz-Mechaniker

Interviewer: Warum gehst du zum Fußball?
Fan: Also, ich hab selber mal gespielt, ich finde das einen guten Mannschaftssport, fair und so, schnell und spannend, und man braucht Kampfkraft.
I: Was kannst du denn so alles beim Fußball erleben?
F: Fußball, das ist Freiheit für mich, da kann man sich ausleben, austoben, schreien wie man will ... Der VfB ist eine gute Mannschaft, und es macht Spaß, zuzugucken und sich zu freuen mit den anderen, wenn wir gewonnen haben.
I: Und was ist im Zusammenhang mit dem Fußball sonst noch für dich wichtig? Was möchtest du erleben?
F: Hektik, gute Stimmung, totale Begeisterung und natürlich, daß unsere Mannschaft gewinnt und mit guten Kumpels zusammensein, überhaupt der Zusammenhalt. Und da ist auch immer was los. Es muß nicht gerad was Gefährliches sein, aber lustig und so und die Sauferei. Ich möchte eigentlich schon einen in der Erbse drin haben, daß ich auch so richtig Krach und Stimmung machen kann.
I: Warum und wie wurdest du ein VfB-Fan und Mitglied in eurem Fanclub?
F: Ich bin halt VfB-Fan, weil ich in der Nähe von Stuttgart wohne; wenn ich woanders geboren wäre, wäre ich wahrscheinlich was anderes. Also, zum VfB gehe ich seit meinem zehnten Lebensjahr, damals noch mit meinem Vater, aber der geht schon seit ein paar Jahren nicht mehr hin, weil er mal gegen die Sechziger (München 1860; die Verf.) die Gosch vollgekriegt hat. Die wollten seinen VfB-Schal, und er wollte ihn natürlich nicht hergeben, und da haben sie ihn zusammengeschlagen, ganz brutal, Krankenhaus und so. Seitdem habe ich mir geschworen, wenn's gegen Sechzig geht, dann mache ich immer mit, wenn's Zoff gibt. Ich bin dann erst über einen Freund in einen anderen Fanclub reingekommen, aber da war nichts los. Nicht mal ein eigenes Abzeichen hatten die, finde ich beschissen. Ich wußte von anderen Fanclubs und was man so im Stadion im A-Block (in Stuttgart der angestammte Fan-Block; die Verf.) mitkriegt, daß viel mehr los sein könnte. Das hat mich fasziniert, die Hektik da. Und vor drei Jahren habe ich mit ein paar Kumpels unseren Fanclub gegründet. Wir gehören jetzt zum harten Kern und sind überall dabei.

I: Gehst du allein oder mit anderen ins Stadion?
F: Fast nur mit Kumpels, mit unserem Fanclub und so.
I: Was ist für dich so reizvoll daran, mit anderen zusammen ins Stadion zu gehen?
F: Das ist halt die Freundschaft mit dem eigenen und den anderen Fanclubs. Man hält zusammen und macht zusammen was los, stimmungsmäßig ist das eben was anderes, als wenn du allein irgendwo einläufst. Da kannst du dich ja gar nicht freuen.
I: Welches sind deine schönsten Erlebnisse als Fußball-Fan?
F: Zum Beispiel das Spiel gegen Schalke, als der VfB zur Halbzeit mit 0:1 hinten lag. Da haben wir in der zweiten Hälfte noch sechs Tore geschossen, da war eine Stimmung da! Da bin ich total ausgeflippt vor Freude. Wir haben uns am Boden gewälzt und sind übereinandergefallen, einfach irre, besser als besoffen, ich hatte nachher alles voller blauer Flecke. Oder wenn man mit anderen befreundeten Fans von anderen Vereinen, zum Beispiel Duisburgern oder Bremern, zusammenkommt, vom Zug abgeholt wird, einen saufen geht, sich gegenseitig einlädt und im Stadion beieinandersteht und singt – total ohne Schlägereien, auch wenn einer verliert, das ist ein tolles feeling.
I: Welche Bedeutung hat der Fußball in deinem Leben?
F: Das steht bei mir total oben.
I: Gibt es auch etwas, das gleich wichtig oder wichtiger für dich ist?
F: Ich glaube nicht. Samstag ist für mich das wichtigste. Da freut man sich drauf. Man lebt die ganze Woche nur darauf hin, daß man mitfahren kann.
I: Wie wichtig ist für dich das Fußballspiel selbst? Wie wichtig ist das Ergebnis, wie wichtig ein gutes Spiel?
F: Das Spiel allein finde ich manchmal langweilig. Es kommt vor, daß ich von manchen Spielen bloß eine Halbzeit zuschaue und dann einen trinken gehe auf den müden Kick. Bei manchen Mannschaften sehe ich aber auch jede Minute. Das Ergebnis, unser Sieg und das ganze Drumherum mit den anderen Fans – darauf kommt's an. Das ist mir wichtiger als ein schönes Spiel, das wir vielleicht noch verlieren.
I: Können die Fans durch ihr Verhalten den Spielverlauf beeinflussen?
F: Ja, unbedingt. Gerade durch unsere Sprechchöre werden die Mannschaften angefeuert, daß sie mehr Leistung zeigen. Und wenn die Stimmung stark ist oder wenn wir einzelne Spieler mit ihrem Namen rufen, beflügelt die das, das kann man richtig sehen, gerad wenn die Kraft schon fast weg ist. Und wenn einer zum Beispiel dauernd ausgepfiffen wird oder wir «du Sau» schreien, das läßt den dann auch nicht kalt, der wird nervös und spielt schlecht oder foult.
I: Wie verbringst du denn so einen durchschnittlichen Fußballsamstag, wenn der VfB ein Heimspiel hat?
F: Da stehe ich so um 10.00 Uhr auf, les die Zeitung, wer verletzt ist und so

letzte Neuigkeiten, dann kaufe ich mal was ein und fahre so um zwölf mit meinen Kumpels zum Cannstatter Bahnhof, da warten die anderen. Und je nachdem, welcher Gegner kommt, ist dann die Stimmung und muß man sich auch vorbereiten. Da ist dann schon was los mit Saufen und Sprechchören,und die Bullen sind da, bis die anderen (Gegnerfans; die Verf.) einlaufen. Dann geht die Randale los auf dem Weg zum Stadion. Vor dem Stadion trinken wir noch ein Bier in der Gaststätte, oft auch während dem Spiel oder nachher noch. Nach dem Spiel gehe ich wieder zum Bahnhof und mit den Kumpels einen trinken, und abends treffen wir uns oft noch mal zu Hause in unserer Kneipe und machen irgendwas.
I: Was denkst du über den Einsatz der Polizei am Fußball-Samstag?
F: Also, meine Devise heißt: Samstags frei für die Polizei. Aber die Polizei ist ab und zu auch schon wertvoll. Manchmal könnt's Mord und Totschlag geben, wenn die nicht dazwischenfunken. Nur bräuchten sie nicht immer dazusein und zu provozieren, auch mit ihren scharfen Hunden; das ist eine Sauerei, die so auf die Fans gehen zu lassen wie zum Beispiel in Kaiserslautern – ganz ohne Grund! Und wegen jedem Scheißdreck, und wenn irgendwelche Scheißtypen was zusammenlügen, kannst du ganz flott vorbestraft sein. Ich stand auch schon vor Gericht – wegen nichts haben mich die Grünen verhaftet.
I: Unter welchen Umständen würdest du anderen VfB-Fans im Falle einer Schlägerei mit Gegnerfans helfen?
F: Ja, die ich kenne, da werde ich immer helfen. Man muß sich aufeinander verlassen können, wenn meine Kumpels mich brauchen, bin ich dabei, und das weiß ich auch umgekehrt. Bei fremden VfB-Fans kommt das drauf an. Wenn's bloß einer oder zwei wären und die anderen viele, dann würde ich denen auch helfen. Ich kann das nicht sehen, wenn das irgendwie ungleich ist, und dann die eigenen Leute vielleicht noch die Mücke machen ... Aber bei manchen Clubs tät ich versuchen zu schlichten, wo wir befreundet sind, bei anderen tät ich auf jeden Fall mitmischen und reinschlagen. Bei Köln und bei Sechzig, da kannst du nicht schlichten. Das sind alles Schweine.
I: Wie kommt es, daß ihr euch mit den Fans bestimmter Vereine immer prügelt, woher kommen diese Feindschaften?
F: Das ist dann von vornherein so gewesen. Wenn wir zum Beispiel gleich nach dem Wiederaufstieg in eine Mordsschlägerei in München verwickelt werden, dann kriegen die natürlich umgekehrt auch ihren Tanz mit uns, wenn die nach Stuttgart kommen. Und das bürgert sich halt ein. Man kann sich doch von diesen Schweinen nicht alles gefallen lassen! Fast jeder hier schiebt auch einen ganz persönlichen Haß auf bestimmte Clubs wie Bayern, Sechzig, Köln und Kaiserslautern, weil man selbst oder gute Kumpels von diesen Scheißern schon zu oft eine aufs Maul gekriegt hat. Mir haben sie mal in Köln fast alle meine Klamotten ausgezogen und mit 'nem Messer aufgeschlitzt, T-Shirt, alles, und mir eine Eisenstange über den Kopf ge-

hauen. Das sind ganz linke Typen, die Kölner, laufen in Zivil, ganz cool, so auf Disco, ganz locker. Du erkennst die gar nicht als Fans. Und plötzlich ziehen die Knüppel und Messer raus. Seitdem hab ich einen Wahnsinnshaß auf die.

I: Welche anderen Hobbys oder Freizeitbetätigungen hast du noch außer Fußball?

F: Bei uns hat es nichts Gescheites. Ich hör gern Musik und geh kegeln. Selbst Sport treiben mache ich nicht mehr. Mit meinen Kumpels, mit den Autos unter der Woche fahren wir herum, klappern unsere Kneipen ab, spielen Skat, würfeln und reißen Frauen auf. Da sind auch welche vom Fanclub dabei. Und alle 14 Tage regelmäßig ist Fanclubsitzung. Da wird dann das Organisatorische besprochen, Busse für Auswärtsspiele mieten und so.

Oft treff ich mich auch am Freitagabend vor dem Spiel mit Kumpels vom Fanclub,und wir reden über Fußball. Wenn's mal stinklangweilig ist, da hat man gute Kumpels, und man kann seine Freizeit sinnvoll verbringen.

Gunter A. Pilz

Zusammenstellung von Zeitungsberichten und Aussagen zu Fans und Fußballrowdytum

Bundesliga-Fußball: Kampf mit Messern und Ketten
Der Schrecken vom Revier
Die Krawalle vom vergangenen Wochenende werfen ein Schlaglicht auf das Rowdytum in den Stadien

HSV-Fans brachten U-Bahn-Zug zum Stehen

„Tod und Haß dem FCB"
Schwere Ausschreitungen beim Schlagerspiel der Bundesliga

Karatekämpfer sollen Fußballprofis schützen

Thurau und Raas von Fans in Italien angegriffen

Fußball brutal in Italien
Gewalt in den Stadien: Verletzte Spieler, randalierende Fans

Steinwurf soll 5000 Mark kosten

Spielabbruch und 40 verletzte Fans

Nach den Krawallen der Fußballfans:
Fünf Schlachtenbummlern drohen jetzt Verfahren
Polizei erstattete Anzeige / Ministerauto demoliert

Stuttgarter Fans warfen Säurebeutel auf Passanten

„Für Schalke geh' ich inne Kiste"
Ein Fan aus Gelsenkirchen

Schlägereien – Messerstiche – Paßentzug?

Massenschlägerei am Ring: Skandal um Holmes-Kampf

Schlachtenbummler von 96 bangten um ihr Leben

Kolumbien: 4 Tote und 40 Verletzte nach Fußballspiel

Brandstiftung im Interzonenzug
Berliner Fußballfans randalierten / Drei Millionen Mark Schaden

Sprechchöre der roten Wölfe (Fan-Club von Hannover 96)

«Von den roten Wölfen kommen wir,
unsere Heimat ist das Polizeirevier,
mit dem Schlagring in der Tasche,
ja, das ist unsere Masche,
von den roten Wölfen kommen wir.»

«Wen woll'n wir schmausen? Rot-Weiß Oberhausen!
Wen woll'n wir fressen? Rot-Weiß Essen!
Wen woll'n wir lynchen? Bayern München!
Und dann, und dann, und dann? Ajax Amsterdam!»

Aussagen von Jugendlichen zur Faszination des Fan-Daseins

«Die ganze Woche muß man die Schnauze halten, zu Hause keinen Ton riskieren, im Betrieb darfste nichts sagen, dafür geben wir am Wochenende so richtig die Sau ab ... Fußball ist für uns Krieg. Wir sind die Besten. Der Verein kann ruhig verlieren, wir schlagen alle» (ein Kölner Fan in: *Die Zeit*, 6. 1. 1978).

«Sonst haben wir ja nicht viel.» – «Hierbei erlebst du wenigstens Gemeinschaft – wo findet man die denn noch?» – «In der Woche muß ich mich immer am Riemen reißen (...), muß eigentlich immer die Schnauze halten. Beim Fußball ist das anders – da darf die Sau raus.» – «Wir haben eine Welt für uns – in der geht es wild zu – aber frei» (Aussagen von Fans in: PRAMANN, U.: Das bißchen Freiheit – Die fremde Welt der Fußballfans. Hamburg 1980, S. 44).

«Samstag sauf ich, bis ich besoffen bin ... Sonst penn ich leicht ein, wenn ich besoffen bin. Aber am Samstag is dat anders. Für Schalke gilt wat anderes als sonst. Alkohol un Ärger – dann gehtet los. Wenne an den Ärger denkst auf Schalke, den ganzen Mist inne Woche, zu Hause dat Rumgemecker, inne Schule dat Rumgemecker, dann kriegste ne ganz schöne Wut. Und die muß raus. Ich krieg die nur raus mit Randale» (Schalker Fan in: PRAMANN, U.: Das bißchen Freiheit. Hamburg 1980, S. 116–117).

Aussagen zu Reaktionen auf Zuschauerausschreitungen

«Unsere Fans gehören zu unseren besten Kunden. Ich habe noch keinen erlebt, der nach einer Freikarte gefragt hat. Die zahlen. Ich bin der Meinung, im deutschen Fußball geht's ordentlich und gesittet zu. Extreme Ausschreitungen gibt's überall, auch beim katholischen Kirchentag» (Erich Riedl, Mitglied des deutschen Bundestages (CSU), Präsident von TSV München 1860. In: PRAMANN, U.: Das bißchen Freiheit. Hamburg 1980, S. 32.)

«Das wichtigste am Fan ist, daß er bezahlt. Die san dazu nötig. Es gibt Fans in drei Preislagen: die Jungen, die schreien, toben, singen. Die Verrückten, die Läden kaputtschlagen. Und die wenigen, die Fußball sehen wollen» (Max Merkel, Trainer des Karlsruher SC. In: *Pramann, U.*: Das bißchen Freiheit. Hamburg 1980, Seite 28).

«Härte auf dem Rasen setzte sich auf den Rängen fort. Das ist ein neuer Zug. Selbst auf den Tribünenplätzen wurden Regelverstöße der eigenen Mannschaft enthusiastisch gefeiert und die gefoulten Profis der Schauspielerei verdächtigt» (*Hannoversche Allgemeine Zeitung* vom 18.9.1981, Bericht vom UEFA-Cup-Spiel Magdeburg–Mönchengladbach).

«Die niedersächsische Polizei muß bei Fußballspielen der ersten und zweiten Liga zunehmend gegen gewalttätige Fans vorgehen. In den zurückliegenden zwei Jahren haben die Beamten bei Ausschreitungen von Fußballfans 142 Personen vorläufig festgenommen und 196 weitere vorübergehend in polizeilichen Gewahrsam gebracht. In dieser Zeit registrierte die Polizei 168 Sachbeschädigungen, davon allein 140 bei Spielen von Hannover 96. Die Schadenhöhe lag zwischen 50,– und 500,– Mark, in Einzelfällen bis zu 5000,– Mark ... In der Antwort des Innenministers heißt es weiter, daß zur Verhütung von Krawallen bei Fußballspielen durchschnittlich 10 bis 30 Beamte eingesetzt würden. Die Einsatzstärke differiere jedoch nach Spielort und Spielpaarung. Bei Spitzenspielen seien in Hannover 150 und in Osnabrück 115 Polizeibeamte aufgeboten worden ... Offen bleibt nach der Antwort Möcklingshoffs, ob die Fußballvereine fortan die Kosten der Polizeieinsätze bezahlen sollen oder nicht.» (*HAZ* vom 25.5. 1981).

KÖNNT IHR'S NICHT NOCH EINEN MOMENT BRENNEN LASSEN?
BW

Gewalt und Sportberichterstattung

Meinhart Volkamer

Der Einfluß der Sportberichterstattung auf Sportler und Zuschauer

Es wird bereits langweilig, wenn man konstatiert, daß Sport ein sozialpsychologisch äußerst interessantes Phänomen unserer Gesellschaft sei. Das ist zur Genüge festgestellt und mit handfesten Zahlen belegt worden. Problematisch in gesellschaftlich relevanten Dimensionen wird der Sport aber erst, seit er durch die Vermittlung der Massenmedien zum Showsport, zur Ware für einen weiten Konsumentenkreis wird. Durch die Sportberichterstattung in Zeitung, Rundfunk und vor allem im Fernsehen überschreitet das Sportgeschehen den engen Kreis der unmittelbar beteiligten Aktiven und Zuschauer. Durch Fernsehübertragung werden räumliche Distanzen aufgehoben, durch Aufzeichnung, Vorberichte, Kritiken, Ausschnitte, Wiederholungen werden zeitliche Grenzen gesprengt, und vor allem: Das Fernsehen vervielfacht die Zahl der Zuschauer. Diese räumliche, zeitliche und quantitative Veränderung durch die Massenmedien führt gleichzeitig zu einer *qualitativen Veränderung* des Sports: Er verliert die Atmosphäre des Privaten; er wird zu einem Stück Öffentlichkeit. Die Medien machen aus dem Sport, aus dem Kampf 11 gegen 11 eine Show vor einem Millionenpublikum. Erst durch die Massenmedien wird der Sport einerseits zum tauglichen politischen Mittel nationaler Selbstdarstellung, andererseits zum einträglichen Geschäft für die Sportler selbst, für Vereine, Funktionäre und für die Massenmedien.

Die Show, das große Geschäft, folgt anderen Gesetzen als der kleine, normale Sport, und es liegt eine große Gefahr darin, daß sich die ‹Geschäftsmoral› des Show-Sports auch zunehmend im normalen Sport, im Dorfverein, in der Jugendmannschaft durchsetzt. Daran sind nicht die Massenmedien schuld, aber diese Entwicklung wird durch sie erst ermöglicht und beschleunigt.
Die Massenkommunikationsmittel – besonders das Fernsehen – vervielfachen nicht nur die Zuschauerzahlen, sie verändern auch das, worüber sie berichten: Der Zuschauer erlebt zwar im Fernsehen das Geschehen ‹life› mit, aber nicht ‹unmittelbar›; vielmehr wird seine *Wahrnehmung* wesentlich durch die Berichterstattung beeinflußt. Er erlebt nicht irgendein spannendes Fußballspiel, sondern etwa «eine Auseinandersetzung mit dem Fußballerzfeind England» (so vor einiger Zeit im *Spiegel* zu lesen). Auch das Geschehen selbst erlebt der Zuschauer aus zweiter Hand. Der Sprung von 8,90 Meter eines Bob Beamon wird zum «Sprung ins nächste Jahrhundert», oder: Wir sehen nicht etwa den Torschützen Gerd Müller, wir sehen den «Bomber der Nation».
Der Eindruck, direkter und damit auch objektiver Zuschauer des Sportgeschehens zu sein, täuscht demnach. Der Zuschauer erlebt weitgehend aus zweiter Hand. Er erlebt in den Denkschemata des Berichterstatters, der seinerseits dem Zwang zur Sensation, zu immer neuen Sensationen unterliegt. Wenn der Kampf des Jahrhunderts schon stattgefunden hat, dann wird der Kampf des Jahrtausends angekündigt, das heißt, die Berichterstatter und Kommentatoren unterliegen dem Zwang, ein sonst normales oder gleichgültiges Geschehen immer wieder in die Sphäre des Sensationellen zu rücken, spannender zu machen.
Dazu bestehen zum einen die Möglichkeit, besondere Ereignisse herauszustreichen, etwa durch die Kameraführung, zum anderen durch die Art der Kommentierung, auf Sensationelles aufmerksam zu machen. Mit dieser Art der Kommentierung folgt man den Wünschen der Zuschauer: Die Show soll spannend sein (deswegen schalten wir den Apparat ein), und wenn das Geschehen selbst nicht allzu spannend ist, dann soll der Showmaster es wenigstens spannend verkaufen. Dadurch wird der Sport im Fernsehen sensationeller und emotionsgeladener, als er in Wirklichkeit ist. Wenn im folgenden der Zusammenhang zwischen Aggressivität von Zuschauern und Aktiven mit den Massenmedien in Verbindung gebracht wird, dann soll hier nicht der nutzlose Versuch gemacht werden, alle Aggressionen im Bereich des Sports den Massenmedien in die Schuhe zu schieben und hier den Schuldigen zu finden. Es geht vielmehr darum zu zeigen, wie die Berichterstattung unsere Wahrnehmung von Sport beeinflußt, vorhandene Tendenzen verstärkt und damit die Wahrscheinlichkeit des Auftretens von Aggressionen von Gewalt erhöht bzw. erhöhen kann. Damit sind die Aggressionen selbst aber noch nicht erklärt.

Welche Auswirkung hat die Sprache der Berichterstatter auf die Wahrnehmung der Zuschauer?

Lesen oder hören wir Kommentare über ein wichtiges Fußballspiel – übrigens könnte man hier schon fragen: Was ist ein ‹wichtiges› Spiel? –, dann glaubt man gelegentlich, die Reporter seien früher Kriegsberichterstatter gewesen. Da wird ‹gekämpft, eine Angriffsspitze stürmt hemmungslos und walzt den Gegner nieder, die Verteidigung bricht unter dem pausenlosen Trommelfeuer der Angreifer zusammen, mit gnadenloser Härte wird jede Schwäche ausgenutzt, bis die drückende Übermacht durch kompromißlosen Einsatz der letzten Reserven nach einer heißen Schlacht zum triumphalen Erfolg führt›. Die Beispiele für derartigen Sprachgebrauch lassen sich beliebig vermehren.

Diese aggressive Sprache hat zwei Wurzeln:

1. Sie entspricht in etwa tatsächlich dem Geschehen im Wettkampf, der durchaus aggressive Strukturen besitzt, wie sich leicht nachweisen läßt. Es wird tatsächlich gekämpft. Der Ball wird geschossen. Der Gegner wird angegriffen.
2. Diese Sprache erhöht die Spannung, die emotionale Beteiligung der Zuschauer, und das eben ist das Ziel der Übertragung.

Problematisch wird dieses Sprachverhalten des Berichterstatters aber dadurch, daß der Zuschauer in seiner Wahrnehmung beeinflußt wird. Der Zuschauer erlebt kein Spiel mehr, sondern eine todernste Sache, und er lernt, wer am aggressivsten ist, hemmungslos, gnadenlos, kompromißlos, der wird Sieger, wird berühmt, verdient viel Geld, ist sozial hochgeschätzt. Es findet eine Umwertung sozialpositiver Werte statt. Hemmungen gegenüber Gewaltanwendung, Gnade für und Mitleid mit dem Schwächeren, Kompromisse statt rücksichtsloser Durchsetzung der eigenen Interessen – all das gilt hier nicht mehr, das Gegenteil wird bewundert, bringt öffentliches Ansehen und Geld, führt zum Erfolg, macht diesen Erfolg offenbar noch bewundernswerter, statt ihn zu relativieren.

Diese Umwertung der Werte wird noch dadurch erleichtert, daß wir alle die Tendenz haben, dasselbe Verhalten bei uns selbst eher positiv, beim anderen oder beim Gegner eher negativ zu bewerten.

Beobachtet man die Berichterstattung im Rundfunk und Fernsehen anläßlich internationaler Spiele (z. B. bei Fußballweltmeisterschaften), so kann man folgendes feststellen: Wenn ein Spieler einer fremden Mannschaft foult, wird meist ganz sachlich die Art der Regelverletzung festgestellt. Der Reporter sagt dann nur: «Foul, X hat nachgeschlagen, Y hat das Bein stehen lassen, Z hat nachgetreten.» Wird dagegen das Foul eines deutschen Spielers kommentiert, dann heißt es in solchen Fällen häufig: «Schwarzenbeck stieg kompromißlos ein», oder: «Durch harten Einsatz versuchte Müller, die Situation zu klären», oder: «In seinem Versuch, das Spiel des Gegners frühzeitig zu stören ...» usw.

Das Foul des deutschen Spielers wird häufig nicht als aggressive Handlung, als Regelverletzung beschrieben, sondern als Mittel im Spielgeschehen verstanden und damit gleichsam entschuldigt. In einem Zeitungsbericht zum Spiel Bayern München gegen Leeds United liest sich das so:

«3. Minute: Entsetzen bei den Münchnern, als Anderson von Yorath bös gefoult wird.
7. Minute: Wieder eines der schlimmen Fouls der Briten, als Reany Weiß umsäbelt.
24. Minute: Schwarzenbeck tritt Jordan um, handelt sich dafür die gelbe Karte ein.
38. Minute: Beckenbauer zieht gegen Clark die Notbremse.»

Was bei den Engländern «wieder eins der schlimmen Fouls» ist, ist bei Beckenbauer eben nur die «Notbremse», und Schwarzenbeck vollzieht einen ganz harmlosen Tauschhandel: Foul gegen gelbe Karte. So lernt der Zuschauer oder Leser, gleiche Handlungen verschieden zu bewerten, je nachdem, ob ein Foul von der eigenen oder der gegnerischen Mannschaft begangen wird.

- Aggressive Regelverletzungen werden, wenn sie von der eigenen Mannschaft begangen wurden, als taktisches Verhalten etwas außerhalb der Legalität aber durchaus entschuldbar und verständlich, letztlich also harmlos dargestellt.

Es soll nicht behauptet werden, daß diesem Kommentieren irgendeine Absicht unterliegt. Es kann deutlich gezeigt werden, daß in diesen Kommentaren eine allgemeine Tendenz der Wahrnehmung, nämlich uns selbst für besser zu halten als den Gegner, uns selbst vorwiegend gute, dem Gegner vorwiegend schlechte Absichten zu unterstellen, auftritt, daß diese allgemeine Tendenz der Wahrnehmung und der Erklärung in der Berichterstattung unkritisch wiederholt, von den Kommentatoren häufig nicht gesehen und dadurch im Zuschauer noch verstärkt wird. Der Sport trägt in diesem Falle also keineswegs dazu bei, Vorurteile aufzulösen, Fairneß, Selbstkritik und kritische Distanz zum Geschehen zu fördern – dafür wäre eine Show auch sicherlich nicht das geeignete Medium –, sondern verstärkt eher noch vorhandene Wahrnehmungsfehler und Vorurteile.

Daß es sich hier nicht um ein isoliertes Phänomen der Berichterstattung handelt, konnte an einem kleinen Experiment nachgewiesen werden, das in jeder Schulklasse mit Erfolg wiederholt werden kann:

Mehrere hundert Schüler erhielten schriftlich eine Fußballreportage über ein Spiel der deutschen Nationalmannschaft gegen die Italiener. In dieser Reportage wurden mehrere Fouls beschrieben, und die Schüler wurden gebeten, in die Lücken, die im Text freigelassen worden waren, Adjektive einzusetzen, mit denen die Fouls näher beschrieben werden sollten. Dabei zeigte sich folgendes: Was bei den Italienern als hart, brutal, eiskalt bezeichnet wurde, wurde bei den Deutschen dagegen als geschickt, clever oder trickreich wahrgenommen. Fremdes Foulspiel in gleichen Szenen wird demnach wesentlich mehr abgelehnt als eigenes. Böse Absicht unterstellt man dem Gegner, sich selbst allenfalls Klugheit und Können.

Es ist anzunehmen, daß diese Wahrnehmung von Sport sich auch im eigenen sportlichen Verhalten widerspiegelt. Wenn man für die eigenen Fouls eine passende Entschuldigung bereit hat, ist man auch eher bereit, dieses Foul zu begehen.

Wir haben jugendliche Fußballspieler gefragt, aus welchen Gründen sie ihr letztes eigenes Foul begangen haben bzw. weshalb wohl der Gegner ein Foul an ihnen begangen hat. Dabei ergab sich, daß das eigene Foul eher aus Ungeschicklichkeit, das Foul des Gegners eher aus Rache begangen wurde. Es zeigt sich also deutlich ausgeprägt eine Doppelmoral nach dem Motto: *Böse ist nur, was der Gegner tut.* Wir kennen diese Einschätzung auch aus unserem eigenen Verhalten. Die Parallelen zur Kriegsberichterstattung sind deutlich: Die eigenen Soldaten kämpfen stets ehrenhaft, die Gegner dagegen heimtückisch und hinterhältig. Der eigene Krieg ist immer ein gerechter Krieg, der fremde Krieg ist immer ein böser Krieg.

Die Medien, vor allem das Fernsehen, verschaffen dem Sport ein Massenpublikum, das prinzipiell unbegrenzt groß ist – welchen Einfluß hat diese Tatsache auf den Sport? Der Spitzensport, der uns vor allem im Fernsehen gezeigt wird, ist nicht nur eine verbesserte Auflage des kleinen Sports, wie er auf dem Fußballplatz des Dorfvereins gezeigt wird; er ist eine andere Art des Sports, er wird zur Show. Dadurch ist er zwar nicht weniger Sport: Cassius Clay oder Beckenbauer bieten besten Sport; aber das ist ein anderer Sport, der mit der üblichen sportlichen Moral nichts zu tun hat.

Durch die Massenmedien erfahren wir täglich, für wieviel Millionen Bundesligaspieler den Verein wechseln, was ein Sieg in einem Tennismatch einbringt etc. – wenn es in erster Linie aber um Geld geht, von dem die Sportler, die Funktionäre, Trainer und Vereine leben, um Geschäft (oder auch um politische Selbstdarstellung), ist es dann noch richtig, diesen Sport an Begriffen wie Fairneß, Ritterlichkeit, Chancengleichheit etc. zu messen oder diese Tugenden von ihm zu verlangen? Sie sind nur noch insofern wichtig, als sie eine Grundlage für Spannung sind. Wer um zigtausend Mark spielt, muß damit rechnen, daß der Gegner (der ja auch gern ans Geld möchte) hart einsteigt. Das ist bedauerlich, ist aber sein Berufsrisiko, sein Einsatz. Problematisch ist diese Entwicklung deshalb, weil die Grenze zwischen verständlichem Foul und grober Körperverletzung nicht genau festgelegt werden kann und sich zur Zeit im Fußball deutlich nach oben hin verschiebt – die Spieler werden körperlich so gefährdet, daß sie möglicherweise ihren Beruf längerfristig nicht mehr ausüben können.

Die Medien ermöglichen die Show, ermöglichen den großen Erfolg – je größer der mögliche (finanzielle, soziale, politische) Gewinn, desto größer ist aber auch die Gefahr der aggressiven Regelverletzung. Wenn es um zigtausend Mark geht, spielt es dann eine Rolle, ob ich den Gegner in einer gefährlichen Situation umtrete oder nicht? Er würde dasselbe mit mir tun, und beide wissen das und sind sich darüber einig. Jeder ist käuflich, es kommt nur auf die Höhe der Summe an.

Es ist falsch, Moralbegriffe des normalen, des kleinen Sports auf den Showsport zu übertragen; aber gefährlich ist die umgekehrte Entwicklung, die sich in zunehmendem Maße abzeichnet, nämlich die Übertragung der ‹Geschäftsmoral› auf den Dorfverein, auf die Jugendmannschaft. Auch früher wurde auf Fußballplätzen gefoult – aber in der privaten Sphäre zweier Dorfvereine oder bei ein paar hundert Zuschauern ist ein Foul eine grobe Unsportlichkeit, durch den Showcharakter des heutigen Spitzensports wird das Foul zum illegitimen, aber verständlichen Mittel zum Sieg (über das wir uns nur aufregen, wenn es der Gegner begeht).

Bei einer Befragung von einigen hundert jugendlichen Fußballspielern gaben circa 25 Prozent an, daß im Training systematisch Fouls eingeübt würden, die der Schiedsrichter nicht sieht. (Wieviel Prozent sind es wohl beim Handball oder Eishockey?) Die Medien selbst sind machtlos gegen diese Entwicklung, auch wenn sie selbst erst diese Entwicklung ermöglichen und beschleunigen. Wir, die Zuschauer, wollen Spannung; wir schauen uns lieber Bundesliga-Spiele zwischen Profis als ‹sportliche› Spiele zwischen Dorf-Amateuren an.

Selbst wenn die Medien ihrer Pflicht zu objektiver Berichterstattung nachkommen wollen, so stehen sie vor folgendem Problem: Sollen sie zum Beispiel grobe Fouls, Tritte, Schlägereien, Schiedsrichterbeschimpfungen etc. bei einem Fußballspiel übertragen und sogar noch herausheben, oder nicht?

Werden offensichtliche Vergehen kommentarlos übergangen, dann sieht das nach Billigung aus, so als ob das Umtreten des Gegners das normalste von der Welt wäre (was es möglicherweise im Bundesligafußball auch ist). Außerdem liegt es im Wesen der Berichterstattung, das Besondere herauszuheben, nicht das Alltägliche – und grobe Fouls sind seltener als ein unwichtiger Paß im Mittelfeld. Was ist hier ‹objektiv›?

Wenn die Medien sich aber mit besonderen Vorfällen beschäftigen, grobe Fouls zeigen und negativ kommentieren, so erzielen sie beim Zuschauer zum einen wohl Empörung und Distanzierung, im gleichen Maße vermutlich auch Neugier und Spannung, wann der nächste umgetreten wird, ‹über die Klinge springt›.

Und wie steht es mit der Forderung nach einer ‹kritischen› Berichterstattung? – Wenn eine zu kritische Übertragung dem Zuschauer den Spaß am Sport verdirbt, schaltet der Zuschauer eben sein Gerät ab, macht die Zeitung zu – und der Sport hat vielleicht einen Fan, die Zeitung einen Leser, der Zuschauer eine spannende Stunde weniger. Wenn das genügend Leute machten, wäre die Show tot.

Eine bewußte Berichterstattung über Fouls und Brutalität im Sport dürfte nur bei einem geringen Teil der Zuschauer zu einer Distanzierung führen, während sie viele eher neugierig machen wird: Es ist ein ungefährlicher Nervenkitzel, vom Fernsehsessel aus zuzuschauen, wie sich zwei Leute verprügeln – das zog die Leute im alten Rom in den Zirkus, in Spanien in die Stierkampfarena, sichert Cassius Clay Millionengagen und erhöht die Spannung beim Fußball. Das hat zwar nichts mit Sport zu tun, wohl aber mit Spannung, und die sucht der Zuschauer im Sport ebenso wie im Krimi. (Wenn der Reporter zum Ausdruck bringen will, daß ein Spiel ganz besonders spannend war, spricht er von einem ‹Fußballkrimi›.)
In den letzten Jahren hat es zahllose kritische Berichterstattungen, Funk- und Fernsehsendungen, Zeitschriftenartikel mit grauslich-schönen blutigen Bildern über die Brutalität auf dem Fußballplatz gegeben, ohne daß die Anzahl der Zuschauer oder das Ausmaß der Brutalität dadurch irgendwie geringer geworden wären. (Vielleicht haben sie sogar trotz guter Absicht das Gegenteil bewirkt?)
Durch die Massenmedien wird der Sport zu einer öffentlichen Veranstaltung, bei der etwas los ist; wir alle regen uns über Fouls auf, warten aber gespannt auf das nächste (und sei es nur, um uns wieder darüber voller Abscheu so schön aufregen zu können).

Jede kritische Berichterstattung über Gewalt und Aggression im Sport wie auch jede wissenschaftliche Analyse macht uns sensibler für dieses Problem, kann uns gegebenenfalls Ursachen und Lösungsmöglichkeiten aufzeigen; sie kann aber auch die Aufmerksamkeit auf dieses Problem erst lenken, den Sport überbetonen, die Akteure in den Mittelpunkt des Interesses rücken und damit wieder die Bedingungen eben für Gewalt und Aggression verstärken. Vor diesem Dilemma stehen auch die Veröffentlichungen in diesem Buch.

Manfred Blödorn

Sportler- und Zuschauergewalt im Dienste der Dramaturgie und Umsatzsteigerung – Gedanken eines Sportjournalisten

«Plötzlich ahnte ich, wie wunderbar
der Mechanismus menschlicher Reflexe,
wie groß die Macht des Wortes war ...»
Françoise Sagan: *Bonjour tristesse.*

Eine Bemerkung vorweg: Dieser Beitrag kann nur ein (allerdings ernsthafter) Versuch sein, den Problemkreis der Gewalt im Sport und seiner Darstellung in den Massenmedien aufzuhellen und mögliche Ansatzpunkte einer Deutung zu finden. Lösungsmöglichkeiten wird er kaum anbieten. Diese Einschränkung soll keine Entschuldigung für die auch von mir so gesehenen Fehler und Unzulänglichkeiten in der Sportberichterstattung sein. Der Grund dieser selbst auferlegten Zurückhaltung ist vielmehr in der Tatsache zu suchen, daß es Kommunikationsforschern, Soziologen und Psychologen bisher noch nicht überzeugend gelungen ist, eine wissenschaftlich abgesicherte Lehrmeinung darüber zu bilden, wie gravierend der Einfluß von Gewaltdarstellungen in den Medien auf den Sozialisationsprozeß und wie wirksam dadurch der Aufforderungscharakter zu abweichendem sozialen Verhalten einzuschätzen ist.

Während der Aggressionsforscher HACKER (1974, 64) feststellt, «daß ständige Darbietung von Gewalt durch Verinnerlichung der angebotenen Gewaltmodelle prägend und bestimmend wirkt und mittelbar wie unmittelbar zur Brutalisierung beiträgt», äußert sich der amerikanische Medienexperte SIEGEL (1973, 429) eher skeptisch: «Leute mit finanziellen Interessen an den Medien machen sich die verbreitete Unkenntnis zunutze, um einander zu versichern, daß keine Wirkungen auftreten.»
Zu untersuchen ist zunächst die Behauptung, daß die Massenmedien – also die gedruckte Presse (Printmedien) sowie Hörfunk und Fernsehen (elektronische Medien) – die Gewalt im Sport über den Rahmen der tatsächlich stattgefundenen Ereignisse hinaus hervorheben und damit die Wirklichkeit wider besseren Wissens verzerren. Als Argumentationshilfe verweisen die Kritiker dabei zumeist auf die Boulevard-Zeitungen und ihren umfangreichen Sportteil.

In der Tat werden die Boulevard-Zeitungen schätzungsweise von jedem vierten Bürger der Bundesrepublik Deutschland gelesen. Allein der Marktführer, die im Hamburger Springer-Verlag erscheinende *Bild*-Zeitung, bringt es täglich auf rund elf Millionen Konsumenten. Es wäre aber unredlich, vom Marktanteil und Bekanntheitsgrad dieser Zeitungen her Rückschlüsse auf die gesamte Sportpresse, ihre Journalisten und deren Berichterstattung zu ziehen. Gleichwohl bleibt es unbestreitbar, daß die Veröffentlichungen in diesem Medienteilbereich Signalwirkungen haben und das Bild des Sports in der Öffentlichkeit nachhaltig prägen.

«Die Boulevardpresse muß als Straßenverkaufszeitung täglich neu wieder auf sich aufmerksam machen», schreibt ein Ex-*Bild*-Redakteur. «Ein Mensch, der flüstert, wird nicht oder nur schlecht gehört. Wenn eine Zeitung flüstert, wird sie ebensowenig gehört. Die Straßenverkaufszeitung muß sich also anbieten, muß schreien» (Eilers 1978, 215f).

Folgt man dieser Logik, dann müssen Boulevard-Zeitungen – um sich zu behaupten und gelesen zu werden – aggressiv sein. Mit einer geschickten, von Medienpsychologen ausgetüftelten Mischung aus Skandalen, Sex und sportlichen Sensationen degradieren sie Informationen zu einem Konsumartikel, bauschen Berichte zu spektakulären Medienereignissen auf, ordnen ihre Nachrichten und Meldungen total dem Prinzip der kommerziellen Verwertbarkeit unter.

Die Strategie des Boulevard-Journalismus fordert keine nüchternen, eher moderat oder objektiv geschriebenen Artikel, keine verantwortungsvolle und verantwortungsbewußte Darstellung von komplizierten Sachzusammenhängen. Nur ein aggressiver Stil mit einem ebenso aggressiven – meist verkürzenden und somit sinnentstellenden – sensationellen Inhalt findet Gehör.

«Ich war mir seit Kriegsende darüber klar, daß der deutsche Leser eins auf keinen Fall wollte, nämlich nachdenken. Und darauf habe ich meine Zeitungen eingerichtet», erklärte Axel Cäsar Springer schon 1959 (vgl. Zoll/Hennig 1978, 171). Der Erfolg gab ihm und seinen Zeitungsmachern recht. Moralisch mag man da seine Zweifel haben – auch im Hinblick auf die Bedeutung der Presse für das Funktionieren eines demokratischen Staates und der Manipulierbarkeit seiner Bürger. Aus ökonomischer Sicht dagegen sind Einwände fruchtlos. Die wirtschaftlich orientierten Massenmedien folgen den Prinzipien der kapitalistischen Marktwirtschaft. Die Boulevard-Zeitungen verstehen dieses Geschäft am besten.

«Gewalt ist die geheime Botschaft der Massenmedien», meint Hacker (1971, 15). Und der Kybernetiker und Informatiker Steinbuch (1975, 134) weiß um die Gründe: «Die Realität lebt vom Banalen, die Kommunikation vom Außergewöhnlichen. Der Kommunikator kann sich alles leisten, nur nicht den Mut zur Banalität ... Das Brutale ist kommunikativ ergiebiger als das Humane, der Skandal ergiebiger als die Ordnung, das Illegale ergiebiger als das Legale usw. Sozial angepaßtes Verhalten ist normalerweise nicht berichtenswert.»

Auf die Frage, ob die Massenmedien tatsächlich ein wichtiger Faktor in der zunehmenden Brutalisierung und Kriminalisierung unserer Zeit seien – in der Bundesrepublik Deutschland hat sich die Zahl der amtlich gemeldeten Straftaten von 1967 bis 1981 nahezu verdoppelt; gleichzeitig habe sich der «Trend zur Gewaltanwendung gegen Personen und Sachen immer mehr verstärkt» (dpa, *Bergedorfer Zeitung* vom 23. 2. 1982) –, antwortet HACKER (1974, 63) mit einem Vorbehalt: «Es wäre allerdings eine unverantwortliche Vereinfachung, die Massenmedien vorwiegend oder allein für moderne Gewalt und Brutalisierung verantwortlich zu machen. So simpel geht es nur im Fernsehen, im Kino und in Zeitschriften zu. Zu Zwecken dramatischer Darstellung bevorzugen die Medien hochpolarisierte Konflikte, in denen Gewalt sich als die einzige Lösung anbietet; doch eben diesen Mechanismen der Verteufelung und der Polarisierung des Freund-Feind-Schemas muß zu Zwecken der Gewaltvermeidung gesteuert werden.»

Hochpolarisierte Konflikte treten vor allem auch im Sport auf – aus sportimmanenten Gründen oder fremdgesteuert durch Zuschauer und Medien. Den Medien wird dabei vorgeworfen, sie dramatisierten diese Konflikte durch die Form ihrer Berichterstattung noch, um dadurch – im Sinne der Boulevard-Ideologie – den Grad der Beachtung ihrer Erzeugnisse zu erhöhen und somit eine Umsatzsteigerung mit der ‹Ware Sport› zu erzielen. Auch dies ist eine Spielart der Gewalt, der Vergewaltigung der Sportler und des Sports durch die Massenmedien.

Um der Tendenz einer vereinfachten Darstellung bei der Schuldzuweisung vorzubeugen, sei auch auf die Möglichkeit des Umkehrschlusses hingewiesen: Weil sich die Medien verstärkt mit dem Sport beschäftigten, wurden diesem die Wege zu einer gesellschaftlichen Massenbewegung mit hohem Publizitätsgrad geebnet.

Die Entwicklung des modernen Leistungs- und Spitzensports, an deren Anfang die Wiedererweckung der antiken olympischen Idee durch Pierre de Coubertin und das 1894 gegründete Internationale Olympische Komitee standen, zeigt deutliche Parallelen zum Aufschwung des internationalen Sportjournalismus (vgl. BLÖDORN 1980, 163ff). Es muß weiteren Untersuchungen vorbehalten bleiben, wer hier die treibende Kraft war (der Sport oder die Medien), wer wen begünstigte und wer vom anderen besonders stark profitierte.

Tatsache ist, daß die ‹Ware Sport› eines der ökonomischen Zugpferde der Massenmedien wurde. Die *Bild*-Zeitung übersprang die Auflagenhöhe von einer Million, als die Mannschaft des Deutschen Fußballbundes 1954 in der Schweiz um die Weltmeisterschaft spielte und gewann. Die *Welt am Sonntag*, ebenfalls aus dem Hause Springer, kletterte auf über 500000 verkaufte Exemplare, als 1963 die Fußball-Bundesliga eingeführt wurde und diese

Zeitung am nächsten Tag als erste bundesweit darüber berichten konnte (Rost 1972, 133). Die Montagsausgaben aller Zeitungen verkaufen sich zum Teil erheblich besser als die an den anderen Wochentagen. Die täglich erscheinende französische Sportzeitung *L'Equipe* ‹erfand› sogar zu eigenem Nutzen die Tour de France, den Fußball- und Leichtathletik-Europapokal und andere Wettbewerbe auf nationaler und kontinentaler Ebene.
Selbst das nichtkommerzielle Fernsehen in der Bundesrepublik Deutschland profitierte über die steigende Zahl der TV-Geräteanmeldungen von der Sportbegeisterung seiner Konsumenten. 1968, als die Olympischen Sommerspiele aus Mexico-City als ‹Fernseh-Sensation› in Farbe übertragen wurden, und 1972, als die Spiele in München stattfanden, steigerten die Fernsehgerätehersteller ihre Umsätze gegenüber den Vorjahren um das Mehrfache. Die Nichtteilnahme von Athleten aus der Bundesrepublik an den Olympischen Spielen 1980 in Moskau (Boykott des Nationalen Olympischen Komitees wegen der Afghanistankrise) und die daraufhin eingeschränkte Fernsehberichterstattung von ARD und ZDF brachten die Hersteller um die einkalkulierten Millionengewinne aus dem Videorecordergeschäft.
Sportstars, zu Helden der Nation hochstilisiert, werden besonders dann zu begehrten Darstellungsobjekten der Massenmedien, wenn es um Siege und Erfolge geht, die über den engen regionalen oder nationalen Rahmen hinausreichen. Bei internationalen Titelkämpfen mühen sich die Athleten nicht mehr allein für sich selbst oder für die Mannschaft ab, sondern für die gesamte Nation – oder für die, die sich stellvertretend dafür halten. Solche Veranstaltungen nehmen, das lehrt die Vergangenheit, nationalistische und sogar chauvinistische Charakterzüge an.
Unter dem Druck der von den Medien in der Vorberichterstattung erzeugten Erwartungshaltung «mit Gegnerverteufelung, Verschärfung des Opponentenbildes und Eskalierung der Aggression gegen den vom Sportkameraden zum Feind degradierten Partner ... wird Sport bald zum Werkzeug der Aggressionslimitierung statt zum Mittel der Aggressionskontrolle», schreibt Hacker (1974, 69).
In diesem Zusammenhang muß «auf die Förderung oft völlig irrationaler, nationaler Selbstüberschätzung und auf die Versuchung, sportliche Gelegenheiten zu außersportlichen Demonstrationen und zur Durchsetzung nichtsportlicher Forderungen» (Hacker 1974, 69) hingewiesen werden. Hacker stellt in einem Gedankenexperiment die Frage, was geschehe, wenn die Sportler zum Beispiel bei Olympischen Spielen ohne ihre nationalen Symbole auf dem Trikot um den Sieg kämpften «und auch im Falle ihres Sieges nicht ihrer Nationalität nach identifiziert werden könnten. Welchen Einfluß hätte dies auf das Zuschauerinteresse, wo wären dann alle die Potentaten und Sportenthusiasten, die ausverkaufte Stadien garantieren?» Und – so darf weiter gefragt werden – wo wären dann all jene Sportjournali-

sten, die darauf aus sind, auch sich selbst im Schatten des Erfolges anderer zu sonnen und auf der Woge der Begeisterung mitzuschwimmen?
Festzuhalten bleibt als Zwischenfazit folgendes:

- Die Sportberichterstattung in den Massenmedien – und hier besonders deutlich in der Boulevard-Presse – folgt den Mechanismen der polarisierten Freund–Feind-Darstellung, weil sich daraus für die Berichterstatter die ‹besseren Geschichten› entwickeln lassen. Sie suchen das Außergewöhnliche und finden es in den gewaltsamen Auseinandersetzungen vor und in den Stadien, in brutalen Verhaltens- und Handlungsweisen und in von ihnen oft künstlich aufgebauschten personalisierten Stories. Daß sie solchen Entwicklungen bisweilen tatkräftig Vorschub leisten («Rache für Cordoba»), verwundert nicht.

Dennoch: Es ist unredlich, die journalistische Arbeit von rund 150 Sportredakteuren und freien Mitarbeitern der Boulevard-Presse mit der Tätigkeit aller rund 1400 Sportjournalisten in der Bundesrepublik gleichzusetzen, zumal von den erwähnten 150 Redakteuren allein 93 für die *Bild*-Zeitung und für *Bild am Sonntag* arbeiten (Aral AG 1980).
Trotzdem ist es nicht von der Hand zu weisen, daß die überpointierte Herausstellung von Sportler- und Zuschauergewalt in den Medien ein generelles Problem des Berufsstandes der Sportjournalisten zu sein scheint. Die dramatisierende Aufbereitung von Ereignissen und die Schaffung einer fremden oder manipulierten Wirklichkeit gehören zu den großen Gefahren (oder Möglichkeiten) eines jeden Journalisten. Je mehr er sich davon befreien kann, desto eher sind auch Außenstehende bereit, die Qualität seiner Arbeit zu würdigen. Andererseits muß jeder Verleger und jeder seiner Mitarbeiter bestrebt sein, den Absatz der Produkte zu erhöhen und damit die Umsätze zu steigern. Das ist nun einmal eines der obersten Prinzipien der Marktwirtschaft jener Gesellschaftsordnung, in der wir leben.
Die Presse, in den pluralistischen Gesellschaftssystemen des Westens als ‹vierte Gewalt› neben Legislative, Exekutive und Judikative oder als deren Korrektiv bezeichnet, kann ihre beobachtende, kommentierende und kritisierende Stellung in den Funktionen eines Nachrichtenübermittlers, Meinungsbildners und Meinungsmachers aber nur dann umfassend und glaubwürdig ausfüllen, wenn ihre Mitarbeiter selbst unabhängig und ohne Rücksicht auf ideologische und ökonomische Abhängigkeiten berichten können. Im Gegensatz zur vom Staat garantierten äußeren Pressefreiheit spricht man bei den Presseunternehmen von der garantierten *inneren Pressefreiheit*. Die aber gibt es nicht überall. Journalisten sind den unterschiedlich stark wirkenden Zwängen ihrer Arbeitgeber ausgesetzt und können oft nur das schreiben, was von ihnen gewünscht wird.
In einer weitaus besseren rechtlichen und journalistischen Position befinden sich die Mitarbeiter von Hörfunk und Fernsehen. Die öffentlich-rechtlichen Rundfunkanstalten in der Bundesrepublik Deutschland sind keine

gewinnorientierten Privatunternehmen und dürfen keine einseitig ideologische Berichterstattung betreiben. Sie gehören – allgemein umschrieben – allen Bürgern des Staates und müssen allen gesellschaftspolitisch relevanten Gruppen dienen. Der Gesetzgeber schuf damit bewußt einen von marktwirtschaftlichen und ideologischen Zwängen weitgehend befreiten Journalismus – auch als Gegenpol zu den privaten Printmedien. Hörfunk- und Fernsehsportjournalisten, so könnte man daraus schließen, müßten die ‹besseren› Journalisten sein, weil sie die besseren Arbeitsbedingungen haben. Und weil Dramaturgie und Umsatzsteigerung als äußere Zwänge entfallen, könnten sie auf das massenwirksame Vehikel Sportler- und Zuschauergewalt verzichten. Dem stehen die Arbeiten und Aussagen zahlreicher Publizisten und Medienforscher entgegen. Es gäbe zwar gravierende Unterschiede zu den Printmedien, und Hörfunk und Fernsehen schneiden in der Beurteilung recht positiv ab; aber in der Grundtendenz bleiben Probleme und Gefahren der Darstellung von Gewalt im Sport bestehen.

Es muß also noch andere Ursachen dafür geben als die Jagd nach Auflagenerhöhung. Mir scheint dabei das Aufdecken von Strukturen wichtig zu sein, die den Sport und die Sportberichterstatter miteinander verbinden. Sportjournalisten genießen unter ihren Kollegen keinen sonderlich guten Ruf. «Sport, das ist wie eine Zuchthausvorstrafe», erfuhr einst der junge Redakteur ROST (1972, 125) von einem älteren Kollegen, und damit waren die Fronten innerhalb der Redaktion abgesteckt. WEISCHENBERG (1976) bezeichnete sie in einer Untersuchung als «die Außenseiter der Redaktion». Und BINNEWIES (1975, 250), ein anderer Medienexperte, bestätigte, daß die Sportredaktionen als «das notwendige Übel im Gehäuse seriöser Zeitungsverlage» angesehen würden.

Sportjournalisten kommen meist über informelle Wege zu ihrem Beruf, als ehemalige aktive Leistungssportler oder über Trainer- und Funktionärstätigkeiten in Sportvereinen und -verbänden (WEISCHENBERG 1976, 234). Der Weg über ein berufsbezogenes Hochschulstudium ist noch seltener als der über ein Volontariat.

- Vom Sport verstehen diese Journalisten viel, von der Wirkung der Berichterstattung auf die Leser, Zuhörer und Zuschauer oft nur wenig. Weil sie dem Sport persönlich eng verbunden sind oder waren, transportieren sie häufig unbewußt die im Leistungssport erworbene kompromißlose Leistungs- und Erfolgsorientierung als quasi naturgegeben und deshalb als etwas völlig Normales weiter.

Der Vorwurf des Eins-zu-Null-Journalismus, der nur an des Tagesaktualitäten interessiert sei und gewissenhaft die Statistiken zu führen weiß, trifft sie weniger hart, als vermutet werden darf. Für sie zählen Siege und Erfolge mehr als alles andere. Niederlagen werden mit Schimpf und Schande belegt. Die Beobachtung, daß eine inhaltlich kritische Wertung des Sports – von einigen Ausnahmen in überregionalen Zeitungen und im Fernsehen

(«ZDF-Sportspiegel» und «Sport III extra» im Dritten Programm der Nordkette) abgesehen – kaum stattfindet, bestätigt nur die Regel (Blödorn 1978, 225 ff).
«Die Entwicklung um das Phänomen Sport hat ganz augenscheinlich die Emanzipation der Sportjournalisten überrollt», stellt Binnewies (1975, 161) fest, «oder aber die haben es nicht verstanden, ihren eigenen Bewußtseinsprozeß dieser Entwicklung anzupassen». Da Sportpresse und Sport bis hin zur Glorifizierung der Stars und ihrer Leistungen scheinbar die gleichen Ziele verfolgen («Vorbild für die Jugend», «Leistungsnachweis für die Stärke der Nation»), müssen sich die Sportjournalisten mit dem Vorwurf auseinandersetzen, sie seien im Grunde genommen nur der verlängerte Arm oder gar die Public Relations-Abteilung des Deutschen Sportbundes und seiner Fachverbände. Als deren Freunde, Weggenossen und – wenn es hoch kommt – als deren Partner verzichten sie weitgehend auf Eigenständigkeit und Unabhängigkeit. Sie schreiben und berichten für den Sport – und nicht, wie es ihre Aufgabe sein sollte, über den Sport.
Die weitgehende Übereinstimmung zwischen Sport und Sportpresse behindert oder verhindert gar die kritische Reflexion. Vor diesem Hintergrund ist die Problematik von Sport und Gewalt und ihrer Darstellung in den Medien ebenfalls zu sehen. Der sportliche Wettkampf, der körperliche und zunehmend auch geistige Vergleich (Einsatz taktischer Mittel zum richtigen Zeitpunkt, Kontrolle des Gegners, Ausloten seiner Schwächen usw.) muß als ritualisierte – d. h. durch Regeln entschärfte – Form des Kampfes um Überlegenheit verstanden werden. Wer einen anderen bezwingen will, tut ihm Gewalt an. Ohne aggressives Verhalten, das nicht einmal personalisiert zu sein braucht, kann ein Athlet einen Wettkampf kaum erfolgreich beenden.
Ob der Einsatz aggressionshemmender Maßnahmen im Sport (Einführung der gelben und roten Karten, Zeitstrafen, Spielausschluß usw.) gewalttätige Handlungen zurückdrängt, wird von Hacker (1974, 64) bezweifelt: «Aggressionshemmung durch bestrafte und entmutigte Aggression ... ist schwer nachweisbar; sollte derartige Hemmung gelegentlich und kurzfristig erzielt werden, bleibt immer noch das Problem der erlaubten, geförderten, ‹guten› Aggression, die unweigerlich nachgeahmt wird. Gemäß unserer Aggressionslehre wird aber die eigene Aggression immer vorerst als die gute und legitime erachtet.»
Folgerichtig ist es immer der Gegner, der die unfaire Härte ins Spiel bringt. Die eigene Mannschaft reagiert nur darauf (was gerecht und somit sanktioniert ist) oder nutzt den Spielraum der Regeln konsequent, aber keineswegs unfair aus. Hacker sieht in dieser von Spielern, Zuschauern und Berichterstattern als positiv bewerteten Aggression weitere Gefahren: «Die Nachahmungstendenz wird verstärkt, wenn die gezeigten Aggressionshandlungen entweder als heldenhaft, zielführend und erfolgreich darge-

stellt oder die beobachtenden Personen zur Nachahmung ausdrücklich aufgefordert und autorisiert werden» (HACKER 1974, 65).

- Der Sport und die über ihn berichtenden Journalisten befinden sich mithin in einem Teufelskreis. Für sie sind aggressive Handlungen etwas völlig Normales, legitime Mittel zur Erreichung des Zieles. Daß man nur mit einer ‹gesunden Härte› und entsprechendem ‹Einsatzwillen› zum Erfolg kommt, wird schon Kindern gelehrt. Auch, daß sie dabei darauf zu achten haben, sich bei Aktionen am Rande der Legalität nur nicht vom Schiedsrichter erwischen zu lassen.

Im Sport – und auch hier könnte eine weiterführende wissenschaftliche Untersuchung Aufschluß geben – scheinen die Thesen des Sozialdarwinismus (wirtschaftliche und gesellschaftliche Entwicklungen sind das Ergebnis vom Kampf der Individuen um das Dasein; die natürliche Selektion führt zum Sieg des Stärkeren und damit zwangsläufig zur Höherentwicklung) ihre Bestätigung zu finden. Der britische Verhaltensforscher MORRIS versucht dies in seinem Buch «Das Spiel – Faszination und Ritual des Fußballs» (1981) nachzuweisen.

Neuere Forschungsergebnisse der Verhaltensforscher WICKLER und SEIBT (1977) deuten jedoch darauf hin, daß die klassische These der Arterhaltung revidiert werden muß. Aggressivität sei zwar zum Überleben der Urhorden nötig gewesen, hemme aber in der hochindustrialisierten modernen Welt das Zusammenleben und die Weiterentwicklung. WICKLER und SEIBT (1977, 48) weisen nach, «daß die erblichen Anlagen gerade im sozialen Verhalten Zustände ermöglichen, die von den gegenwärtig verwirklichten abweichen und die sogar jedem Mitglied einer Gruppe größere Vorteile bringen würden; sie lassen sich aber höchstens dann erreichen, wenn man die natürliche Selektion ausschaltet». Kooperation statt Aggression, so lautet ihre Forderung.

Der Wettkampfsport wäre von diesem wünschenswerten Umdenkungsprozeß besonders betroffen.

Solange die Ideologie des Positivismus, der allein die Wahrnehmung und die durch sie gegebenen Tatsachen als Ausgangspunkt möglicher neuer Erkenntnisse anerkennt, im Sport bis hin zur Sportpädagogik weiterhin ungeprüft nachvollzogen wird, solange dürfte auch das Problemfeld der Aggression und der Gewalt von Sportlern und Zuschauern einer wissenschaftlichen Klärung nicht ernsthaft genug zugeführt werden. Sportjournalisten tragen in Wort, Ton und Bild das Ihre dazu bei, daß es bei einem ‹Randproblem› bleibt, das zudem nicht einmal im Sport selbst entstanden ist. So schrieb die *Werder-Revue* des Fußball-Bundesligavereins Werder Bremen am 23. Dezember 1979 über die Fans: «Jene zehn Prozent, die ihren Genuß am Fußballspiel nur benebelt und randalierend empfinden, gehören nicht zur Szene. Im Grunde sind sie – sozialhygienisch betrachtet – krank. Mit mehr Polizei werden sie nicht zu kurieren sein. Wenn es eine Methode gäbe, ihnen bewußtzumachen, daß sie krank sind, und zwar im Kopfe, dann ließe sich sagen: Sie sind auf dem Wege der Besserung.» So einfach ist das.

- Sportjournalisten – und dies ist eine weitere These – sind für die soziologischen und sozialpsychologischen Zusammenhänge bei der Entstehung und Ausbreitung von Gewalt weit weniger sensibilisiert als die Kollegen aus anderen Ressorts (die ‹Einkäufer› von amerikanischen Krimi-Serien einmal ausgenommen).

Die wohl verantwortlichste Rolle bei der Darstellung und Beurteilung von Sportler- und Zuschauergewalt fällt den Fernseh-Journalisten zu.
Untersuchungen in den Vereinigten Staaten zeigen, daß «das Fernsehen durch Bildfolge und Kommentar eine ganz andere Erfahrung aufbaut, als sie in Wirklichkeit ... gemacht wurde ... Trotzdem erscheint das Fernseherleben als das authentische, objektive. Damit wird die subjektive Meinung der Journalisten durch den distributen Formcharakter des Mediums objektiviert und in dieser scheinbar objektiven Gestaltung vom Empfänger wegen seiner Identifizierungsmöglichkeit mit dem Objektiven akzeptiert» (DRÖGE 1973, 178f). Die höchste Glaubwürdigkeit beim Wahrheitsgehalt der Berichterstattung genießt beim Konsumenten das für ihn allgemeinste Medium, in der Regel also heute das Fernsehen (DRÖGE 1973, 178).
Am leichtesten beeinflußbar sind die Kinder. «Kinder halten das Gezeigte für wirklich und glaubwürdig. Sie nehmen an, das Leben (und in diesem Fall der sportliche Wettkampf; der Verf.) sei so, wie es auf dem Bildschirm erscheint», bemerkt SIEGEL (1973, 429). Eine «methodologisch einwandfreie Studie an Tausenden Jugendlichen zwischen 8 und 18 Jahren», die Anfang der 70er Jahre in den USA durchgeführt wurde, zeigen «ganz deutliche positive Korrelationen zwischen beobachtender Fernsehgewalt und Gewaltanwendung im wirklichen Leben. Je öfter diese Kinder Fernsehbrutalität sahen, desto häufiger waren sie im Leben gewalttätig, wobei Gewalttätigkeiten in Spielfilmen ebenso realistisch (wenn nicht realistischer) als Gewalt empfunden und nachgeahmt wurde als die Gewalt in Nachrichtensendungen und Dokumentarfilmen» (HACKER 1974, 66f).
Ebenfalls in den USA wurde in einer Untersuchung über die Rolle der Massenmedien bei der Brutalisierung des Eishockeys nachgewiesen, «daß die überwiegende Zahl von 704 befragten Jugendeishockeyspielern zahlreiche illegale Tricks durch das Verfolgen von professionellen Eishockeyspielen im Fernsehen lernten. Mehr noch: 60 Prozent der Spieler, die solche illegalen Taktiken durch das Verfolgen von Eishockeyspielen im Fernsehen gelernt haben, gaben an, daß sie diese Fouls auch selbst danach angewendet haben» (SMITH; zitiert nach PILZ 1981, 160f). Die Arbeit schloß daraus die Folgerung, «daß Fernsehübertragungen von professionellem Eishokkey den Beobachtern (also den anderen Spielern und den Zuschauern; der Verf.) eine Blaupause für aggressives, gewalttätiges Verhalten ... bereit-

stellt». Ähnliches darf auch bei der Übertragung von anderen Sportarten – und nicht nur in den USA – vermutet werden.

Ergänzend und erläuternd sei hinzugefügt, daß sich die Fernsehsysteme in den USA aufgrund ihrer kommerziellen Strukturen in einem ständigen wirtschaftlichen Konkurrenzkampf um die höchsten Zuschauereinschaltquoten befinden. Sportübertragungen haben nicht nur eine überdurchschnittlich hohe Sehbeteiligung, sie garantieren den Sendern auch einen überdurchschnittlich hohen Preis für die Werbespots der Industrie (ein Werbespot von einer Minute Dauer wird bei den Olympischen Spielen 1984 in Los Angeles nach dem derzeitigen Stand über 500000 Mark kosten). Der technische Aufwand bei der Übertragung solcher Veranstaltungen, bei denen es bei der Bescheidenheit der Amerikaner fast immer um irgendeine Weltmeisterschaft oder um einen neuen Weltrekord geht, gaukelt den Zuschauern an den Bildschirmen eine Sensation, einen live inszenierten Fernsehkrimi vor. Großeinstellungen, die die verzerrten Gesichter der Athleten und in mehrfacher Zeitlupenwiederholung auch die kleinsten Fouls zeigen, emotionalisieren ein Ereignis, das in Wirklichkeit nur halb so dramatisch ist. Mindestens zwei Reporter – oft als ‹Einpeitscher› engagiert – werfen das Fernsehpublikum in ein Wechselbad der Gefühle. Show und Gewalt – die Mixtur, aus der amerikanische Fernsehträume sind (Vogt 1982).

«Es besteht kein Zweifel daran, daß die Presseberichterstattung die Gewalt im Fußball fördert.» Zu diesem Ergebnis kommt eine britische Untersuchung zum Thema «Öffentliche Unruhen und Sportveranstaltungen» am Beispiel des Berufsfußballs. Die Journalisten «berichten über die Spiele, als seien sie ein Teil des Zweiten Weltkrieges» (Sports Council ... 1978, 32f). Die Wissenschaftler werfen ihnen vor, sie versuchten mit einer überzogenen Sensationsberichterstattung sich selbst den Weg zu einer besseren Karriere ebnen zu wollen.

Viele Sportjournalisten fühlen sich nicht mehr in der Rolle des objektiven und unbestechlichen Nachrichtenübermittlers, sondern als Stars über den Stars. Die Berichterstattung über sportliche Ereignisse dient ihnen dazu, sich selbst zu produzieren. Diese Gefahr ist im Fernsehen weitaus größer als beim Hörfunk oder bei der schreibenden Presse. Dort bleiben die Reporter anonymer; man kennt ‹nur› ihre Stimme oder liest ihren Namenszug unter dem Artikel. Die ketzerische Frage sei gestellt: Warum soll die totale Vermarktung des Spitzensports ausgerechnet jene aussparen, die an den Schalthebeln der öffentlichen Meinungsbildung sitzen und die die Athleten zu Idolen machen und zu Versagern stempeln können? Ein Schelm ist, wer Schlechtes dabei denkt.

Die meiner Meinung nach wohl wichtigste Hauptursache für aggressive Handlungen im Sport liegt im Sport selbst begründet. Er hat in den Spitzenbereichen – mit starker Ausstrahlungskraft bis hinunter auf Kreis- und Bezirksebene – Ernstcharakter angenommen. Er reproduziert die Mechanismen der Arbeitswelt: selbst auferlegter Erfolgszwang, von außen gesetzter Erfolgsdruck, Pervertierung des Leistungsprinzips bis hin zur Gewalt an anderen und an sich selbst (Doping). Trainer, Funktionäre, Wissenschaftler, Zuschauer und Journalisten setzen das Maß, bestimmen das Soll-Ist-Wert-Gefälle. «Ein Fußballstar liest jeden Tag aus der Zeitung sein eigenes Image heraus. Das prägt ihn, reguliert sein Verhalten, festigt sein Selbstverständnis, und dem rennt er nach», erkannte der Sportjournalist Horst Vetten (Blödorn 1974, 116).

Der Sport und die über ihn berichtenden Medien befinden sich in einem Dilemma. Auf Sonntagsveranstaltungen beklagen sie zwar hin und wieder die ‹Fehlentwicklungen›, vergessen aber, nach den Ursachen zu fragen, die hinter diesen Erscheinungen verborgen sind.

«Die sich an einem gegebenen Problem entzündenden Konflikte (Leistungskonflikte) haben in ihren Resultaten vermutlich einen stabilisierenden Effekt», schreibt der Konfliktforscher Krysmanski (1971, 31), «weil sie das vorhandene gesellschaftliche Leistungspotential abfragen, ohne die vorgefundenen Probleme in Frage zu stellen; sie gehen vertiefend auf die objektiven Gegebenheiten ein. Konflikte, die eine bestimmte Leistung an verschiedenen Problemen erproben (Problemkonflikte), haben gesamtgesellschaftlich wohl eher einen verändernden, vorantreibenden Effekt; sie durchschneiden ‹objektiv› vorgegebene Problemlagen, setzen das vorhandene Leistungspotential an ‹ungewohnten› Stellen an und bringen dadurch die Problemstruktur in Bewegung.»

«Ich sehe darin (in der entarteten Leistungsideologie; der Verf.) zunächst einmal eine Perversion, die gar nicht vom Sport selbst ausgeht, sondern in ihn hineinstrahlt und aus einer fast kollektiven Neurose unserer Gesellschaft stammt», erkannte der Theologe Thielicke (1967, 22f). «Ich meine jenen fast kultischen Ernst, den man dem Star entgegenbringt. Und ich glaube zu sehen, daß dieser Ernst in einem irregeleiteten, pervertierten Verehrungsbedürfnis gründet, das den Star ins fast Übermenschliche erhebt.»

Der Star aber ist austauschbar – und das wird ihm und seinen Bewunderern meist gar nicht bewußt. Im internationalen Spitzensport geht es weniger um die Menschen als um Leistungen und Erfolge. «Es ist bei der Aufstellung einer Sportauswahlmannschaft (z. B. Olympia-Vertretung) nicht entscheidend, wer nominiert wird, sondern was der Nominierte im Rahmen der definierten Erfolge zu leisten verspricht», schreibt der Soziologe Rigauer (1978, 110).

Humanisierung auch des Spitzensports heißt das Schlagwort unserer Zeit. Die Nachfrage kann da doch nur lauten: War er denn bisher inhuman?

Gunter A. Pilz

Zusammenstellung von Sportberichten und Aussagen zur Sportberichterstattung

Beispiele gewaltfördernder, Emotionen schaffender Sportberichterstattung

«Die Höhepunkte des Spiels.
5. Minute: Entsetzen bei den Münchnern, als Andersson von Yorath *böse gefoult* wird, nicht wieder aufstehen kann und mit einer Trage vom Platz gebracht werden muß ... 7. Minute: Wieder eins der *schlimmen Fouls der Briten*, als Reaney Weiß *umsäbelt* und dafür die gelbe Karte bekommt ... 17. Minute: Noch eine Schrecksekunde für die Münchner, als sich Hoeneß *verletzt am Boden wälzt*, aber bald wieder zurückkommt ... 24. Minute: Schwarzenbeck *tritt Jordan um, handelt sich* dafür die *gelbe Karte* ein ... 38. Minute: Beckenbauer *zieht* gegen Clarke *die Notbremse* ... 39. Minute: Der zweite *schwere Schlag für Bayern.* Auch Uli Hoeneß verläßt verletzt den Platz.» – (Bericht vom Europacup-Endspiel Leeds United – Bayern München in der *Bild*-Zeitung vom 29.5.1975) (Hervorhebungen durch den Verfasser)

«England kämpft um Fußball-Ehre» ... «Gegen den Weltmeister soll sozusagen die englische Fußball-Ehre wiederhergestellt werden, und mit den Deutschen hat man sowieso noch ein Hühnchen zu rupfen» ... «Seit dem Gewinn des Welttitels 1966 im eigenen Lande, von der Queen mit einem ‹Sir› für Alf Ramsey belohnt, war der Weg der englischen Nationalelf von Schmach förmlich gepflastert ... An den Rückschlägen für Englands Team war die deutsche Nationalelf besonders beteiligt, denn gegen sie begann 1970 in Leon und 1972 in London das nationale Unglück, das den 66er Endspieltriumph in Vergessenheit geraten ließ ... Für *Stoff um Prestige-Denken* und *Revanche-Gelüste* ist im Hinblick auf den 22. Februar also vorgesorgt.» – (Vorbericht zum Fußball-*Freundschafts*-Länderspiel: Deutschland – England in den *Badischen Neuesten Nachrichten* vom 11.2.1978) (Hervorhebungen durch den Verfasser)

Aussagen, Kommentare zur Sportberichterstattung

«Kampf um die Rangordnung, Führung und Gefolgschaft, gemeinsamer harter Einsatz (sogar unter Lebensgefahr), begeisterter Ansturm gegen den Feind – all dies kann, in feste Spielregeln gefaßt, im Sport abgesättigt werden. *Wo solche Kämpfe von Presse und Rundfunk dramatisiert und auf das Niveau nationalpolitischer Ereignisse gehoben werden, ist ihre positive Bedeutung gar nicht zu überschätzen.»* – (VON HOLST, E.: Probleme der modernen Instinktforschung. In: VON HOLST: Zur Verhaltensphysiologie bei Tieren und Menschen. Gesammelte Abhandlungen. München 1969, Bd. 1, S. 320) (Hervorhebungen durch den Verfasser)

«Die Sportberichterstattung wirkt in vierfacher Weise:
- sie hat eine direkt aggressiv aufladende Wirkung,
- sie schafft die Bedingungen für aggressives Verhalten,
- sie hat langfristig Wirkung auf Feindgruppendenken auch außerhalb des Sports,
- sie gibt dem Zuschauer Entschuldigungsmöglichkeiten für eigenes Fehlverhalten.» (VOLKAMER; zitiert nach: PILZ/TREBELS: Aggression und Konflikt im Sport. Ahrensburg 1976, S. 91–92)

Maßnahmen zur «Verringerung von Sportschäden sozialpsychologischer Art»: «*Sportberichterstattung*, sowohl in den elektronischen wie in den Zeitungsmedien, müßte ihres spektakulären, Vorurteile stimulierenden Charakters beraubt werden. Es wäre durchzusetzen, daß über politisch relevante internationale Vergleichskämpfe etwas weniger berichtet wird und etwas mehr über die Vorgänge, die diese Ereignisse hervorbringen und von ihnen hervorgebracht werden.» (SCHMIDT, H. D.: Sport und Vorurteile, insbesondere nationalistische Einstellungen. In: BIERHOFF-ALFERMANN, [Hg]: Soziale Einflüsse im Sport. Darmstadt 1976, S. 134)

Art und Phasen des Verschweigens der Brutalität im Fußball durch die Medien

«Grundvoraussetzung ist das Verschweigen der täglichen Gewalt, der vielen kleinen und größeren Regelwidrigkeiten mit Verletzungsrisiko, der ständigen physischen und psychischen, sprich verbalen Einschüchterungsversuche ... Als Brutalität gilt nur noch das folgenschwere Foul an einzelnen Spielern, während all die anderen genauso bösartigen und oft noch viel übleren, aber ohne ernste Folgen bleibenden Fouls der Kollegen unerwähnt bleiben.» – «Wie geht es weiter? Ein Spieler, der spektakulär gefoult hat, wird zunächst vor einem Millionenpublikum als Übeltäter, als Buhmann der Nation abgestempelt. Damit ist das zweite wichtige Ziel erreicht: Brutalität erscheint nicht nur als seltenes Phänomen, sondern auch als individuelles Fehlverhalten.» – «Von der Phase I ... kommen wir zur Phase II, in der insbesondere die Boulevardpresse aus der eigenen Panikmache und Hysterie Kapital schlägt: Drohbriefe, Beleidigungen, Morddrohungen, ‹Bild›-fanatisierter Anhänger und Polizeischutz für die Familie des vermeintlichen Einzeltäters liefern neue Schlagzeilen, bevor die alten abgenutzt sind, und leiten Phase III der Berichterstattung ein: Aus dem ‹rücksichtslosen Treter› – der sich inzwischen bei seinem Opfer entschuldigt hat – wird der ‹reumütige Sünder› und aus dem Täter das bemitleidenswerte Opfer einer Hetzkampagne, was ausnahmsweise richtig ist. Genau das war die Absicht: von den Ursachen ablenken durch eine Scheinjagd auf einzelne, die dann als ‹ungerecht› entlarvt wird.» – (EWALD LIENEN: Foul und Vorsatz. In: *konkret Sport* 1982, 78–79).

Chronologie der Berichterstattung über das Foul von E. Günther an H. Borg anhand der Schlagzeilen der Badischen Neuesten Nachrichten (BNN)

24. 10. 1981:	Günthers brutales Foul.
26. 10. 1981:	Nach Günthers Foul an Hasse Borg – Eintracht fordert Lizenzentzug auf Lebenszeit.
27. 10. 1981:	Verletzter Borg fordert: «Generelle Strafe für derartige Vergehen!» – Telefonische Aussöhnung mit Günther.
28. 10. 1981:	DFB-Präsident Neuberger: «Eindeutige Fouls müssen schärfer geahndet werden!» – Gegen «Imponiergehabe» der Schiris – Vereinsinterne Sperre gefordert. Stellungnahme des KSC-Präsidiums: «Emanuel Günther ist nicht der Treter der Nation!» – Der Stürmer wird vorläufig nicht mehr eingesetzt/keine Sperre.
30. 10. 1981:	Vor der Begegnung in Kaiserslautern Trainer Krafft: «Erwarte weiter vollen Einsatz meiner Spieler!» Wahrscheinlich Krauth für Günther.
2. 11. 1981:	Verzicht auf Anzeige – Braunschweigs Boß Jäcker fühlt mit Emanuel Günther – Eine Lanze für den «Sünder» gebrochen.
16. 11. 1981:	Nach Fehltritten seiner Zauderer, Krafft läßt sich solche Leistungen nicht mehr bieten.

Könnt ihr Euch nicht an den Geräten austoben?

Gewalt und Sportunterricht

Robin Kähler

Einstellung von Schülern zu Regeln im Sport – Fairneß im Abseits?

Die folgenden Ausführungen geben nicht nur wichtige Ergebnisse über die Bereitschaft zu Regelverletzungen wieder, sondern berücksichtigen auch eine Verbindung zur konkreten Unterrichtspraxis und eine Vertiefung des Problems und seiner Randfragen. Das geschieht in Form von Arbeitsvorschlägen, die an den Schluß der jeweiligen Abschnitte gestellt sind.

Das sportliche Gewissen der Schüler

«Tret ihm doch in die Knochen!» Diese Aufforderung eines Bundesligatrainers 1975 verweist auf die zum Teil erschreckende Einstellung der Trainer zu den Spielregeln. Nach dem Motto ‹Der Erfolg heiligt die Mittel› versuchen viele, die Spieler zum Sieg zu bringen. Daß dabei von ihnen die Spielregeln als Hindernis betrachtet werden, erleben wir fast bei jedem Bundesliga-Fußballspiel. Im Handball z. B. konnte man jede 15 Sekunden ein Foul registrieren (nur jedes 4. Foul wurde bestraft). Man mag nun sagen, das seien Probleme des Profisports und hätten nichts mit dem Schulsport zu tun.
Dabei wird übersehen, daß:

- der Schulsport immer noch zum großen Teil als Zubringer für den Leistungssport gesehen wird (Paul Breitner fordert z. B.: «Man muß frühzeitig lernen, foul zu spielen ... Das gilt für Schüler genauso wie für Bundesligaprofis»);
- das aggressive Verhalten der Spitzenspieler modellhaft wirkt und von den Jugendlichen, die gleichzeitig auch Schüler sind, nachgeahmt wird;
- besonders der Spielunterricht wie auch der Leistungssport zum großen Teil unter dem Primat von Konkurrenz und Erfolg betrieben wird;
- die Spielpraxis im Sportunterricht tatsächlich ein hohes Maß an aggressivem Verhalten der Schüler zeigt.

Die Ursachen für Aggressionen im Sportunterricht liegen in einer größeren Anzahl von Bedingungen. Dazu gehören u. a. Struktur des Regelwerks, die Art, mit welchem Verhalten der Schüler bisher am meisten Erfolg hatte, das Regelbewußtsein, Bedingungen wie die Bedeutung von Sieg und Niederlage etc. Dieser Beitrag befaßt sich nur mit der Einstellung von Schülern zu Regeln, mit ihrer Bereitschaft, sie einzuhalten bzw. zu verletzen, mit ihrem moralischen Bewußtsein.

Dabei können wir davon ausgehen, daß die geringere bzw. größere Bereitschaft, gegen Regeln und Normen – obwohl sie bekannt sind – zu verstoßen, gelernt wird, wobei der Sportlehrer und Mitschüler bei diesem Lernprozeß eine wesentliche Rolle spielen. Ergebnis dieses Prozesses ist ein ‹informelles Regelverständnis›.

Beispiel: In den ersten Minuten eines Spiels ‹tasten› sich die Gegner untereinander und die Spieler den Schiedsrichter ab: Was pfeift dieser, was nicht, wie reagiert der Unparteiische auf welche Fouls, was halten die Gegner und Mitspieler noch für erlaubt, welche Regeln können stillschweigend, ohne Bestrafung zu befürchten, ‹großzügig› zu ihren Gunsten ausgelegt werden etc.? Obwohl die Spielregeln in den Regelheften oder durch den Lehrer festliegen (formelle Regeln genannt), scheint es doch eine durch informelle Vereinbarung (entweder sprachlos oder durch Sprache) entstandene Regelung zu geben, die die ‹Grauzonen› des Regelwerks oder die Grenze des Erlaubten jenseits der formellen Regeln (Was wird noch als erlaubt betrachtet, obwohl es offiziell verboten ist?) festlegt.

Dieses *informelle Regelverständnis* – man könnte es auch als ‹sportliches Gewissen› bezeichnen – ist das Ergebnis persönlicher Auslegung der offiziellen Regeln wie auch von den obengenannten Bedingungen abhängig.

Nicht nur im Vereinssport, auch im Sportunterricht können wir eine Bereitschaft zu aggressiven Handlungen feststellen. In welcher Art und wie sich diese entwickeln, soll im folgenden diskutiert werden.

Arbeitsvorschläge

1. Als Einstieg in die Problematik diskutieren Sie die Frage: Ist ein Spiel ohne Aggressionen (absichtliches Schädigen des Gegners) möglich? Die Argumentation deckt die unterschiedliche Einstellung zu den Regeln auf.
2. Versuchen Sie, Handball ohne Körperkontakt zu spielen. Beobachten Sie, welchen Einfluß dies auf den Spielverlauf, Regelverletzungen und Spannung des Spiels hat.
3. Spielen Sie nach festgelegten Regeln, lassen Sie das Spiel durch Beobachter daraufhin überprüfen, welche ‹informellen› Regeln während des Spielverlaufs noch stillschweigend dazu gekommen sind. Besprechen Sie die Beobachtungen.

Die Entwicklung des informellen Regelverständnisses bei Schülern

Was heißt Aggression, Regeln, Regelbewußtsein?

Wenn wir über Aggression und Regeln reden, müssen wir zuvor sagen, was damit gemeint ist.

Als *aggressiv* sind solche Handlungen zu verstehen, die abweichend von der Norm eine beabsichtigte Behinderung oder Schädigung des Gegners zum eigenen Vorteil bezwecken. Foul wird hier mit aggressiven Handlungen bedeutungsgleich gebraucht.

Wenn wir von *Regeln* sprechen, meinen wir zu allererst die Spielregeln. Man kann diese unterscheiden in konstitutive (diejenigen, die das Fußballspiel zu diesem und nicht zum Handballspiel machen, also die Spielidee festlegen) und in regulative Regeln (sie legen fest, was erlaubt bzw. verboten ist) (Searle 1971). Es gibt Autoren, die noch weitere Regeltypen festlegen (Jost 1977; Digel 1978 und 1982). Im Unterricht kann man auch noch von Unterrichtsregeln sprechen (Dietrich/Landau 1979). Mit einem *Regelbewußtsein* ist die Bereitschaft gemeint, Regeln als Ergebnis gemeinsamer Absprachen anzuerkennen und sich danach zu verhalten (Piaget 1973; Landau 1979). Wenn hier von Regeln die Rede sein wird, sind die regulativen (Spiel-)Regeln gemeint.

Die Bereitschaft zu Fouls

Jeder Sportler, der ehrlich ist, müßte zugeben, daß es eine Vielzahl von unerlaubten Möglichkeiten gibt (versteckte, offene, psychische und physische Fouls), einen Vorteil zu seinen eigenen Gunsten zu erreichen. Nach

dem Motto «Das ist so üblich, das tut jeder» gehört es inzwischen schon zum Spiel; unter schulpädagogischen Gesichtspunkten gesehen, ist dieses Verhalten jedoch problematisch, da die Regeln beliebig geändert werden, je nachdem, welche Vorteile man sich davon verspricht. Wir haben die Schüler nach ihrer Bereitschaft zu 10 verschiedenen Aggressionen befragt, die im Handball und Fußball häufig vorkommen.
Eher *psychische Fouls*: (1) den Ball ins Aus spielen (damit wird das Spiel zerstört); (2) das Spiel verzögern (auch spielzersetzend, die Gegner werden am Spielen gehindert); (3) den Schiedsrichter beschimpfen (im Sportunterricht sehr häufig, meckern); (4) eine Regelwidrigkeit verschweigen (z. B. ein Foul, das nicht bemerkt wurde, nicht eingestehen); (5) den Gegner einschüchtern (androhen von Revanchefoul, beleidigen); (6) ein Foul vortäuschen (als Schau, um z. B. einen Freiwurf zu bekommen).
Eher *physische Fouls*: (1) den Gegner mit den Händen wegdrücken; (2) mit dem Ellbogen stoßen; (3) ein Bein stellen; (4) den Gegner schlagen.
Die Bereitschaft zu diesen Fouls, insbesondere zu den psychischen, ist insgesamt sehr hoch. So geben immerhin 44 Prozent der befragten Schüler zu, daß ‹ein Foul verschweigen› bei ihnen sehr häufig vorkommt. Ein Viertel würde sogar noch ganz häufig ‹ein Spiel verzögern› und den Gegner ‹einschüchtern›, um zum Erfolg zu kommen. Bei den physischen Fouls finden wir nicht eine derart hohe Zustimmung. Dennoch lehnen nur 20 Prozent der Schüler ‹wegdrücken›, nur 51 Prozent ‹stoßen›, nur 61 Prozent ‹ein Bein stellen›, nur 58 Prozent ‹ein Foul vortäuschen› als unerlaubtes Mittel ab, die anderen würden diese Fouls mehr oder weniger häufig anwenden. Das scheint die Existenz eines ‹informellen Regelverständnisses› vorläufig zu bestätigen. Nun wissen wir aus der Praxis, daß dieses Bild nicht für die gesamte Schulzeit und für alle Schüler gleichermaßen Gültigkeit besitzt. Wir können in den Klassenstufen durchaus Veränderungen feststellen.

Arbeitsvorschlag
Stellen Sie für andere Sportarten, z. B. Basketball oder Eishockey, fest, wie die Bereitschaft zu Fouls von der Struktur der Sportart abhängen kann.

Aggressives Verhalten im Laufe der Schulzeit
Was wir im Unterricht praktisch erleben, konnten wir in unserer Untersuchung empirisch belegen: Die Bereitschaft zu aggressiven Handlungen steigt im Laufe des Schullebens an. Dabei sind Unterschiede zu beobachten: Die Bereitschaft zu ‹härteren Fouls› (z. B. stoßen) erhöht sich nur bis zur 10. Klasse; in der Sekundarstufe II dagegen nimmt sie wieder ab. Die Bereitschaft zu ‹weicheren› Fouls (z. B. verschweigen) steigt dagegen bis zur 12. Jahrgangsstufe an.

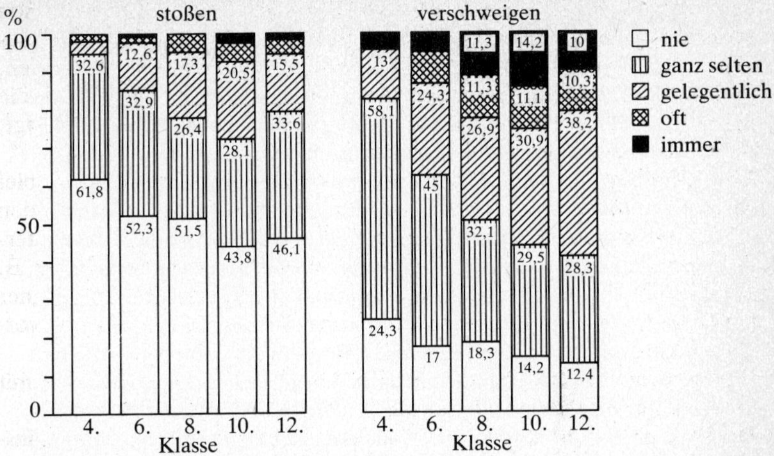

Abbildung 1: Entwicklung des ‹informellen Regelverständnisses› von der 4. bis zur 12. Klasse

Arbeitsvorschläge

1. Vergleichen Sie die beiden Diagramme und interpretieren Sie die Ergebnisse im Hinblick auf mögliche Ursachen. Vergleichen Sie sie mit den Ergebnissen in Abbildung 2, Seite 123.
2. Vergleichen Sie die Schulstufen untereinander. Welche Klasse fällt besonders auf? Welche Erklärungen lassen sich finden?

Das pädagogische Selbstverständnis der Schule hinsichtlich Erziehung zum sozialen Handeln, regelgerechtem Spielen bzw. einer Entwicklung und Förderung des moralischen Bewußtseins der Schüler wird in der Realität mit einem sportlichen Gewissen der Schüler konfrontiert, das völlig entgegengesetzt ist. Mit zunehmender Verweildauer in der Schule vergrößert sich die Bereitschaft zur sportspezifischen Aggression. Wir können kaum von einem Regelbewußtsein der Schüler sprechen, das – im Sinne PIAGETS – die (Spiel-)Regel als Produkt gemeinsamer Absprachen begreift, die auch geändert werden können. Eher müssen wir ein ausgeprägtes informelles Regelverständnis annehmen, das sich während der Schulzeit festigt und für den Anstieg von Fouls mitverantwortlich ist.
Diese Veränderungen zeigen sich nicht einheitlich. Wir konnten zum anderen deutliche Unterschiede zwischen Jungen und Mädchen, Vereins- und Nichtvereinssportlern, guten und schlechten, sportengagierten und weniger engagierten Schülern feststellen.

Unterschiede zwischen Jungen und Mädchen

Unterschiedliches Erziehungsverhalten der Eltern führen schon relativ früh zu geschlechtsspezifischen Unterschieden bei Jungen und Mädchen. Mädchen werden eher zu sozialem Verhalten angehalten, Jungen sollen dagegen lernen, sich durchzusetzen, Erfolg zu haben usw. Bei der Auswahl sportlicher Inhalte kann man diese Unterschiede bereits registrieren (z. B. Jungen spielen Fußball, Mädchen bevorzugen Gymnastik/Tanz). Die Schule hätte die Aufgabe, solche Unterschiede nicht noch zu verstärken. Hinsichtlich unserer Fragestellung erleben wir aber, daß diese bis in das Spielverhalten hineinragenden Unterschiede nicht ausgeglichen werden: So lehnen 65 Prozent der Mädchen «stoßen» ab, dagegen nur 36 Prozent der Jungen; oder «vortäuschen» 74 Prozent Ablehnung bei Mädchen, 43 Prozent bei Jungen; «einschüchtern» 50 Prozent zu 32 Prozent; «Bein stellen» 78 Prozent zu 43 Prozent. Jungen haben ein ausgeprägteres sportliches Gewissen als Mädchen. Aggressives Verhalten als Mittel zum Erfolg gehört bei ihnen eher dazu als bei den Mädchen. Ein Grund hierfür könnte im unterschiedlichen Sportunterricht liegen. Die Mädchen werden wahrscheinlich einen weniger wettkampforientierten Sportunterricht erleben. Das bedeutet aber, daß ein auf Wettkampf, Konkurrenz und Erfolgsprinzip ausgerichteter Sportunterricht das informelle Regelverständnis beeinflussen bzw. verstärken würde. Auch spielen u. U. die Mädchen weniger. Die gesamten Fouls sind ihnen vielleicht nicht so geläufig. Sportlehrer meinten aber, daß sie ‹ganz schön zur Sache gehen› würden, wenn sie spielen.

Arbeitsvorschläge

1. Diskutieren Sie die Behauptung: Je mehr Mädchen an traditionellen Jungensportarten teilnehmen, desto größer wird ihre Bereitschaft sein zu foulen.
2. Was würde das Abschaffen der sportlichen Wettkämpfe im Unterricht bewirken? (Vgl. A. SEYBOLD 1977)
3. Was heißt ‹Koedukation›, und wie sollte sie im Interesse eines richtigen Regelbewußtseins eingesetzt werden?

Unterschied zwischen Vereins- und Nichtvereinssportler

Man muß bei Vereinsspielern aufgrund des Einflusses des Trainers, der Erwartung der Zuschauer und Mitspieler an die Spieler, der deutlicheren Leistungsorientierung usw. eine deutlich höhere Verinnerlichung aggressiven Verhaltens erwarten. Tatsächlich sind die Schüler, die gleichzeitig im Sportverein sind (und besonders Mannschaftssportarten betreiben), eher bereit, den Schiedsrichter zu beschimpfen, den Gegner wegzudrücken, ihn einzuschüchtern und ein Foul vorzutäuschen. Folgende Gründe könnten dafür verantwortlich sein: Wir erleben auch im Sportunterricht, daß kaum

eine Schiedsrichterentscheidung ohne Kommentar angenommen wird. Dabei protestieren meistens die dominanten Schüler, die zu den technisch guten Spielern zu zählen sind, also die Könner, die über den Verein die betreffende Sportart gelernt haben. Sie bringen ein hohes Maß an Kenntnis zahlreicher Spielregeln mit, die den ungeübten Schülern im Sportunterricht nicht bekannt sind. Sie interpretieren die Spielsituation aber nach ihrer Regelkenntnis. Über die Auslegungen kann es dann zum Streit kommen. Darüber hinaus sind diese Schüler höchst sieg- und erfolgsmotiviert. Sie könnten in der Kontrolle des Schiedsrichters (vor allem, wenn er sportlich schlechter ist) eine Behinderung ihres Ziels zu gewinnen erleben. Ihren Unwillen über eine vermutete benachteiligte Behandlung äußern sie in lautstarken Protesten. Wir können daraus schließen, daß von ihnen die Regeln nicht als notwendige Vereinbarung begriffen werden, die das Spielen erst ermöglicht, sondern als Barriere auf dem Weg zum Erfolg.
Ebenso gehört es zur Tagesordnung eines Vereinsspielers, zumindest im Fuß- und Handball, den Gegner ‹wegzudrücken› oder ihn ‹einzuschüchtern›. Daß ein Foul vorzutäuschen immerhin von 60 Prozent der Schüler abgelehnt, dagegen von den Vereinsspielern bevorzugt wird, zeigt, daß die starke äußere Kontrolle der Spieler durch den Schiedsrichter und die immer größere Einengung des Ungeregelten im Spiel mittels Zusatzregeln und Erläuterungen nicht zu einer Verengung des sportlichen Gewissens führt, sondern eher eine Verschiebung auf die psychische Ebene erreicht. Viele Sportler wandern in die letzten Ecken der noch verbleibenden Grauzonen und bedienen sich psychischer Tricks, um zum Erfolg zu kommen.

Arbeitsvorschläge

1. Besprechen Sie untereinander offen, zu welchen Regelübertretungen Sie der Trainer/Mitspieler eventuell einmal aufgefordert hat und welche Wirkung dies auf das Spiel im Verein und im Sportunterricht haben kann.
2. Spielen Sie ein Fußballspiel mit dem Ziel, der Beste gewinnt. Dann spielen Sie das gleiche Fußballspiel mit dem Ziel, daß alle Spieler gut zusammen spielen sollen. Vergleichen Sie ihre Ergebnisse. Wem hat Spiel (1), wem (2) Spaß gemacht? Warum? Welche Funktion haben die Regeln bei (1) und (2)?

Die sportliche Moral der ‹guten› Schüler

Die Schüler, die über den Sportverein gute technische und spielerische Voraussetzungen mitbringen, gehören meistens auch zu den Schülern, mit guten Noten. Der Sportlehrer belohnt damit das Können des Schülers; gemeint sind damit zum überwiegenden Teil seine sportpraktischen Fertigkeiten. Diese guten Leistungen motivieren den Schüler, er engagiert sich mehr für Sport in seiner Freizeit und interessiert sich darüber hinaus auch für die Sportberichterstattung in den Medien. In der Rangskala der Beliebtheit innerhalb der Klasse nehmen sie häufig einen oberen Platz ein. Diese Schüler sind sehr erfolgsmotiviert – sie haben gegenüber ihren Klassenkameraden auch mehr zu verlieren. Wir müssen daher annehmen, daß sie mit dem Einsatz ihrer Mittel, die ihren Erfolg, den Rangplatz usw. sichern sollen, nicht zimperlich umgehen. Tatsächlich sind sportengagierte Schüler durchweg eher bereit, aggressiv zu handeln, als ihre sportlich nichtengagierten Klassenkameraden. Der prozentuale Unterschied nimmt allerdings ab, je schwerer die Fouls werden. So drücken 15 Prozent der guten Schüler mehr den Gegner weg als die schlechten. Bei Vortäuschen und Verzögern sind es 14 Prozent, bei Beschimpfen 12 Prozent, Stoßen 11 Prozent, Beinstellen, Einschüchtern 10 Prozent, Verschweigen 7 Prozent und bei Schlagen ist es 1 Prozent Unterschied. Die Ergebnisse hängen auch mit dem Verhalten des Lehrers zusammen.

Arbeitsvorschläge

1. Stellen Sie das Sportinteresse der Teilnehmer Ihres Kurses/Seminars fest. Diskutieren Sie dann darüber, was jeder unter ‹gesunder Härte› im Spiel versteht (was noch als erlaubt im Spiel gilt/was verboten ist).
2. Verfolgen Sie Fernsehaufzeichnungen von Fußballspielen im Hinblick auf Fouls, und vergleichen Sie Ihre Beobachtung mit der Berichterstattung von diesen Spielen in der Zeitung. Welchen Beitrag leisten die Medien hinsichtlich Erfolgsdenken und Aufbau/Abbau von Aggression? Inwiefern kann man von einer ‹Medienrealität› sprechen?

Der Einfluß des Sportlehrers auf aggressive Handlungen

Seine Reaktion auf Fouls

Der Lehrer hat durch seine Stellung im Unterricht und seine pädagogischen Möglichkeiten einen bedeutenden Einfluß auf die sportliche Moral der Schüler. Dieses wird auch stets in den Rahmenrichtlinien für Lehrer betont. Er kann durch seine Reaktion auf gezeigtes aggressives Verhalten vermindernd oder verstärkend einwirken. Dabei ist die vom Schüler erlebte Reaktion entscheidender als die tatsächlich vom Lehrer geäußerte, da nur das verhaltenswirksam ist, was vom Schüler wahrgenommen wird. Aus der Schulpraxis kennen wir fünf häufig geäußerte Reaktionen:

- er verwarnt;
- er sagt nichts dazu;
- er nimmt den Schüler aus dem Spiel;
- er gibt ihm eine schlechte Zensur;
- er unterstützt den Einsatz des Schülers.

Die Schüler erleben im Laufe ihrer Schulzeit, daß die Sportlehrer auf gleiche Fouls unterschiedlich reagieren.
Dies sei an zwei Beispielen gezeigt.

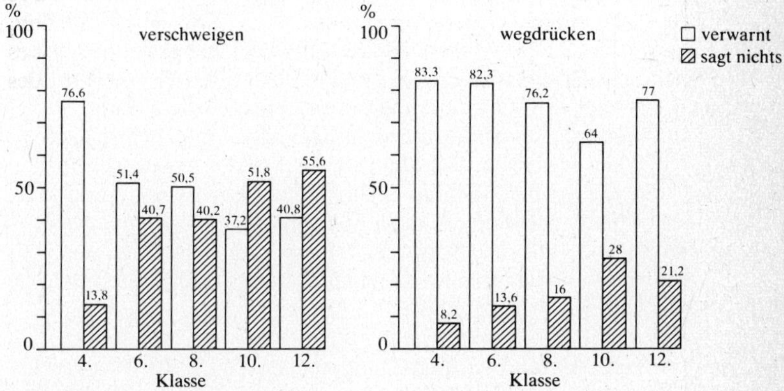

Abbildung 2: Reaktionen des Lehrers auf zwei Regelverstöße in verschiedenen Altersstufen

> *Aufgabe*
> Erläutern Sie die Entwicklung der Lehrerreaktionen und versuchen Sie, Gründe dafür zu finden.

Aggressionen werden in den jungen Klassen deutlich mehr durch Verwarnungen und Spielausschlüsse geahndet als in den oberen Klassen. Je mehr die Schüler «auf alles treten, was sich bewegt» (Zitat eines Sportlehrers), desto eher werden sie für kurze Zeit zur Beruhigung aus dem Spiel genommen oder mit anderen Aufgaben betraut. Die Schüler erleben aber mit zunehmendem Alter keine Reaktionen mehr auf die gezeigten Fouls. Diese Ergebnisse stehen in direkter Beziehung zur Entwicklung der Bereitschaft zu aggressiven Verhaltensweisen. Die Bereitschaft z. B., ein Foul zu verschweigen, wächst bis zum 12. Schuljahr in dem Maße an, wie die Einflußnahme des Lehrers abnimmt.

Arbeitsvorschlag
Protokollieren Sie während eines Spiels Anzahl und Art der Regelübertretungen und der Lehrerreaktionen. Lassen Sie die aggressiven Schüler dazu Stellung nehmen, wie eine Reaktion (oder eine ausbleibende) auf ihr Spielverhalten wirkt.

Versucht man, unsere Ergebnisse zu erklären, so könnte man drei zentrale Punkte nennen:
1. *Sport baut aggressives Verhalten ab.* Diese nicht unpopuläre Ansicht über die abbauende Wirkung von sportlichen Spielen und Wettkämpfen (man spricht von einer ‹Katharsis›-Wirkung) sitzt – zwar längst wissenschaftlich widerlegt – tief in den Vorstellungen vieler Menschen, auch bei Sportlehrern. «Die sollen sich erst mal austoben» oder «... erst ihre Aggressionen loswerden» sind Äußerungen von Lehrern, die auf eine triebtheoretische Funktion des Sportunterrichts (und Spielunterrichts) hindeuten. Also werden aggressive Handlungen der Schüler zugelassen in der Hoffnung, daß die Schüler nachher geläutert und ‹entladen› in die Pause gehen. Wer erinnert sich dagegen nicht an die harten Auseinandersetzungen über Fouls und verlorene Spiele noch lange nach dem Spiel, und wer weiß nicht mehr, daß die aggressiven Schüler eben nicht von Sportstunde zu Sportstunde ‹harmloser› wurden?
2. *Das Spielen wird immer noch häufig als Belohnung der Schüler oder als Ausklang der Sportstunde begriffen.* Dann steht dort nicht das Regellernen im Vordergrund, sondern daß die Schüler spielen, schwitzen, Spaß haben etc. Der Lehrer steht nun vor einem Dilemma: «Soll er das Spiel laufen lassen und dem Spielfluß den Vorrang vor einer genauen regelgerechten Spielweise geben, oder soll er jede Regelwidrigkeit zugunsten des richtigen Spiels, aber zuungunsten der Spieldauer und -intensität pfeifen? Die Lehrer entscheiden sich für die erste Lösung. Sie greifen erst dann ein, wenn ein Spiel ‹umzukippen› droht. Dann ist es aber meistens schon zu spät. Diese Einstellung verstärkt die sportliche Unmoral der Schüler.
3. *Der Spielunterricht findet hauptsächlich unter den Zielen Wettkampf, Konkurrenz, Erfolgsdenken statt.* Das sind gleichzeitig wichtige gesellschaftliche Normen, die, überträgt man sie auf den Sportunterricht, nun auf das Spielverhalten der Schüler wirken. Da der Erfolg wichtiger wird als das Spielen nach Regeln – so erleben es die Schüler –, werden unerlaubte Mittel eingesetzt. Indem der Sportlehrer einerseits kaum für das Einhalten der Spielregeln, dagegen sehr stark mit Lob für den Sieg und die Effektivität des Spielens eintritt, wird dieses Moment verstärkt. Andererseits sind die Lehrer meist selbst durch ihre eigenen sportlichen Erfahrungen derart geprägt, daß sich ihre Wahrnehmung mehr auf den Erfolg als auf das regelgerechte Spielen richtet.

Mädchen, Nichtsportler und schlechte Schüler werden häufiger bestraft

Die festgestellte unterschiedliche Bereitschaft zu Fouls bei verschiedenen Gruppen steht auch im Zusammenhang mit der Reaktion des Lehrers auf ihre Aggressionen. So verstärkt er die soziale Rolle der Mädchen dadurch, daß er sie eher verwarnt oder aus dem Spiel nimmt. Auf die Fouls der Jungen dagegen reagiert er kaum. Ähnlich verhält es sich bei den Vereinsmitgliedern. Ihre Fouls werden nicht so schnell bestraft. Der Lehrer macht – so erleben es die Schüler – große Unterschiede, wer foul spielt und wer nicht. So achtet er etwa nach dem Motto «Wenn du schon nicht viel im Sport kannst, dann sei wenigstens fair!» darauf, daß die weniger sportengagierten Schüler eher verwarnt und aus dem Spiel genommen werden als die guten. Für psychische Fouls erleben 40 bis 50 Prozent der engagierten Schüler überhaupt keine Reaktionen der Lehrer. Dem schlechten unterstellen sie eher absichtliches Foulen, die guten erhalten einen ‹Bonus›. Der Lehrer sollte aber nicht ausschließlich die Handlungen bestrafen, sondern auch nach den Ursachen suchen.

Zusammenfassung

Das ‹sportliche Gewissen› wird wesentlich durch den Schulsport geprägt; das entspricht sowohl seinem Erziehungsauftrag als auch seinem pädagogischen Selbstverständnis. Da ein jeder während seiner Schulzeit Sportunterricht genießt, kann langfristig von der Schule ein Einfluß auf Art und Ausmaß von Regelverletzung, Aggression und Gewalt im Sport erwartet werden.

Der Einfluß der Schule auf das ‹sportliche Gewissen› von Kindern und Jugendlichen muß skeptisch beurteilt werden. Das zeigt das Anwachsen von Bereitschaft zu aggressiven Handlungen bei gleichzeitigem Ausbleiben geeigneter Reaktionen auf der Lehrerseite. Weiter wird in der Schule im Erleben der Schüler vorwiegend der Erfolg, das Durchsetzungsvermögen gefördert und belohnt. Wenn die Schule auch nicht allein dafür verantwortlich ist, so verhindert sie diese Entwicklung aber weniger, als sie könnte, und sicherlich auch weniger, als sie weiß.

Aufgabe
Stellen Sie eine Unterrichtseinheit zum Thema zusammen: «Wir lernen unter schulischen Bedingungen zusammenzuspielen».

Jochen Sprenger

Gewalt im Sportunterricht – Analyse der Bedingungen und Handlungsmöglichkeiten zu ihrer Bewältigung

Einleitung

Der folgende Beitrag will eine erweiterte Sicht des Phänomens ‹Gewalt im Schulsport› anbieten. Das ausgewählte Fallbeispiel soll diesem Anliegen entsprechen: Es stellt eine aggressive Lehrer-Schüler-Auseinandersetzung dar. Damit soll vermieden werden, Gewalt nur als einen zwischen Schülern entstandenen und durch diese Heranwachsenden und zu Erziehenden allein verursachten Konflikt zu betrachten. Um von einer solchen vereinfachten, einsinnigen Sichtweise wegzuführen – bei der in der Frage der Schuld meist dem Schüler der ‹schwarze Peter› zugeschoben wird und die besonderen Umstände außer acht bleiben –, soll mehr das Beziehungsverhältnis zwischen Lehrer und Schülern in den Blick genommen werden. Dabei wird die unterrichtliche Wirklichkeit, wie sie auf das Verhalten der Unterrichtsteilnehmer Einfluß hat, auf ihre Strukturen und Merkmale hin analysiert, so daß bei der Suche nach Bedingungen für Gewalt im Sportunterricht auch solche Einwirkungen aufgespürt werden, die durch das Handlungsumfeld entstehen.

Darstellung des Beispiels

In einer siebten Hauptschulklasse wiederholte der Sportlehrer die Volleyball-Technik des Pritschens. Die Vermittlung erfolgte über Demonstration, Bewegungsanweisung und -korrektur in zahlreichen traditionellen Übungsformen. Im Laufe der Zeit zeigte sich bei einigen Schülern, die sich paarweise den Ball im oberen Zuspiel zuspielen sollten, eine zunehmende Lustlosigkeit darin, daß sie die Übungsaufgaben nur zeitweilig und nicht immer genau erfüllten, indem sie z. B. den Ball kräftig zum Partner zu schlagen versuchten oder hin- und herköpften, statt zu pritschen. Dieser zunehmenden Interesselosigkeit und der Frage eines Schülers: «Wann spielen wir denn endlich?» begegnete der

Sportlehrer mit dem Hinweis, erst müßten sie (die Schüler) überhaupt mal richtig pritschen können, ehe gespielt werde. Er ermahnte den Frager (Rolf) und einige andere Mitschüler, mit den «Spielereien» aufzuhören. Im Anschluß daran forderte er Rolf auf, die ganze Pritschbewegung besser zu machen und genau in der von ihm (dem Lehrer) vorgeführten Weise nachzumachen. Rolf entgegnete darauf: «Das Üben bringt ja doch nichts!» Als gegen Stundenende die Schüler in je 2 Dreier-Gruppen eingeteilt wurden, die sich rechts und links von der hochgespannten Schnur in einem Kleinfeld aufzustellen hatten, und der Unterrichtende diese Gruppen zum Pritschen im Dreieck aufrief, flog ihm unversehens ein kräftig geworfener Volleyball seitlich gegen den Kopf. Rolf, der sich während des Unterrichts des öfteren – mal mehr und mal weniger deutlich zum Lehrer gerichtet – über das «langweilige» und «ewige Üben» beklagt hatte, hatte einen zur Hand liegenden Ball gegen den Lehrer geworfen. Der Getroffene ging daraufhin zum Werfer, zog ihn schüttelnd mit der Hand am linken Ohrläppchen und fragte: «Was fällt dir eigentlich ein, hm?» Nach einer kurzen Pause äußerte er dann: «Die ganze Zeit störst du schon den Unterricht! Glaubst du denn, alles könnte nach deiner Pfeife tanzen? Hier bestimm ich immer noch, was getan wird. Und du hast das zu befolgen, was ich sage!»

Zur Wahrnehmung des Schülerverhaltens aus der Lehrerperspektive

Wie sieht der Sportlehrer Rolfs Verhalten während des Unterrichts, was fühlt und denkt er dabei? Seine Antworten auf diese Fragen nach seinem Empfinden, seinem Erleben und Wahrnehmen des Unterrichtsgeschehens lassen sich sinngemäß in folgenden Aussagen zusammenfassen:
Einige Schüler, darunter Rolf, erfüllen beim Spiellehrgang nicht oder nicht genau die gestellten Übungsaufgaben zum oberen Zuspiel. Sie unterwerfen sich nicht der notwendigen Disziplin und Ordnung. Sie tanzen aus der Reihe, indem sie sich über das Geforderte – das Einüben der Bewegungsfertigkeit – hinwegsetzen und mit ihren Spielereien den Ordnungsrahmen dadurch gefährden, daß sie in die anderen Zweiergruppen hineinlaufen und jene stören, wenn der Ball vor allem beim unerlaubten Rumschlagen unkontrolliert durch die Gegend fliegt. Dieses Verhalten ist nicht nur unsozial gegenüber denjenigen, die etwas beim Üben lernen wollen, sondern gefährdet auch die Mitschüler. Auch beim Zuköpfspiel kann es passieren, daß jemand dem Ball rückwärts oder seitwärts nachläuft und dabei unversehens mit anderen zusammenprallt.

Rolfs Frage, wann endlich gespielt werde, verrät seine Unfähigkeit, sich zu gedulden. Sie läßt zudem erkennen, daß ihm die nötige Einsicht fehlt, daß man erst befriedigend spielen kann, wenn die Grundfertigkeiten beherrscht werden. Spielen ohne elementare Grundlagen geht nun mal nicht – das muß jeder einsehen. Und wenn Rolf und andere die Pritschbewegung nur richtig und in der demonstrierten Weise nachmachten, würden sie auch Erfolg und Spaß daran haben. Seine Entgegnung, das Üben bringe ja doch nichts, ist frech; denn zuvor erst wurde ihm gesagt, warum es notwendig ist. Er sollte mehr Selbstdisziplin aufbringen: Erst kommt die Arbeit, dann das Spiel. Als ich dann den Volleyball ins Gesicht geworfen bekam, habe ich mir den Übeltäter vor allen Mitschülern vorgenommen und ihm deutlich gesagt, wer Herr im Hause ist und wohin der Weg geht.
Für ihn, den verantwortlichen Lehrer, bedeutet das:

- Rolf respektiert nicht die Erfahrung eines ausgebildeten Sportlehrers, daß vor dem Spielen das Üben stehen muß. Damit zweifelt er seine fachliche Qualifikation an.
- Er stört den Unterricht und gefährdet damit den Unterrichtserfolg sowie die Ordnung und Disziplin (in) der ganzen Klasse. Denn wenn jeder im Unterricht das machen könnte, was er gerade will, tritt Chaos und Anarchie ein, und der gesellschaftliche Auftrag, Schülern das kulturelle Spielgut zu vermitteln und zur Teilhabe am sozialen Leben zu erziehen, würde zunichte gemacht.
- Sein aggressives Verhalten untergräbt die Autorität. Ein Heranwachsender hat sich als Schüler dem Lehrer gegenüber unterzuordnen und hat den Leistungsanforderungen – genauso wie in den anderen Fächern – nachzukommen.
- Überdies verletzt sein aggressiver Ausbruch die üblichen Verhaltensnormen und gültigen Anstandsregeln, sich beherrschen zu können und bei Meinungsverschiedenheiten auf Gewaltanwendung zu verzichten.

Er empfindet also Rolfs Verhalten als Störung, zugleich als Gefährdung seines Unterrichts- und allgemeinen Erziehungsziels. Würde er ein solch flegelhaftes Benehmen eines pubertierenden Schülers durchgehen lassen, könnten ihn Kollegen, Eltern, Vorgesetzte und selbst Mitschüler für einen Schwächling halten. Sie erwarten von ihm als Lehrer zurecht, daß er sich durchsetzt und durchgreift. Dem Vorwurf anderer, vor allem der (älteren, erfahrenen) Kollegen, er könne die Klasse nicht im Zaum halten und führen, will er sich nicht aussetzen. Schon einmal hat ihm ein Lehrer die Schuld dafür gegeben, daß die Klasse immer nach seinem Unterricht besonders undiszipliniert sei. Er fürchtet (sich vor) Beschwerden von dritter Seite.

Zur Wahrnehmung des Unterrichts aus der Sicht des Schülers

Wie nun mag Rolf den Volleyballunterricht seines Sportlehrers erleben? Seine Ansichten und Empfindungen zum Unterrichtsgeschehen spiegeln eine ganz andere Sichtweise wider:

- Es ist doch langweilig, die ganze Zeit über immer nur das Pritschen zu machen. Ich will auch Volleyball spielen.
- Als es mir zu langweilig wurde, hab ich mit anderen zusammen etwas anderes gemacht, was, wozu wir Lust hatten.
- Das ewige Üben ist langweilig und bringt doch nichts. Immer das gleiche tun müssen ... Schon vor den Sommerferien haben wir Pritschen und Baggern geübt. Und in der letzten Sportstunde vor den großen Ferien, das war am letzten Schultag, da haben wir in den letzten 10 Minuten einmal kurz Volleyball spielen dürfen – so als Feriengeschenk. Das hat aber keinen Spaß gemacht: Der Ball kam immer so komisch und fiel dann immer gleich zu Boden. Beim Üben haben wir ihn viel besser gekriegt.
- Zum Schluß hab ich gedacht, als wir uns bei der Zauberschnur zu dritt gegenüber aufstellen mußten, daß wir endlich Volleyball spielen dürfen. Dann haben wir aber doch wieder pritschen müssen. Da hat mich die Wut gepackt. Sportunterricht soll doch Spaß machen, oder?
- Wenn wir immer nur machen müssen, was der Sportlehrer will, macht das keinen Spaß.

Der Volleyballunterricht aus sozialwissenschaftlicher Sicht

Um Rolfs Handeln und Empfinden genauer zu verstehen, d. h. deutend zu erfassen, soll die unterrichtliche Wirklichkeit anhand von Erkenntnissen verschiedener sozialwissenschaftlicher Ansätze analysiert werden.
Untersucht man die Gestaltung des Spielunterrichts, wie er arrangiert und inszeniert worden ist, so kann man sie von mehreren Merkmalen her beschreiben.

Zum Vermittlungsweg

Der Sportlehrer wählt bei seinem Vorgehen ein Verfahren, in dem das Spiel aufgegliedert erscheint in einzelne motorische Fertigkeiten (Pritschen,

Baggern etc.), die von einer Idealform der Bewegungsausführung abgeleitet sind und die es nacheinander getrennt zu lernen gilt, bis sie zu einem Spielganzen zusammengefügt werden können. Für einzelne Teilbewegungen einer motorischen Fertigkeit gibt es bestimmte Übungsformen, die der Lehrer vormacht und so lange wiederholen läßt, bis sie dem Exaktheitsideal nahe kommen. Auf diese Weise reiht er mehrere Übungsformen hintereinander, bis daraus die beabsichtigte Gesamtbewegung hervorgeht.
Ein solches sogenanntes analytisch-synthetisches Vorgehen ist gekennzeichnet durch eine Zergliederung der Handlungen. Durch sie bleibt der Bezug der isolierten Einzelfertigkeit (hier: des oberen Zuspiels) zum Spielganzen rational uneinsichtig oder eingeschränkt einsehbar: Der Funktionszusammenhang der abgelösten Pritschtechnik innerhalb des Spielganzen wird nicht bewußt. Ein Verfahren, daß die Einsicht von Schülern in Aktivitäten, die einfach abverlangt werden, weitgehend behindert, kann bei wiederholtem Verrichten eines wiederkehrenden Bewegungsmusters das Gefühl von *Monotonie*, *Langeweile* und/oder *Fremdbestimmung* der Leistungsansprüche zur Folge haben.
Diese Gefühle werden noch durch andere Maßnahmen verstärkt. Da nur der Sportlehrer die Reihung der Übungsformen sowie die angestrebte Qualität der Bewegungsfertigkeit kennt, ist eine weitgehende *Unterrichtslenkung* und *-steuerung* durch ihn stets nötig. Die einzelnen Schritte der schülerischen Aktivitäten werden fast bis ins Detail vom Lehrer geplant und bestimmt und sind dem Schüler meist unbekannt sowohl im Hinblick auf die gewünschte sportmotorische Technik als auch im Hinblick auf das angestrebte Ausführungsniveau. Schüler sind mithin auf das Befolgen der Lehreranordnungen angewiesen, ohne auch nur einen relativ kurzfristigen Plan zum Unterrichtsverlauf und der darin ablaufenden Handlungen entwerfen und sich an ihm entlang orientieren zu können. Der Sportlehrer ist bei diesem als autokratisch zu kennzeichnenden Führungsstil die den Unterricht beherrschende und steuernde Mittelpunktfigur. So drängen auch Demonstration, Bewegungsvorschrift und -korrektur sowie ausschließliche Lehrerkontrolle und -bewertung der Technikausführung die Schüler einseitig in eine vorbestimmte Rolle des Empfängers von Anweisungen und legen ihren Handlungsspielraum relativ starr fest. Dadurch kann das Empfinden bloßen Reagierens und Nachvollziehen-Müssens entstehen.
Ein solch intensiv lenkendes Vorgehen erscheint motivationspsychologisch gesehen kaum geeignet, Schüler dazu anzuregen, lustbetont und aufgabenbezogen etwas zu leisten. Es fehlt weitgehend eine aus dem vereinfachten Spielen heraus wiederholt bewußt gemachte Erfahrung und Einsicht, daß die technische Ausführung der Bewegung für das gespielte Spiel qualitativ noch unzureichend ist und es behindert, so daß der Wunsch, Pritschen zu üben, um dann erneut das vereinfachte Volleyballspiel besser spielen zu können, nicht geweckt wird. Die vom Sportlehrer dargebotene Übungsrei-

he wird daher nicht geschätzt. Das hat zur Folge, daß die Bereitschaft, sich anzustrengen und ausdauernd das Übungsziel anzustreben, nicht oder nicht von innen (intrinsisch) angeregt wird, sondern des Drucks von außen, vom Lehrer bedarf. Sobald der Sportlehrer dabei aber seine emotionale Zuwendung (z. B. Lob und Ermunterung) und seine vielleicht anspornende Beurteilung des Leistungsfortschritts oder sein Appellieren an die Leistungsbereitschaft notwendigerweise auf andere Klassenkameraden verlagert, bricht die sachgerichtete Motivation des Übenden wieder zusammen.
Um sich nicht zu langweilen, suchen besonders Kinder und Jugendliche Möglichkeiten selbstaktivierenden, spielerischen Spontanverhaltens. Ihr Spielbedürfnis und Bedürfnis nach spontanen, selbstgesteuerten Bewegungshandlungen kann als vital bedeutsam für sie angesehen werden. Ein solches Spontanverhalten steht nach spieltheoretischen und neurophysiologischen Erkenntnissen in engem Zusammenhang mit Affektionen wie positiver Gestimmtheit und psychischem Wohlbefinden (vgl. SCHLESKE 1977).
Im dargestellten Beispiel finden Rolf und einige Klassenkameraden die gesuchte Anregung und Spannung, indem sie sportmotorische Kunststückchen ausprobieren: den Ball durch Hin- und Herköpfen in der Luft zu halten oder in einer Art Schmetterbewegung mit der Hand kräftig dem Partner zuzuschlagen versuchen. Ihre lustbetonte Motivation zweckfreien Spielens wird durch das Lehrerverhalten empfindlich gestört. Rolf wird genötigt, von seinen spielerisch-spontanen, teils könnerischen und teils experimentierenden Bewegungshandlungen Abstand zu nehmen und statt dessen in eine ihn von seinem Unterhaltungs- und Geselligkeitsbedürfnis entfremdende, ihn langweilende, einförmige Lernsituation zurückzukehren.
Es ist jedoch nicht nur diese einzelne Einschränkung, die zu Unlust und Unwillen führt. Das gewährte Maß an Handlungsfreiheit insgesamt nimmt negativ Einfluß auf die Leistungsbereitschaft und die Gestimmtheit. Der Grad der *Einengung* (Repressivität) zeigt sich in der absoluten Setzung des motorischen Lernziels durch den Sportlehrer. Er allein bestimmt quantitativ und qualitativ das Unterrichtsziel des oberen Zuspiels – er allein ordnet an, was die Lernenden in bezug auf die Zielerreichung zu tun haben. Ebenso motivationshemmend wirkt der hohe Grad an *Starrheit* (Rigidität), der in der unnachgiebigen, eindeutigen Bestimmung, was im Rahmen des paarweisen Zuspielens erlaubt ist, zum Ausdruck kommt. In dem Moment, als trotz der Unterrichtslenkung dennoch abweichendes Verhalten auftritt, wird dieses sofort zu kontrollieren versucht: durch Ermahnungen zur Ordnung, durch nachdrücklichen Verweis auf das auszuführende Bewegungsziel und schließlich durch körperliche Züchtigung. Diese zwanghafte, bei ziel- oder normabweichendem Verhalten gleichsam automatisch einsetzende Verhaltenskontrolle zeigt den relativ geringen Grad an *Selbstbestimmung* (Autonomie).
Den Volleyballunterricht kennzeichnen – *rollentheoretisch* betrachtet (vgl.

Habermas 1968; Landau 1974) – demnach minimale Freiheitsgrade des Handelns. Durch sein hohes Maß an Lenkung und Anordnungen zu ausschließlich reaktiven Tätigkeiten verhindert er nach Untersuchungsergebnissen empirischer Forschung zur Unterrichtspsychologie (vgl. Tausch/Tausch 1968; Nickel 1974) eine sachgerichtete Leistungsmotivation.

Zum Unterrichtsverständnis

Mit der Analyse einiger typischer Merkmale der Unterrichtsgestaltung wird eine Auffassung von Unterricht sichtbar, die als *zweckrationales Unterrichtskonzept* (vgl. Rumpf 1976) bezeichnet wird. Das den Sportspielunterricht leitende Interesse ist allein auf Effektivität und Ökonomie bloß motorischen Lernens gerichtet: Jeder Schüler soll möglichst nachhaltig, umweglos und schnell zum sportmotorischen Leistungsziel, dem festgelegten Produkt, geführt werden. Dieses produktorientierte Unterrichtsverständnis richtet sich nicht an der Lerngruppe aus – Lernziel, Unterrichtsinhalt und Vermittlungsweg sind in technokratischer Weise *subjekt-neutral* geplant. Es sieht also zwangsläufig von der Lern- und Lebensgeschichte, den Erfahrungen, Interessen und Erwartungen ihrer Teilnehmer ab. Damit aber verlangt es von den Schülern grundsätzlich ein Zurückstellen elementarer Wünsche, Hoffnungen und Bedürfnisse. Auch das wiederholte Üben des Pritschens bedeutet für den ‹Adressaten› des Spiellehrgangs, daß er sich nicht nur für ein erst zukünftig zu erreichendes Zielverhalten (Volleyball richtig spielen zu können) über längere Zeit planmäßig anstrengen muß, sondern auch, auf gegenwärtige Zufriedenheit und Gegenwartserfüllung zu verzichten und Bedürfnisaufschub zu leisten.

Zur Struktur der Lernsituation

Die Bedeutung der Unterrichtsgestaltung für das Erleben läßt sich auch von der Struktur der Lernsituation her veranschaulichen. Von ihr aus gesehen erscheint das dargestellte unterrichtliche Arrangement für die davon Betroffenen durch Bedingungen bestimmt, die das Lernen in diesem Sportspielunterricht als *«entfremdetes Lernen»* (vgl. Schlömerkemper 1970) auffaßbar werden lassen. Seine Fremdheit wird offenkundig dadurch, daß das Lernen ohne Zwang gemieden würde.
Entfremdetes Lernen liegt im dargestellten Spielunterricht konkret vor:

- in der Entfremdung vom *Produkt* der Lern-Arbeit; d. h., die zu übende Bewegungsfertigkeit des oberen Zuspiels bleibt aufgrund ihrer Atomisierung vom Spielzusammenhang relativ uneinsichtig. Nach Rolfs Meinung bringt das Üben nichts für die Bewältigung der komplexen Spielsituation – es kommt ihm keine erkennbare Bedeutung als Gebrauchswert zu;

- in der Entfremdung vom *Prozeß* der Lernarbeit; d. h., die Beziehung zur Lernsituation ist aufgrund mangelnder Erkenntnis in die Notwendigkeit des Übens eher negativ und distanziert – Lernen wird als bloßer Akt der Reproduktion einer vorgegebenen Technik aufgefaßt, als Prozeß des wiederholten Nachvollziehens und der Anpassung an Verhaltenserwartungen;
- in der Entfremdung vom *Bedürfnis* des jüngeren Menschen nach Spieltätigkeit, die ein bedeutender Gegenstand seines Wollens und Strebens im Sportspiel-Unterricht ist.

Zur sozialen Struktur des Unterrichts

Die Schüler haben, insgesamt betrachtet, eine Bedürfnisverdrängung zu leisten, die in ihrer fremdbestimmten, verfügten Art und Weise uneinsichtig erscheinen muß. Damit ist die Gefahr einer Selbst-Entfremdung gegeben, die noch durch die typische soziale Beziehung (Interaktion) zwischen Sportlehrer und Schülern verstärkt wird. Die Schülerrolle beschränkt sich lediglich auf eine Ergänzung der Lehrertätigkeit: Den Instruktionen des Unterrichtenden folgen (rituell) die Ausführungen auf Seiten der Lernenden, der Lehrer ist Subjekt des Unterrichtsgeschehens, der Schüler dagegen das Objekt, das auf die Verhaltenserwartungen nur reagiert. Ein solches Klima, in dem Rollenerwartungen und Unterrichtsziele, Unterrichtsinhalt und -weg von vornherein (fest)gesetzt sind und durchgesetzt werden, ohne mit Bedürfnissen der Betroffenen abgestimmt oder vermittelt zu sein, bedeutet – *interaktionstheoretisch* (vgl. Habermas 1968) ausgelegt –, daß Schüler in verdinglichten, nämlich Selbstdarstellung ausschließenden Beziehungen zum Unterrichtslenker stehen und sich kaum durch dessen Bestimmungsmacht auch ihren Kameraden gegenüber nicht – als unvertretbare Individuen zeigen können. Sie haben in ihren Interaktionen sehr geringe Möglichkeiten, sich im Hinblick auf ihre eigenen Bedürfnisse selbst identisch zu erleben, ihre persönliche Identität (vgl. Goffman 1974) zu wahren und auszudrücken. Ihnen bleibt weitgehend nur die Möglichkeit, mit der für sie zentral wichtigen Beziehungsperson identisch zu sein, d. h. sich anzupassen an das, was von ihr sozial gefordert wird.

Unterricht als gewaltfördender Umstand

Die zuvor dargestellten unterrichtlichen Bedingungen können nicht nur die Leistungsbereitschaft beeinflussen, sondern auch als *gewaltfördernde Umstände* wirken. Als ein solcher aggressionsfördernder Hintergrundfaktor (vgl. Fürntratt 1974), der die Bereitschaft erhöht, aggressiv zu reagieren, ist Rolfs emotional-affektiver Zustand anzusehen. Der relativ stark lenken-

de Unterrichtsstil erzeugt nach erziehungspsychologischen Befunden (vgl. Tausch/Tausch 1968) innere Spannung, Unwille und Unzufriedenheit. Reizbarkeit und Aggression können die Folge sein. Diese psychische Spannung kann dadurch verstärkt werden, daß der Wunsch nach Mitbestimmung im Sportunterricht (vgl. Müller-Stephan/Messing 1974) nicht erfüllt wird. Auch die Verhinderung selbständiger Aktivierung kann zu gereizter Stimmung beitragen. Infolge der Rolf wenig einfühlend und unbegründet erscheinenden Ermahnung, beim Üben besser mitzumachen, sich anzustrengen und die Spielereien zu unterlassen, wirkt der Zwang des Lehrers zum längerfristigen Bedürfnisaufschub subjektiv unverständlich, ja willkürlich. Nach aggressionspsychologischen Untersuchungsbefunden (vgl. Selg 1971) rufen willkürlich anmutende Frustrationen einen starken emotionalen Antrieb zu aggressivem Verhalten hervor.
Als der Sportlehrer dann auch noch zum erneuten Üben des Pritschens (im Dreieck) auffordert – zudem in einer organisatorisch gesehen spielähnlichen Aufstellung –, ist Rolfs Reizschwelle der psychischen Belastbarkeit schließlich überschritten. Er sieht sich gezwungen, sein unmittelbares Spielbedürfnis zum wiederholten Mal zurückstellen zu müssen. Damit überfordert der Lehrer ihn in seiner Fähigkeit, den Verzicht auf eine Belohnung für sein langwieriges Üben emotional zu ertragen und diese Frustration rational zu verarbeiten. Die Enttäuschung seiner durch die Organisationsform (Gegenüberaufstellung von Gruppen in einem Spielfeld) geweckten Hoffnung und gehegten Erwartung, gegen Ende der Sportstunde endlich spielen zu können, führen zum Verlust der Selbstkontrolle, zur unkontrollierten Affekthandlung gegen den Sportlehrer.
Ein Sportunterricht, der lehrerzentriert, produktorientiert, technokratisch und relativ wenig Handlungsspielraum gewährend ausgerichtet ist, bedarf zur Erreichung des Unterrichtsziels wie auch zur Aufrechterhaltung der Ordnung und Disziplin, die ein erfolgreiches Funktionieren des Unterrichtssystems gewährleisten helfen, stets einer institutionell gesicherten Ungleichheit in der Verteilung der Macht. Solange der Lehrer die dominierende Schlüsselfigur und absolute Autorität darstellt und als solcher Ziel, Inhalt und Methode bestimmt, besteht Ungleichheit (und folglich eine ungleiche Chance der persönlichen Verwirklichung). Ungleichheit ermöglicht erst die dargestellte Fremdbestimmung und Entfremdung. Diese repressiven Unterrichtsstrukturen sind es, die auf Rolfs Handeln wesentlichen Einfluß nehmen. Sie stellen eine besondere Form von Gewalt dar: *strukturelle Gewalt* (vgl. Galtung 1975). Sie tritt als institutionalisierte/institutionelle Gewalt nicht direkt in Erscheinung in Form offener Aggression; dennoch resultiert für den Betroffenen als Konsequenz aus dem Zwangseinfluß ein Leiden.

Sport und Sparen . . .

... haben ein paar Gemeinsamkeiten: Sport ist einerseits eine sich selbst genügende menschliche Tätigkeit. Sparen auch. Andererseits ist Sport eine auf Erwerb ausgerichtete Tätigkeit, die jedoch nie ausschließlich zur Arbeit wird. Sparen auch. Sport hat eine sozialpädagogische Komponente. Sparen auch.

Sport, so heißt es, sei ein momentanes Entrinnen aus der alltäglichen Welt der Zukunftssorge. Sparen nicht. Durch Sparen entrinnt man einigen Zukunftssorgen dauerhaft.

Möglichkeiten zur Verhinderung von Gewalt

Folgt man der Auffassung, daß der Volleyballunterricht deutliche Züge struktureller Gewalt aufweist, dann erscheint es fragwürdig, dem Schüler Unfähigkeit zur Selbstbeherrschung vorzuwerfen oder ihm mangelnde Frustrationstoleranz anzulasten und ihn dafür körperlich zu disziplinieren. Das Anlasten einer individuellen Schuld hilft nicht weiter. Denn soziales Handeln ist (1.) immer *situativ* bedingt und (2.) immer *absichtsvolles* Tun. Das bedeutet: Nicht allein mangelnde Frustrationstoleranz hat zur Aggression geführt, sondern die *strukturelle Gewalt des Unterrichts* hat dieses Verhalten erst hervorgebracht. Rolfs aggressives Handeln allein als unbeherrschte Affekthandlung zu sehen, läßt die soziale Bedingtheit, die das aggressive Handeln beeinflussenden und auslösenden Umstände unberücksichtigt. Seine Gewalt ist auch das Produkt seiner Auseinandersetzung mit einer streng vorbestimmten, gewalthaften Situation. Und zum zweiten bedeutet es: Wer nur die mit dem Ballwurf verbundene Schädigung sieht, verkennt den (möglichen) Anteil des unbeholfenen *Protests*. Rolfs Aggression ist durchaus als ungekonnter Ausdruck seines Freiheitsstrebens und seines Bedürfnisses nach Identitätsdarstellung zu verstehen. In seiner Weise – als in der beginnenden Pubertät stehender Jugendlicher – lehnt er sich ohnmächtig und emotional getrieben gegen die erlebte Gewalt auf.
Wenn also die Frage nach der Schuld überhaupt sinnvoll ist, dann darf vom Heranwachsenden nicht bloß die Fähigkeit, Frustrationen zu ertragen, vorausgesetzt und gefordert werden, sondern sie sollte zu allererst auch gefördert werden. Förderung kann aber nur geschehen, wenn jemand nicht zur Selbstaufgabe, zur Selbstentfremdung genötigt wird. Frustrationstoleranz kann nur (weiter) entwickelt werden, wenn der Jugendliche die Möglichkeit erhält, zwischen schulischen Anforderungen einerseits und eigenen Bestrebungen andererseits zu vermitteln.

Was nun erscheint eher erfolgversprechend, um aggressives Handeln im Sportunterricht zu vermindern? Bloß kosmetische Maßnahmen nützen letzten Endes nichts – sie bleiben vordergründig oder unwirksam. Das Grundproblem steckt tiefer: Wie lassen sich soziale, gesellschaftliche Erfordernisse mit individuellen Bedürfnissen vereinigen, und wie läßt sich die vom Unterrichtssystem ausgehende Gewalt abbauen?

- Wenn soziales Handeln auf Zwecken und Zielen beruht und auf biographischen Veranlassungen, dann ist es grundsätzlich sinnvoll, bei einer aggressiven Auseinandersetzung die individuellen Motive zu erfahren. Das wird möglich, wenn die Betroffenen sich darüber mitteilen können. Ihre Darstellung, wie sie die zur Aggression führende Situation erlebt haben, kann sowohl das Handeln des jeweils anderen verständlich werden lassen als auch zur Erkenntnis oder gar zum Respektieren der Möglichkeit und Wirklichkeit einer anderen Sichtweise beitragen. Insofern gilt es, eine *Verständigung* (Kommunikation) der sich Streitenden über ihr Handeln zu ermöglichen.

- Die Bereitschaft zur Verständigung setzt beim betroffenen Lehrer jedoch ein bestimmtes, grundlegendes Erziehungsverständnis voraus. Wenn der Disziplinkonflikt nicht bloß unterdrückt werden soll, indem der Lehrer den Schüler mit Hilfe seiner Macht zu einer Verhaltensänderung manipuliert (ohne ihn aber zu einer Einstellungsänderung bewegen zu können), dann ist erstens eine kommunikative Erziehungsauffassung nötig. Zum zweiten bedarf es zur emotionalen Entwicklung des Jugendlichen nicht des Bestrafens und des Schuldaufbürdens, sondern des *Verstehens* und *Helfens.* Helfen meint in einem sozialpädagogischen Erziehungsverständnis das Bemühen, den Schüler bei seinem Streben nach Befriedigung seiner Bedürfnisse zum Teil zu unterstützen, ihm eine Übernahme schulischer Erfordernisse in seine Persönlichkeitsstruktur zu erleichtern. Dies zu erreichen, setzt beim Lehrer voraus, daß er seine Rolle nicht einseitig versteht als bloßer Vermittler gesellschaftlicher Anforderungen, sondern daß er auch Anwalt des ihm anvertrauten Schülers ist.
- Ein Lehrer, der auch Partei nimmt für die Bedürfnisse und Erwartungen seiner Schüler, wird keinem ausschließlich lehrerzentrierten, zweckrationalen, technokratischen Unterrichtskonzept folgen. Seine Erziehung zielt nicht auf unkritische Anpassung, sondern auf Mündigkeit: Erziehung und Unterricht dienen ihm dazu, dem Anspruch jedes Menschen auf größtmögliche Verfügung über sich selbst gerecht zu werden. Damit verzichtet er auf eine Behandlung der Schüler als Objekte, über die man verfügt. Er schränkt seine Entscheidungsmacht ein und eröffnet Möglichkeiten der *Mitbestimmung.*
- Der Verzicht auf Repression und unausgewiesene Gewalt oder Macht zusammen mit der Berücksichtigung von Schülerbedürfnissen lassen sich in einem Unterricht verwirklichen, bei dem eine Mitbeteiligung der Schüler an der Planung als Teil des Unterrichts vorgesehen ist. Diese *dialogische Planung* (vgl. SCHULZ 1981) beruht darauf, drei Aufgaben des mitmenschlichen Miteinanderumgehens (wie es Unterricht sein sollte) in Einklang zu bringen und in Balance zu halten: Sach-, Ich- und Wir-Ansprüche. Damit ist gemeint, daß nicht gesellschaftlich Vorgegebenes (wie durch den Lehrplan etwa «Volleyball» regelrecht spielen zu können) allein den Unterricht bestimmt, sondern gleichrangig auch die Erwartungen und Ängste der Unterrichtsteilnehmer daneben bestehen und darauf bezogen werden wie auch der Wunsch, mit Mitschülern in einer Lerngruppe Beziehungen zu unterhalten. Hier geht es also ganz

entscheidend darum, daß sich alle Beteiligten (Lehrer wie Schüler) über die Handlungsziele und die Bedeutung von Inhalten/Themen verständigen (vgl. MOLLENHAUER 1972). In einer gemeinsamen Beratung ist die Bedeutung, der Sinn, den ein gemeinsames Handeln gewinnen soll, zu ermitteln (vgl. JOST 1978). Auf den konkreten Fall bezogen besagt das: Es kommt darauf an, daß der vom Lehrer vorgegebene Inhalt «Volleyball» verhandelt wird – daß jeder sich mit seinen geistigen, psychomotorischen, emotionalen und sozialen Fähigkeiten einbringen und sich in Beziehung zum Thema setzen, sein persönliches Verhältnis dazu äußern kann.

Rückblick

In der Unterrichtsanalyse ist besonders der Gesichtspunkt der *strukturellen/institutionellen Gewalt* betont worden. Diese Hervorhebung beruht vor allem auf folgenden Überlegungen:

- Unser Moralkodex, der sich allein gegen personale, beabsichtigte Gewalt richtet, erfaßt keine nicht-intendierte Gewalt. Er versagt, weil er die Frage nach der Schuld an die nach der *Absicht* einer Person knüpft. Bei struktureller Gewalt tritt – im Gegensatz zur personalen Gewalt – niemand in Erscheinung, der jemandem direkt Schaden zufügt. Dennoch bringt sie für den Betroffenen als *Konsequenz* aus dem Zwangseinfluß nicht weniger Leiden.
- Institutioneller Gewalt kommt besonderes Gewicht zu, weil das Objekt der Gewalt diese normalerweise nicht wahrnimmt, sie oft als naturgegeben hinnimmt, und sich nicht oder schlecht dagegen wehren kann. Denn strukturelle Gewalt ist als Systemaggression institutionalisiert und in die Sozialstruktur gleichsam eingebaut.
- Der Begriff ‹strukturelle Gewalt› ermöglicht auf theoretischer Ebene, Beziehungen zwischen aggressivem *Verhalten* und gewalttätigen unterrichtlichen *Verhältnissen* begrifflich zu fassen. Mit dem Sichtbarwerden des in dem Terminus gefaßten Tatbestandes der Ungleichheit in der Verteilung der Macht, der Entscheidungsgewalt, kann die Schuldfrage anders als bisher üblich gestellt und diskutiert werden.

Volker Bürger/Hannelore Fischer-Behrendt/
Eckehard Lühring/Maria Meyer zu Bergsten/
Gunter A. Pilz/Andreas H. Trebels/Sabine Zirz

Unterrichtseinheit: Sport und Gewalt – Unterrichtsvorschläge und Arbeitsmaterialien

Diese Unterrichtseinheit ist für den Unterricht im Leistungskurs Sport bzw. für ‹Sport als 4. Prüfungsfach› konzipiert. Die Unterrichtseinheit umfaßt insgesamt 8 Doppelstunden. Nach unseren Erfahrungen ist dies ein zeitlicher Umfang, in dem Schüler noch bereit sind, konzentriert eine bestimmte Thematik zu bearbeiten. Die nachfolgende Skizze ist kein in sich geschlossenes Unterrichtskonzept; wir verstehen sie vielmehr als Anregung für den Fachlehrer, die einerseits mühseliges Entwickeln von Unterrichtsmaterialien und die Suche nach geeigneten Formen der Veranschaulichung ersparen hilft, andererseits aber Änderungen und eigene Akzentuierung zuläßt.

Intentionen: Die im Anschluß skizzierte Unterrichtseinheit verfolgt insbesondere folgende Zielsetzung:

Die Schüler sollen begreifen, daß der heutige Sport, insbesondere der Leistungs- und Spitzensport, gewalttätiges Handeln einschließt und daß sich Gewalt als Handlungsmuster auch auf ihr eigenes sportliches Handeln auswirkt.

Dazu sollen sie
- Beispiele gewalttätigen Handelns im Sport so analysieren, wie er über die öffentlichen Medien (Presse und Fernsehen) zugänglich ist;
- Gewalt aus einer zweifachen Perspektive aufschlüsseln: aus der Sicht der Gewaltausübenden, aus der Sicht der Gewalterleidenden;
- sich mit Erklärungstheorien über gewalttätiges Handeln im Sport auseinandersetzen (Aggressionstheorien, wissenschaftliche Untersuchungen zur Gewalt im Sport);
- in Form von Erkundungen und sensibilisiert durch die bisherige Beschäftigung mit der Thematik gewalttätigen Handelns in konkreten Beispielen aufsuchen und dokumentieren;

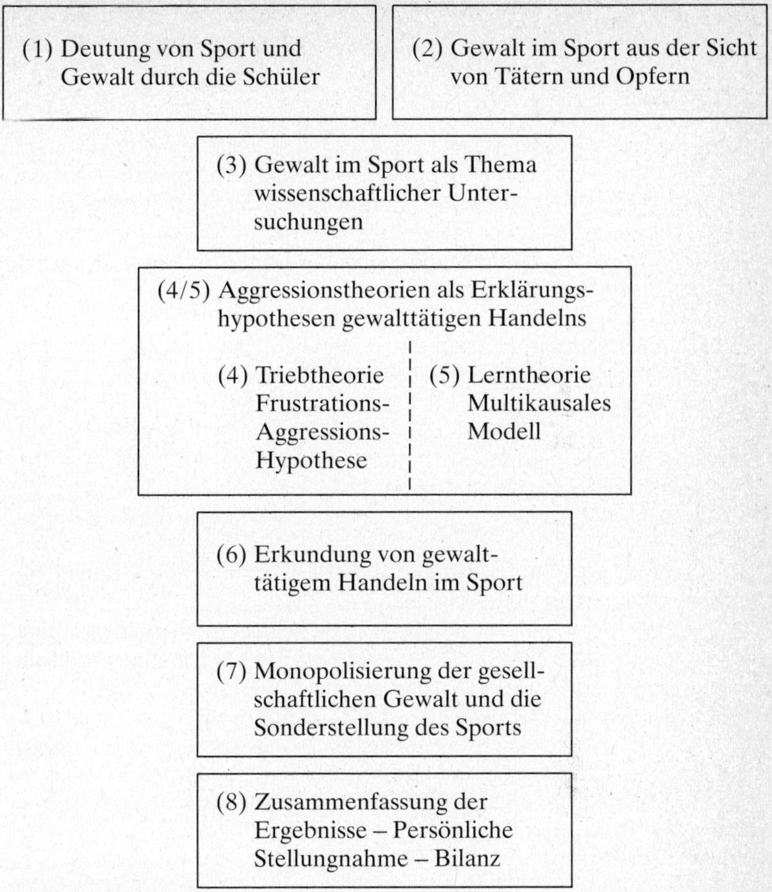

Planungsskizze

- sich mit allgemeinen Theorien zur Gewalt und zur Tendenz der Monopolisierung von Gewalt im Prozeß der Zivilisation auseinandersetzen;
- sich mit dem Problem der Rechtfertigung von Gewaltanwendung (im Sport und außerhalb des Sports) befassen und einen eigenen Standpunkt dazu entwickeln.

Deutung von Sport und Gewalt durch die Schüler (1. Doppelstunde)

Intentionen: Es wird angestrebt, Schüler zunächst dazu zu veranlassen, ihre eigene Deutung des Zusammenhangs von Sport und Gewalt einzubringen. Dabei gilt es herauszufinden, inwieweit aus der Sicht der Schüler die Gewaltthematik sportliches Handeln in unterschiedlichen Bereichen bestimmt. Vermutlich wird Gewalttätigkeit als Ausnahmesituation gedeutet, die sich im normalen Sport kaum findet.
Unterrichtsvorschläge:
1. Die Schüler werden in Gruppenarbeit aufgefordert, eine Collage zum Thema Sport (evtl. kontrastierend dazu zum Thema Hausbesetzung und die Demonstrationen in diesem Zusammenhang) zu erstellen. Hierzu ist Bild- und Überschriftenmaterial aus Illustrierten und Zeitungen bereitzustellen. Die so zusammengestellten Collagen sind Anknüpfungspunkt zur Frage nach Sport und Gewalttätigkeit, um zu einer Klärung über die Vorstellung der Schüler zum Zusammenhang von Sport und Gewalt zu gelangen.
2. Bearbeitung von Bild- und Zeitungsmaterial, das einschlägig zur verhandelten Thematik ist. Material hierzu findet sich immer wieder in der einschlägigen Tages- und Wochenpresse. Die Schüler bearbeiten das Material in Gruppenarbeit; die Arbeitsergebnisse werden im Plenum zusammengetragen und zu ersten Strukturierungsversuchen geordnet.

Kommentierung: Die Vorschläge 1 und 2 geben den Schülern Möglichkeiten, ihre eigenen Wahrnehmungen und ihre Situationsdeutung hinsichtlich des Zusammenhangs von Sport und Gewalt ins Spiel zu bringen. Die Collagen könnten vielleicht sogar zum Schluß wiederholt werden, um zu prüfen, ob sich die Aussageintentionen der Collage durch die Unterrichtseinheit verändert haben.
Materialien: Bild- und Zeitungsmaterial, eventuell Unterrichtsfilme, Videoaufzeichnungen von Sportschauberichten

Gewalt im Sport aus der Sicht von Tätern und Opfern (2. Doppelstunde)

Intentionen: Im Anschluß an die spontanen Deutungsversuche der Thematik durch die Schüler sollen hier vor allem zwei Aspekte herausgearbeitet werden: Gewalthandeln im Sport besagt einerseits, daß Personen Gewalt

ausüben, aber in vielen Fällen auch, daß Personen Gewalt erleiden. Damit stellt sich die Frage nach den Motiven, die Sportler bewegen, Gewalt gegen andere auszuüben und nach den Gefühlen, die diejenigen haben, die Gewalt und Verletzung erleiden müssen.
Unterrichtsvorschläge: Man könnte auch hier den Versuch machen, von den subjektiven Erfahrungen der Schüler unter den beiden Perspektiven auszugehen. Weiterhin empfiehlt es sich, Selbstzeugnisse von Betroffenen und Berichte über Gewalt im Sport zu bearbeiten. Hierzu eignen sich einerseits Sportlerbiographien, aber auch Teile aus der Sportberichterstattung in der Tages- und Wochenpresse.
Kommentierung: Die Aufarbeitung des Problems bleibt auch unter dieser Thematik am Einzelfall gebunden. Der jeweilige belegte Fall erlaubt den Schülern Identifizierung und damit die Erfassung der jeweiligen Situation, aber noch keine allgemeineren Aussagen. Stellungnahme in ethischen Fragen (und die Frage der Gewaltanwendung mit Verletzungsfolge für einen anderen gehört sicherlich dazu) ist jedoch am konkreten Einzelfall für den Schüler leichter möglich; vor allem unterschiedliche Auffassungen zum jeweiligen Einzelfall machen die Schwierigkeit deutlich, ethische Probleme vorab allgemein lösen zu wollen.
Materialien: Sportlerbiographien, Sportberichte in der Presse

Gewalt im Sport als Thema wissenschaftlicher Untersuchungen (3. Doppelstunde)

Intentionen: Hier geht es darum, den Schüler mit Ergebnissen wissenschaftlicher Forschung zum Thema ‹Sport und Gewalt› bekannt zu machen. Das erlaubt einerseits die Übertragung der am Einzelfall gewonnenen Einsichten auf allgemeinere Trends, macht andererseits dem Schüler deutlich, daß die Gewaltthematik durchaus eine (z. B. von der Bundesregierung als Auftragsforschung betriebene) Forschungsfragestellung ist, zu der eine Fülle von Teilergebnissen vorliegen. Ausgewählte Ergebnisse erlauben es, die Zuspitzung der Gewaltthematik bei Berufssportlern und bei länger anhaltender sportlicher Sozialisation zu erfassen.
Unterrichtsvorschläge: In der Anlage findet sich eine knappe Darstellung einschlägiger Forschungen zum Thema ‹Sport und Gewalt› (Arbeitsblatt 1). Die Zusammenstellung ist so vorgenommen, daß wichtige Fragerichtungen und die den Forschungen zugrundeliegenden Kategorien der Analyse erkennbar werden. Schließlich sind tabellarisch Ergebnisse zusammengestellt, die insbesondere im Rückgriff auf die Ergebnisse der in den voraufgegangenen Stunden bearbeiteten Probleme bedeutsam sein kön-

nen. Die Bearbeitung dieser Materialien durch die Schüler sollte zur weiterführenden Frage führen, inwieweit es Theorien gibt, die aggressives Handeln von Personen erklären können.
Kommentierung: Es gibt eine umfangreiche Literatur, die sich auf die Darstellung und Zusammenfassung von Forschung zum Thema ‹Sport und Gewalt› bezieht (vgl. PILZ 1982; Bibliographie und Beiträge in diesem Band). Dies gibt die Möglichkeit, Schülern für schriftliche Hausarbeiten aus diesem Bereich Fragestellungen und Themen anzubieten. Solche Fragestellungen können auch im Blick auf die jeweiligen Interessen der Schüler festgelegt werden.
Materialien: Arbeitsblatt 1; Beiträge von PILZ und KÄHLER in diesem Band; Forschungsberichte in Fachzeitschriften

Aggressionstheorien als Erklärungshypothesen gewalttätigen Handelns (4./5. Doppelstunde)

Intentionen: In der populärwissenschaftlichen Deutung der Aggressivität der Menschen wird gern auf die Triebtheorie nach LORENZ zurückgegriffen, um die Bereitschaft zur Gewaltausübung zu erklären. Es geht in diesem Abschnitt der Unterrichtseinheit darum, wissenschaftliche Theorien zur Erklärung aggressiven Handelns in ihren zentralen Aussagen und in der Diskussion ihrer wissenschaftlichen Dignität bzw. Reichweite den Schülern verfügbar zu machen. Die Schüler sollen erkennen, daß es konkurrierende Erklärungsansätze gibt und eine einheitliche wissenschaftliche Erklärung der angesprochenen Phänomene nicht besteht. Insbesondere geht es darum, die situative Verankerung aggressiven Handelns genauer in den Blick zu nehmen.
Unterrichtsvorschläge: Zu den bekanntesten Aggressionstheorien, der Triebtheorie, der Frustrations-Aggressions-Hypothese, der Lerntheorie werden Kurzfassungen in Form von Arbeitspapieren (Arbeitsblätter 2 bis 4) beigelegt. Schließlich liegt ein Schema bei, das wesentliche Einflußgrößen aggressiven Handelns im Sport enthält (Arbeitsblatt 5). Die Arbeitspapiere sollten durch die Schüler bearbeitet und im Unterricht besprochen werden. Dabei wird – aufgrund der erforderlichen Kürze – nur ein erster Zugang zum Verständnis der jeweiligen Theorie erschlossen werden können.
Das Schema des multikausalen Modells (Arbeitsblatt 5) könnte verwendet werden, um einerseits die bearbeiteten wissenschaftlichen Forschungsergebnisse zu ordnen, andererseits die diskutierten konkreten Fälle aggressiven Handelns im Sport zuzuordnen.

Kommentierung: Das Dilemma dieses Teils der Unterrichtseinheit liegt darin, daß in der Kürze der Zeit eine befriedigende Bearbeitung der aufgestellten Theorien nicht möglich ist. Es stellt sich daher die Frage, ob es nicht sinnvoller ist, nur eine der Theorien ausführlicher zu bearbciten und die anderen nur kurz anzudeuten (evtl. im Verweis auf die Arbeitsblätter). Wir möchten aber anregen, das Schema zu den Einflußgrößen auf jeden Fall zur Ordnung des bislang bearbeiteten Fallmaterials zu benutzen.
Materialien: Arbeitsblätter 2 bis 5 (Zimmermann 1975)

Erkundung von gewalttätigem Handeln im Sport (6. Doppelstunde)

Intentionen: Die Erkundung gibt eine Chance, das theoretisch Gelernte einer praktischen Bewährung zu unterziehen. Die Schüler sollen daher Praxisfelder des Sports aufsuchen, um Beispiele gewalttätigen Handelns im Sport zu beobachten und diese Beobachtungen zu dokumentieren. Hierzu eignen sich unterschiedliche Fragestellungen: Die Bereitschaft von Personen zu Gewaltanwendung im Sport; Sport im Training; die Sportler als Täter und Opfer; gewalttätiges Handeln von Zuschauern, Fans; Vergleich unterschiedlicher Sportarten hinsichtlich des immanenten Gewaltpotentials; Vergleich Frauen- zu Männersport usw.
Unterrichtsvorschläge: Entsprechend den Interessen der Schüler sollten in arbeitsteiliger Gruppenarbeit unterschiedliche sportbezogene Handlungsfelder aufgesucht werden und Gewaltausübung, aber auch das Erleiden von Gewalt dokumentiert werden. Allein das Umfeld eines Fußballbundesligaspiels bietet eine Fülle von Anschauungsmaterial. Von Interesse wäre auch, wenn man die selbst dokumentierten Sachverhalte und die eigene Dokumentation des sportlichen Ereignisses als solches mit der Berichterstattung in den Medien (Presse, evtl. Fernsehen) vergleicht. Dies gibt Einblicke in die Schwerpunkte sportlicher Berichterstattung und in die übliche Verdrängung ‹alltäglichen› Gewalthandelns im Sport.
Kommentierung: Die Möglichkeit, selbst Material zusammenzutragen und eigene Dokumentationen anzufertigen, ist in der Regel im Anschluß an die überwiegende Lernbelastung der vorausgegangenen Stunden motivierend. Hier ergeben sich auch sinnvolle Ansätze für Themenstellungen von schriftlichen Hausarbeiten.
Materialen: eventuell gemeinsam angefertigte Beobachtungsbögen

Monopolisierung der gesellschaftlichen Gewalt und die Sonderstellung des Sports (7. Doppelstunde)

Intentionen: Die Theorie von Elias gibt die Möglichkeit, das Ausmaß an Gewalttätigkeit in einer Gesellschaft im Kontext historischer Entwicklung zu diskutieren. Schüler können hier lernen, daß das Recht zur Ausübung von Gewalt an den Staat delegiert und ein zunehmender Prozeß der Monopolisierung von Gewaltausübung beobachtbar ist. Der Sport, der im Rahmen seiner Regeln ein bestimmtes Maß an physischer Gewalt zuläßt, ist dann vielleicht ein Bereich, in dem ohne Furcht vor Sanktionen Gewalt ausgeübt werden kann.
Unterrichtsvorschläge: Anhand eines im Anhang beigefügten Arbeitspapiers (Arbeitsblatt 6) können Grundzüge der Theorie von Elias den Schülern zur Kenntnis gebracht werden. Dabei wird vor allem die Frage bedeutsam, ob im Zuge des Prozesses der Zivilisation ein Trend zur Zurückdrängung unkontrollierter Gewaltanwendung nachweisbar ist. Die Frage besteht darin, ob dies in gleicher Weise für sportliche Handlungsfelder gilt und wie die allseits beklagte zunehmende Brutalisierung des Sports gedeutet werden muß (Arbeitsblätter 7 und 8).
Kommentierung: In gleicher Weise wie bei den Aggressionstheorien steht zur Bearbeitung einer komplexen Theoriebildung nur wenig Zeit zur Verfügung; daher besteht die Gefahr einer Oberflächlichkeit. Andererseits ist der Aspekt der gesamtgesellschaftlichen Einbindung von Gewalthandeln ein notwendiger Aspekt der aufgeworfenen Thematik. Gerade am Beispiel der Kontrolle von Zuschauerausschreitungen durch die Polizei wird aber die Monopolisierung von Gewalt anschaulich.
Materialien: Arbeitsblätter 6 bis 8 (Elias 1975; Pilz 1980)

Zusammenfassung der Ergebnisse Persönliche Stellungnahme – Bilanz (8. Doppelstunde)

Intentionen: Abschließend sollte alles zusammengetragen werden, was aus der Sicht der Schüler in der Unterrichtseinheit gelernt wurde. Dies schließt nicht allein das ‹kognitiv› Gelernte ein, sondern bezieht sich wesentlich auch auf eigene Wertungen und eventuelle neue Einstellungen.
Unterrichtsvorschläge: Grundlage der Ergebnissicherung und der kritischen Diskussion der Unterrichtseinheit sollten die bearbeiteten bzw. die selbst beigebrachten Materialien sein (vgl. auch 2. und 6. Std.) wie auch

Hausarbeiten, die im Zuge der Unterrichtseinheit entstanden sind. Wenn zur Einführung mit der Erstellung einer Collage begonnen wurde, wäre es sinnvoll, zum Abschluß erneut eine Collage zum Thema ‹Sport› zu erstellen; der Vergleich beider Collagen wäre eine gute Grundlage für eine Ergebnisauswertung.
Kommentierung: In der Schule liegt es nahe, Kenntnissicherung und Lernzielkontrolle vorrangig zu berücksichtigen. Man sollte aber darüber den Versuch einer Veranstaltungskritik und die Herausforderung zu eigenen Stellungnahmen zur Gewaltthematik nicht vergessen. Besonders zu akzentuieren wäre die persönliche Stellungnahme des einzelnen und die Frage, inwieweit das eigene Sporttreiben durch Gewaltanwendung bestimmt ist (und wie dies üblicherweise legitimiert wird). Schließlich wäre ein letzter Auswertungsaspekt die Frage nach Bemühungen um Gewaltdämpfung und die üblichen Verfahren der sozialen Kontrolle über sportliche Institutionen (Schiedsrichter, Verbandsgerichtsbarkeit) und über staatliche Maßnahmen (Polizei und Ordnungsdienste).
Materialien: Collagen zum Thema ‹Sport›; Auswertungen von Berichten zum Thema Sport und Gewalt in der Tages- und Wochenpresse; Gutachten ‹Sport und Gewalt› (Pilz u. a. 1982)

Arbeitsblatt 1

Gewalt im Sport als Thema wissenschaftlicher Untersuchungen

Wissenschaftliche Untersuchungen zum Thema Sport und Gewalt lassen sich grob unter zwei Fragerichtungen zusammenfassen:

1. Inwieweit bedingt das Ausüben gewaltbetonter Sportarten Persönlichkeitsstrukturen und Werthaltungen, die Gewalt zumindest nicht ächten?
2. Inwieweit führen strukturelle Bedingungen des Leistungs- bzw. Wettkampfsports dazu, daß zunehmend gewalttätige Regelverletzungen legitimiert, gerechtfertigt werden?

Zur *ersten Fragestellung* läßt sich sagen, daß Sportarten, die ein relativ hohes Maß an körperlicher Gewalt erlauben wie Ringen, Eishockey, Rugby, Boxen usw. vorwiegend von Sportlern ausgeübt werden, die aus einem Erziehungsmilieu stammen, in dem körperliche Gewalt noch weitgehend akzeptiert, aggressive Handlungsmuster als legitime Mittel der Interessendurchsetzung angesehen werden. So nannten amerikanische Footballspieler als Grund, weshalb sie diese Sportart betreiben, u. a.: «Weil du den anderen schlagen kannst ... Härter, und du konntest Leuten eine reinhauen und alles. Dabei zeigen, wie grausam du bist» (Mantell 1972, 123f). Weiter ist festzustellen, daß aufgrund unterschiedlicher Erziehung und Erwartungen an Frauen und Männer in unserer Gesellschaft Frauen in Kampfsportarten besonders stark unterrepräsentiert sind. Jedoch zeigen neuere Untersuchungen (vgl. Pilz 1982), daß im Zuge der Emanzipationsbewegung zunehmend Frauen Kampfsportarten betreiben und auch Gewalt legitimieren. Frauen haben in den Mannschaftssportarten die stärksten Mitgliederzahlen, die mit das höchste Maß an körperlicher Gewalt aufweisen (Fußball und Handball). So zählte der Deutsche Fußballbund 1981 383171 weibliche Mitglieder, der Handball-Bund 215590, der Volleyball-Verband 122789, der Basketball-Bund 30115 und schließlich der Hokkey-Bund 13323.

Bezüglich der *zweiten Fragestellung* zeigen Untersuchungen, daß gewalttätige Handlungen im Sinne bewußt eingesetzter, zum Teil sogar im Training gezielt geübter Regelverletzungen im Laufe des sportlichen Sozialisationsprozesses erworben und im Interesse sportlichen Erfolges gezielt eingesetzt werden. Außerhalb des sportartspezifischen Regelwerks besteht somit ein informelles aggressives Normensystem, das Gewalt in weit höherem Maße toleriert, als dies die offiziellen Regeln vorsehen (vgl. auch die Beiträge von Pilz, Kähler und Schmidt in diesem Band). Dabei steigt der Anteil bewußt eingesetzter, unfairer Verhaltensweisen mit zunehmender Alters- und Leistungsklasse. Verantwortlich für diese Entwicklung sind neben dem allgemeinen Diktat des Erfolgsdrucks, die Erwartungen des Trainers, der Mitspieler und Zuschauer. Darüber hinaus nehmen die Massenmedien, Verbandsfunktionäre und Politiker Einfluß, indem sie durch die Überbewertung sportlicher Erfolge und Hochstilisierung sportlicher Ereignisse aggressive, gewalttätige Handlungen begünstigen. Die folgenden Tabellen aus Untersuchungen von Albrecht (1979), Heinilä (1974) und Frogner/Pilz (1982) sollen die Sozialisierung gewalttätiger Regelverletzungen belegen.

Verteilung der Fouls bei Siegern und Verlierern (Untersuchung anhand von 270 Bundesliga-Hallenhandballspielen; Albrecht 1979):

	Sieger	Verlierer	Signifikanz
alle Fouls	606	476	.001
physische Fouls	552	300	.001
psychische Fouls	54	176	.001

Folgenden Aussagen stimmten von 125 befragten britischen Fußballprofis und 111 Amateuren jeweils prozentual zu (HEINILÄ 1974):

Aussagen	Zustimmung in Prozent	
	Profis	Amateure
Ein schneller Spieler muß mit allen Mitteln, ob erlaubt oder nicht, gestoppt werden.	55	37
Ein Spieler in einer aussichtsreichen Schußposition muß unbarmherzig zu Fall gebracht werden.	70	54
In wichtigen Spielen sind alle Mittel erlaubt, um das Spiel zu gewinnen.	54	38
In einem Spiel darf ein Spieler alles versuchen, solange er dabei nicht erwischt wird.	69	42
Ein Spieler spielt grob, weil sein Gegenspieler technisch besser ist.	83	73
Hartes, grobes Spiel ist erlaubt, wenn die andere Mannschaft grob spielt.	94	91

Auf dem Spielfeld hat sich ein Spieler wie folgt verhalten:

	Prozent der Zustimmung Alter der befragten Fußballspieler (in Jahren)				
	15	16	17	18	Profis
Soviel wie möglich Vorteile für seine Mannschaft erzielen	27	31	39	44	54
Dem Geist des Fair play zu entsprechen	40	29	30	22	16
Den Forderungen des Schiedsrichters zu entsprechen	29	31	25	29	24
Keine Antwort	4	9	6	5	6
	100	100	100	100	100

Erfahrungen von Jugendlichen mit ‹Fairneß› (VOLKAMER 1979). Von den befragten jugendlichen Vereinssportlern und Schülern bejahten folgende Aussagen jeweils prozentual:

	Prozent
Vor wichtigen Spielen werden wir vom Trainer dazu angehalten, nicht allzu zimperlich zu sein.	77
Im Training üben wir nichterlaubte Tricks, und zwar so, daß sie der Schiedsrichter im Spiel nicht bemerken kann.	28
Vom Sportlehrer wurde ich noch nie zur Fairneß angehalten.	75
Für faires Spiel wurde ich noch nie gelobt.	32
Für siegreiche Spiele wurde ich vom Sportlehrer gelobt.	58

Vergleich des Ausmaßes der Legitimierung aggressiver Handlungen (LaH) und der Häufigkeit des tatsächlichen Ausführens dieser Handlungen während eines Fußballspieles (HaH). Angaben getrennt nach A-, B-, C-Jugendlichen und Fußballspielerinnen (Frogner/Pilz 1982):

Handlungen	LaH/ HaH	A-Jugend (N = 108) %	B-Jugend (N = 56) %	C-Jugend (N = 88) %	Mädchen (N = 45) %
Den Gegner mit den Händen wegdrücken	LaH*	61,0	36,8	31,0	16,7
	HaH**	69,5	50,9	42,2	38,9
Den Gegner mit dem Ellbogen stoßen	LaH*	67,7	54,4	32,2	11,1
	HaH**	51,8	43.9	22,2	16,7
Dem Gegner ein Bein stellen	LaH*	38,0	26,3	20,0	2,8
	HaH**	23,1	15,8	16,6	11,1
Den Gegner mit der Faust schlagen	LaH*	3,7	–,–	2,2	2,8
	HaH**	2,8	1,8	2,2	2,8

* Die Prozentzahlen besagen, daß soviel Prozent der befragten Fußballspieler/-spielerinnen diese Handlungen akzeptieren, zumindest nicht ablehnen.

** Die Prozentzahlen besagen, daß soviel Prozent der befragten Fußballspieler/-spielerinnen diese Handlungen während eines Punktspieles gelegentlich bis häufig tatsächlich auch begehen.

Arbeitsblatt 2

Trieb- und Instinkttheorie

«Aber ich will noch auf eins zu sprechen kommen, Herr Friedrichs, ich glaube, solche Wettkämpfe, wo große Teile der Völker sich identifizieren mit der Mannschaft, die haben insofern für die Nation auch etwas Positives, als sich hier Aggressionen abreagieren können im Beifall, im Gebrüll, im Getue, im Gepfeife, die in früheren Phasen der Geschichte in sehr viel ernsthafterer und gefährlicherer Form sich abreagierten. Insofern ist in einem besonderen Sinne doch was dran an der These von der völkerverbindenden Kraft des Sports, auch wenn es manchmal im ersten Augenblick nicht so aussieht ...» (Bundeskanzler Helmut Schmidt anläßlich eines Interviews am 6. 7. 1974 innerhalb des ‹Aktuellen Sportstudios›; vgl. Pilz / Moesch 1975, 181).

Im Rahmen der wissenschaftlichen Erklärungen von Aggressionen erfreut sich die sogenannte Trieb- bzw. Instinkttheorie besonderer Beliebtheit. Auf sie greifen auch gern Politiker zurück.
Die Triebtheorie des Verhaltensforschers Konrad Lorenz soll im folgenden als Beispiel herangezogen werden, um einige Annahmen und Voraussetzungen dieser Theorie zu hinterfragen. Dabei gibt es innerhalb der triebtheoretischen Erklärungsansätze aggressiven Verhaltens sehr unterschiedliche Erklärungsmuster, wobei Lorenz sich von anderen Vertretern (z. B. Freud) dadurch unterscheidet, daß er ein sehr ‹einfaches› und statisches Triebmodell vertritt.
Für Lorenz handelt es sich bei Aggressionen um einen dem Menschen angeborenen Trieb. Sie sind demnach keine Reaktionen auf z. B. erlittenes Unrecht, sondern das Kennzeichnende des Triebs ist, daß er über eine eigene Erregungsproduktion verfügt. Der Trieb speist sich also unabhängig von historischen und sozio-ökonomischen Bedingungen ständig selbst. Daraus ergeben sich weitreichende Konsequenzen. Das Dampfkesselschema verdeutlicht vereinfacht das Lorenzsche Triebmodell (vgl. Abbildung Seite 150).
Der Dampf ist nur durch Aggressionshandlungen abzulassen, da die Heizplatte (Trieb) nicht abzustellen ist. Wann die Aggressionshandlungen erfolgen, wird durch einen *angeborenen Auslösemechanismus* bestimmt (Ventil). Der Aufbau dieses Auslösemechanismus ist sehr komplex. So können Frustrationen die Aggressionshandlungen auslösen, es können aber auch völlig beliebige Reize als Auslösemechanismen dienen. Die Stärke des Ventils ist durch die Summe der Hemmungen bestimmt. So kann es im Kessel zu längeren Stauungszeiten kommen, wenn ein starkes Ventil (starke Hemmungen) vorhanden sind. Solch ein Stau führt dann zu entsprechend heftigen Aggressionsentladungen. Bei schwächeren Hemmungen kommt es zu häufigeren Aggressionshandlungen mit geringer Stärke.
Wichtig erscheint, daß für Lorenz der Sinn von Aggressionen in ihrer *art-*

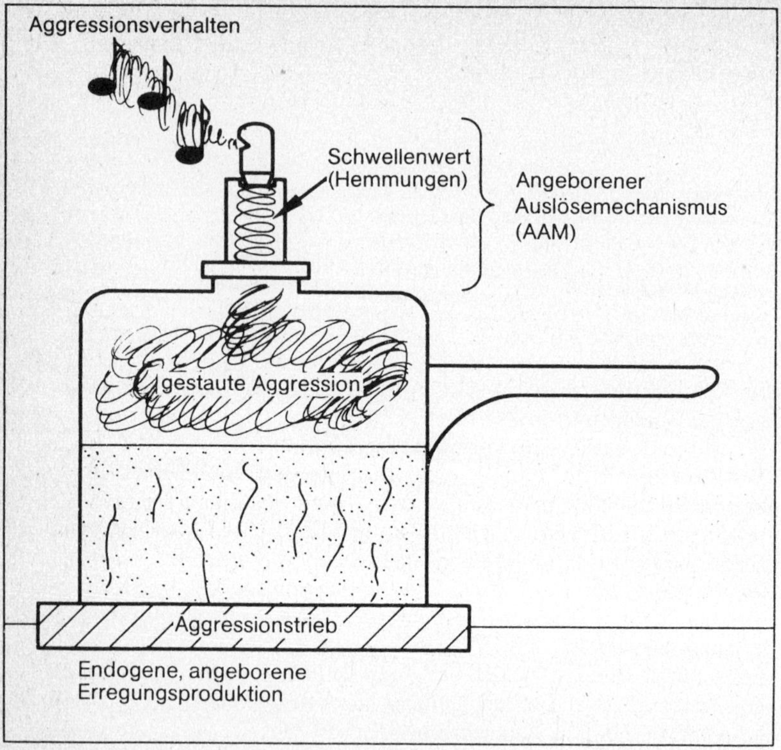

Abbildung: Dampfkesselschema (vereinfachtes Schema des psychohydraulischen Modells von LORENZ (PILZ/MOESCH 1975, 28)

erhaltenden Funktion besteht. Drei arterhaltende Leistungen soll der Aggressionstrieb im wesentlichen vollbringen:

- Abgrenzung des Lebensraums (Territorialverteidigung)
- Auslese der Stärksten und Gesündesten (sexuelle Rivalität)
- Ausbildung einer Rangordnung (Rangordnungsstreben)

Ein Problem der heutigen Gesellschaft sieht LORENZ darin, daß eine, die Aggressionshandlung dämpfende Maßnahme, die Tötungshemmung, aufgrund der technischen Entwicklung nicht mehr funktioniert. Müßte jeder

Soldat seinen Gegner mit Fingernägeln und Zähnen angreifen, so würde es Kriege in dem uns bekannten Ausmaß nicht geben. Nach LORENZ (1974) kann es also nicht darum gehen, Aggressionen auszumerzen (das Ventil einfach zu verschließen), sondern es muß eine bewußte Umorientierung auf Ersatzobjekte erfolgen. Hierfür bietet sich besonders der Sport an.
Die *gesellschaftlichen* Konsequenzen dieser Aggressionstheorie verdeutlicht ein Zitat des LORENZ-Schülers EIBL-EIBESFELDT: «Sowohl durch unsere Bereitschaft zur Unterordnung als auch durch unser Rangstreben sind wir für ein Leben in einer nach Rängen geordneten Gesellschaft programmiert.» Als *pädagogische* Konsequenz ergibt sich für EIBL-EIBESFELDT (1970, 100): «Es ist ... eine Erziehungssünde, wenn man den Menschen nicht auf Aggressionen vorbereitet, mit der er sich später auseinandersetzen muß. Jede Verharmlosung der Aggression unter Hinweis auf ihre angebliche Gelerntheit ist angesichts der vorhandenen Evidenz im höchsten Maße unverantwortlich.»
Die These, daß sich der Sport besonders zur Aggressionsabfuhr eignet, ist nicht haltbar. Wissenschaftliche Untersuchungen belegen dies. Schon ein Blick auf die jüngste Entwicklung in den Sportstadien zeigt, daß von einem Aggressionsabbau bei Sportlern wie Zuschauern nicht die Rede sein kann.

Arbeitsblatt 3

Frustrations-Aggressions-Hypothese

Die Frustrations-Aggressions-Hypothese wird ebenfalls häufig zur Erklärung aggressiven Verhaltens im Sport herangezogen. Dabei geht dieses Erklärungsmodell von DOLLARD und seinen Mitarbeitern von der Annahme aus, daß Versagungserlebnisse (Frustrationen) zu Aggressionen führen.

Unter *Frustration* wird eine Be- oder Verhinderung einer bereits bestehenden und auf ein Ziel gerichteten Aktivität verstanden, nicht jedoch das diesem Ereignis folgende Erlebnis oder Gefühl. *Aggression* wird definiert als Verhalten, das von einer Absicht zur Schädigung einer anderen Person oder eines Ersatzobjektes geleitet wird.

DOLLARD geht dabei von einem gesetzmäßigen Zusammenhang von Aggression und Frustration aus. Folgende zwei Grundannahmen bilden die Basis der Frustrations-Aggressions-Hypothese:

- Aggression ist immer eine Folge von vorangegangener Frustration.
- Aggression ist jedoch keine notwendige Folge einer Frustration, aber sie ist die wahrscheinlichste.

Diese Grundannahmen wurden durch weitere Thesen präzisiert. So ist die Stärke der Aggression abhängig von der Stärke der vorangegangenen Frustration. Des weiteren kann davon ausgegangen werden, daß die Aggressionsneigung aufgrund einer Anhäufung von Frustrationen während eines bestimmten Zeitraums zunimmt. So wird zum Beispiel während eines Fußballspiels eine kleine Störung des Gegenspielers nicht so ernst genommen. Wird aber einer der Gegenspieler des öfteren in seiner zielgerichteten Handlung durch Fouls unterbrochen, ‹platzt dem Spieler der Kragen›. Die Wahrscheinlichkeit steigt, daß der Spieler aggressiv handelt (vgl. die Aussagen der Spieler Kapellmann und Neues zu deren Platzverweisen in diesem Band, S. 51).
Die Frustrations-Aggressions-Hypothese diente Sportwissenschaftlern als Grundlage von Untersuchungen. So hat z. B. Volkamer (1971) versucht, Gesetzmäßigkeiten im Auftreten von aggressiven Handlungen im Fußballspiel herauszufinden. Er kam u. a. zu dem Ergebnis, daß die Verlierer häufiger aggressiv reagierten als die Sieger. Volkamer erklärt diesen Sachverhalt damit, daß die Frustration der Niederlage zu aggressiven Handlungen führe.
Unter Beibehaltung des empirischen Designs von Volkamer kam jedoch Albrecht am Beispiel des Handballspiels zu entgegengesetzten Ergebnissen (siehe Arbeitsblatt 1).
Die aufgeführten Untersuchungen belegen zugleich, wie schwierig es ist, durch Frustration hervorgerufene aggressive Strukturen des Sportspiels mit empirischen Mitteln aufzudecken. Hinzu kommt, daß die Frustrations-Aggressions-Hypothese nur die Frage, *wann* ein Individuum aggressiv handelt, beantwortet, nicht jedoch die Frage untersucht, *warum* es aggressiv handelt.
Ungeklärt bleiben auch die ‹instrumentellen Aggressionen›, also ganz bewußt geplante, gezielt eingesetzte aggressive Handlungen zur Durchsetzung eigener, übergeordneter Ziele.

Die Frustrations-Aggressions-Hypothese reicht somit als allgemeingültiger Ansatz zur Erklärung aggressiven Handelns im Sport nicht aus, sondern mit ihm können nur Teilmomente aggressiven Handelns erklärt werden.

Arbeitsblatt 4

Lerntheoretische Erklärungsmodelle aggressiven Handelns

Vertreter der Lerntheorie gehen davon aus, daß aggressives Verhalten (wie Verhalten generell) gelernt ist.

Lernen heißt dabei nicht Aneignen von Wissen, sondern bezieht auch Verhaltensänderungen ein, die aufgrund von Erfahrungen erfolgten, bzw. Prozesse, die die Auftretenswahrscheinlichkeit eines Verhaltens verändern. Aggression ist demnach ein soziales Verhalten, das aus den Bedingungen der Umwelt hervorgeht und verändert werden kann. Es entsteht aus der steten Aktivität der Menschen, deren Erfolgen und Mißerfolgen und aus den Gelegenheiten zur Imitation aggressiven Verhaltens.

Folgende Lernkonzepte stehen entsprechend im Vordergrund:

1. Bekräftigungslernen (Lernen am Erfolg, operantes Konditionieren)
2. Beobachtungslernen (Lernen am Modell, Imitationslernen)

Zum Bekräftigungslernen
Nach diesem Konzept hängt die Frage, ob ein Verhalten in Zukunft wieder ausgeführt wird, überwiegend von den positiven oder negativen Folgen für den Handelnden ab. Daraus lassen sich folgende zentralen Annahmen ableiten:
- Je mehr Erfolg ein Individuum mit aggressiven Handlungen hat, desto geneigter wird es sein, auch in Zukunft aggressiv zu handeln.
- Lernerfolge können auf andere Situationen übertragen werden, wenn diese gleiche Hinweise für aggressive Handlungen enthalten.
- Wird die aggressive Handlung und die damit verbundene Erfolgserwartung nicht kontinuierlich verstärkt (‹intermittierende Verstärkung›), so wird das Verhalten zwar langsamer aufgebaut, dafür aber gründlicher gelernt und weniger schnell verlernt.

Der Abbau aggressiven Verhaltens kann durch Bekräftigung nichtaggressiver Verhaltensformen geschehen. Mit dem neuen Verhalten ist aber gleichzeitig eine neue Erfolgserwartung verbunden. Bereits durch das Ausbleiben negativer Verstärkungen für aggressive Handlungen, etwa wenn der Schiedsrichter ein Foul nicht bestraft oder übersieht, kann eine Bekräftigung dieses Verhaltens eintreten (Selg 1978[5]; Pilz/Moesch 1975).

Zum Beobachtungslernen
Dieses Konzept geht davon aus, daß am Verhalten eines Modells gelernt wird, welche Verhaltensweisen zum Erfolg führen und zur Befriedigung eines Bedürfnisses führen. Das Beobachten eines Modells (z. B. gewalttätige Aktionen im Fernsehen oder Stadion) bewirkt, daß aggressive Verhaltensmuster und -formen nachgeahmt werden. Die Nachahmung des Mo-

dells hängt dabei u. a. von folgenden Faktoren ab: sozialer Status des Modells; Alter und Geschlecht in bezug zur Ähnlichkeit mit dem Beobachter; Folgen des Modellverhaltens; Wert, den das Modellverhalten für das Erreichen der eigenen Ziele besitzt; Kompetenz, die dem Modell zugebilligt wird; persönliche Beziehung zum Modell (PILZ/MOESCH 1975; PILZ/TREBELS 1976; SELG 1978[5]).
Die Lerntheorie berücksichtigt also Faktoren, die an der Entstehung aggressiver Verhaltensweisen beteiligt sind. Sie beschränkt sich jedoch auf isolierte soziale Umweltbedingungen. Sie blendet vor allem entwicklungssoziologische, polit-ökonomische, aber auch biologisch-physiologische Fragestellungen weitgehend aus. Dennoch läßt sich aus der Lerntheorie folgern, daß Sport nicht die kathartische Wirkung besitzt, die ihm allgemein zugeschrieben wird. Weder der aktiv Handelnde noch der passiv Zuschauende baut Aggressionen ab, im Gegenteil.

Arbeitsblatt 5

Das multikausale Modell

Die monokausalen Erklärungsansätze (vgl. Arbeitsblätter 2 bis 4) haben, wenn überhaupt, einen nur begrenzten Erklärungswert. Sie verleiten dazu, in unzulänglicher Weise Ergebnisse verallgemeinernd auf das gesamte Problem aggressiven, gewalttätigen Verhaltens zu übertragen. Dem will das multikausale Modell (vgl. ausführlich PILZ/TREBELS 1976; PILZ 1982) entgegenwirken, wobei es vorrangig als Orientierungsraster dient, in das man vorliegende Untersuchungen einordnen kann.

Genetische Verhaltensmöglichkeiten
Genetische Einflußgrößen basieren, folgt man der Mehrzahl der vorliegenden Arbeiten hierzu, nahezu ausnahmslos auf triebtheoretischen Aggressionshypothesen, die wissenschaftlich als überholt gelten müssen (vgl. Arbeitsblatt 2). Häufig werden also Legitimationsprobleme auf umstrittene biologische Argumentationsketten verkürzt. Genetisch festgelegt und damit biologisch determiniert sind lediglich Dispositionen zu aggressivem Handeln, die ihrerseits durch weitere Einflußgrößen bestimmt werden.

Sozialisation
Aus der Sozialisationsforschung wissen wir, daß Kinder aus unteren Sozialschichten und aus nicht intakten Familien häufiger Kampfsportarten betreiben als andere. Sozialisationserfahrungen nehmen also mit großer Wahrscheinlichkeit Einfluß auf Art und Weise aggressiven Verhaltens im Sport und auf die Rekrutierung für mehr oder minder aggressive Sportarten (vgl. Arbeitsblatt 1).

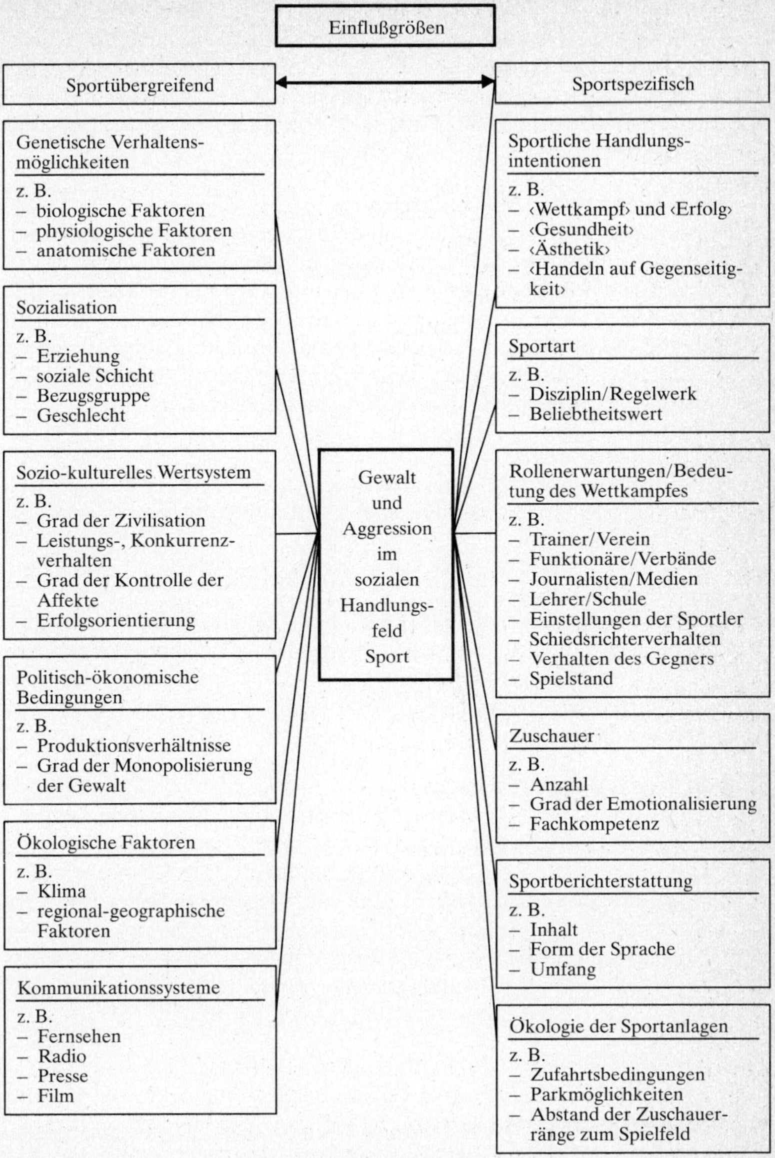

Einflußgrößen von Gewalt und Aggression im sozialen Handlungsfeld Sport (PILZ 1982, 88).

Sozio-kulturelles Wertsystem

Das in verschiedenen Sportarten gezeigte Verhalten ist nicht nur schicht- und gesellschaftsspezifisch, sondern auch kulturspezifisch unterschiedlich. Werte und Normen der jeweiligen Kultur finden sich in sogenannten Nationalsportarten wieder (vgl. ZURCHER/MEADOW 1975; EICHBERG 1978; Arbeitsblätter 6 bis 8).

Politisch-ökonomische Bedingungen

Diese stehen in enger Verbindung mit dem sozio-kulturellen Wertsystem. Die hierzu vorhandenen Arbeiten beruhen hauptsächlich auf Hypothesen. Interessant erscheint hier eine Arbeit von ALLARDT (1976), die hypothetisch Zusammenhänge zwischen dem Ausmaß der Arbeitsteilung, den politischen und ökonomischen Zwängen einer Gesellschaft einerseits und der Häufigkeit des Ausübens, der Dominanz aggressiver Sportarten, von Sportarten, die physische Kraft erfordern, andererseits herstellt.

Ökologische Faktoren

Hierzu liegen keine sportspezifischen Daten vor; wohl aber gibt es Hinweise auf Zusammenhänge von äußeren Temperaturen und aggressivem Verhalten (PILZ 1982, 94).

Kommunikationssysteme

Die Bedeutung der Medien in bezug auf das Verhalten von Individuen dürfte allgemein bekannt sein. Spezielle Untersuchungen diskutieren den Einfluß der Medien auf aggressives Verhalten im Sport, insbesondere im Kontext der Sportberichterstattung (vgl. hierzu die Beiträge von BLÖDORN und VOLKAMER in diesem Band).

Sportliche Handlungintentionen

Die Aggressionsforschung im Sport konzentriert sich bisher vorrangig auf den Wettkampfsport. Schausport und professionell betriebener Sport waren der bevorzugte Bezugspunkt. Andere Sinnrichtungen sportlichen Handelns wie Gesundheit, Ästhetik, Handeln auf Gegenseitigkeit wurden bislang kaum untersucht. Aufgrund der Dominanz der wettkampfsportlichen Handlungsmuster ist ihr Einfluß auf andere Sportbereiche und damit das Eindringen gewalttätiger Handlungsmuster in andere Sportbereiche zu erwarten (vgl. auch den Beitrag von KÄHLER in diesem Band).

Sportart

Bei den Sportarten werden drei verschiedene Grade erlaubter Gewalthandlung unterschieden:
- offen aggressive Sportarten (z. B. Boxen, Rugby, Eishockey),
- gehemmt aggressive Sportarten (z. B. Volleyball, Basketball),
- indirekt aggressive Sportarten (z. B. Turnen, Leichtathletik).

Die Einteilungen erfolgen dabei anhand von Spielidee und Regelwerk. Diese bestimmen dabei weniger das Ausmaß als vielmehr die Form gewalttätigen sportartspezifischen Handelns.

Rollenerwartungen
Die Rollenerwartungen des Trainers tragen maßgeblich zu der Bereitschaft bei, aggressiv zu handeln. Außerdem besteht ein direkter Zusammenhang zwischen der Höhe der Spielklasse und vermehrtem aggressiven Handeln. Selbst bei Schülern ist bei verstärkter Leistungsorientierung und -bewertung eine verstärkte Bereitschaft zu aggressiven Handlungen festzustellen (vgl. Arbeitsblatt 1 und den Beitrag von KÄHLER in diesem Band).

Bedeutung des Wettkampfs
Aggressives Verhalten ist abhängig von der Bedeutung des Wettkampfs (Freundschafts- oder Pokalspiel z. B.), aber auch vom Spielstand, Schiedsrichterverhalten, der Frage, ob Heim- oder Auswärtsspiel (Gastmannschaften haben häufiger Verletzte, Schiedsrichter ahnden Regelverstöße der Heimmannschaften weniger streng).

Zuschauer
Das Zuschauerverhalten hängt eng mit der Ökologie der Sportanlagen zusammen. Verstopfte Zufahrtsstraßen, besetzte Parkplätze, geringer Abstand vom Spielfeld steigern aggressives Verhalten. Wichtig erscheint dabei, daß Zuschauer die Spieler wie auch Spieler die Zuschauer durch ihre Handlungen bezüglich der Aggressionsneigung beeinflussen (Fouls/Pfiffe) (vgl. die Beiträge von SCHULZ/WEBER und BECKER in diesem Band).

Sportberichterstattung
Die kriegerische Sprache der Sportberichterstattung hat direkt aggressive Wirkung, schafft Feindgruppendenken auch außerhalb des Sports und gibt Zuschauern Entschuldigungsmöglichkeiten für eigenes Fehlverhalten. Sie ist für viele Menschen Ursache übertriebenen lokalen oder nationalen Denkens (vgl. VOLKAMER und BLÖDORN in diesem Band).

Arbeitsblatt 6

Dämpfung der Gewalt

In seinem Hauptwerk «Über den Prozeß der Zivilisation» verfolgt ELIAS (1978[5]) Veränderungen im Zivilisationsprozeß vom Mittelalter bis zur Neuzeit. Dieser über Jahrhunderte andauernde Zivilisationsprozeß ist ein Prozeß der Disziplinierung im Sinne von zunehmender Beherrschung von Gefühlsimpulsen, Vorrücken der Scham- und Peinlichkeitsschwellen, Dämpfung lustbetonter Gewalt. Es entwickelte sich allmählich ein soziales Gewissen, bedingt durch die Wandlungen der menschlichen Beziehungen und Abhängigkeiten. Mit der Verdrängung der Naturalwirtschaft durch die Kapitalwirtschaft wird schließlich kalkulierbares, rationales und weitsichtiges Handeln immer wichtiger (vgl. VON KROCKOW 1980, 42f). Für die mittelalterliche Gesellschaft sind eine ungebundene offene Emotionalität und Affektentladung kennzeichnend. Heute hingegen finden Affekte, Emotionen und physische Gewalt in verfeinerter und gedämpfterer Form ihren Ausdruck. Diese allgemeine Entwicklung läßt sich auch im gesellschaftlichen Teilbereich sportlichen Handelns nachzeichnen. Kampf und Angriffslust haben im sportlichen Wettkampf nach genau festgelegten Regeln ihren gesellschaftlich legitimierten Platz.

In einzelnen Sportarten ist dabei das Maß an körperlicher Gewaltanwendung sehr unterschiedlich. Im Boxsport, Eishockey und American Football etwa ist ein hohes Maß an Gewalt durchaus regelgerecht. Affekte können dort in einem genau festgelegten Spielraum ausgelebt werden. Erweckt schon diese Gewaltanwendung bei manchem Ekel und Unlust, so ist doch der heutige Sport, gemessen «an den Augenfreuden früherer Phasen, eine überaus gemäßigte Inkarnation der verwandelten Angriffs- und Grausamkeitsneigungen» (ELIAS 1978[5], 281). Zu Recht macht ELIAS darauf aufmerksam, daß der Sport heute sehr viel gewaltarmer und ungefährlicher ist als die Wettkämpfe der Antike. Die olympischen Wettkämpfe der Antike waren sehr viel ‹brutaler›, ‹wilder› und ‹gefährlicher›. Nicht selten wurde ein Athlet bei den Kämpfen lebensgefährlich verletzt oder kam zu Tode. So heißt es in einem Bericht vom olympischen Pankration:

> «Der ungenannte Gegner ‹packte Arrachion, hielt ihn mit einer Beinschere fest und würgte ihn mit den Händen, während Arrachion ihm die Zehen brach. Arrachion starb an dem Würgegriff, und zugleich gab der andere vor Schmerz in seinem gebrochenen Zeh den Kampf auf. Die Eleer bekränzten den toten Arrachion und erklärten ihn zum Sieger›» (FINLEY/PLEKET 1976, 90).

Der hohe Grad an Gewalt in den Spielen der Antike war, so ELIAS, ein Symptom für den Stellenwert, den Gewalt in der griechischen Gesellschaft der Antike generell hatte.

Der Zivilisationsprozeß mit Trends der Dämpfung und Tabuierung von Gewalt ist von Gesellschaft zu Gesellschaft und Schicht zu Schicht unterschiedlich weit entwickelt. Das hohe Maß an Gewalt im American Football und ihre gesellschaftliche Akzeptierung z. B. ist nur zu erklären aus dem im Vergleich zu europäischen Gesellschaften höheren Stellenwert körperlicher Gewaltanwendung in der heutigen amerikanischen Gesellschaft.

Hauptsächlich von jenen vorangetrieben, die Macht und Einfluß haben, insbesondere den oberen Gesellschaftsschichten, ist auch der Zivilisationsprozeß in den verschiedenen Schichten unterschiedlich weit vorangeschritten. Mitglieder jener Sportarten, in denen Körperkontakt und Gewalt verboten ist, rekrutieren sich hauptsächlich aus den höheren Schichten, während rohe, gewalttätige Sportarten eher von unteren Schichten bevorzugt werden. Dies ist nicht verwunderlich, da hier physische Gewaltanwendung zur Regelung von Konflikten, z. B. in der Erziehung, noch als legitimes Mittel gilt (vgl. Boltanski 1976; Pilz 1980).

Arbeitsblatt 7

Brutalisierung im Sport

In zahlreichen Untersuchungen wurde das Phänomen der Brutalisierung und der bewußten Regelüberschreitung im Sport festgestellt (vgl. Pilz in diesem Band und Arbeitsblatt 1). Die Ergebnisse zeigen: Regelwidriges Verhalten ist im Sport schon fast unabdingbare Voraussetzung für sportliche Erfolge. Tricks, raffinierte Fouls, Täuschung des Schiedsrichters, physische und psychische Manipulation sind Verhaltensstandards im modernen Spitzensport. Postulierte Werte wie Ritterlichkeit, Fairneß, Hilfsbereitschaft sind, bezogen auf den Sport moderner Prägung, leider keine Verhaltensmaximen. Die Ursachen für die Brutalisierung liegen in der Zunahme von Leistungsdruck, Konkurrenzkampf und Erfolgszwang, bedingt auch durch die Benutzung des Sports für außersportliche Zwecke (Politik, Wirtschaft).
Die ständig anwachsenden Anforderungen im Leistungssport haben dazu geführt, daß der Fairneßgedanke durch eine ‹technokratische Moral› (Heinilä 1974), die sich ausschließlich am Erfolg orientiert, verdrängt wurde. War der Sport einst zweckfreies, spielerisches Tun, bei dem weitgehend Selbstzwänge dominierten, so ist er heute gekennzeichnet durch Fremdzwänge, orientiert an Leistung, Erfolg und Ernsthaftigkeit, die bedingt sind durch die finanzielle und politische Abhängigkeit der Sportler und Funktionäre. Sport ist für viele Sportler zum harten Beruf geworden, der weniger auf Könnenserfahrung, Selbstbestätigung und persönliche Leistung abzielt denn auf Erfolg um jeden Preis, auf absolute Leistung (vgl. Pilz 1980; 1982).

«Je stärker der Sport professionalisiert wird, je mehr der Sieg als das Ziel sportlichen Strebens gegenüber den Mitteln, mit denen er erreicht wird, betont wird, je wichtiger schließlich die wirtschaftlichen oder sonstigen Folgen eines Sieges sind, desto höher mag die Wahrscheinlichkeit sein, daß die Regeln des Sports zugunsten anderer Interessen verletzt werden ... Wo Sieg und Erfolg die höchsten Ziele sind, legitimiert auch der Zweck das illegitime Mittel» (Weis 1976, 312).

Arbeitsblatt 8

Expressive und instrumentelle Gewalt

Der Widerspruch zwischen der Aussage der Dämpfung der Gewalt (Arbeitsblatt 6) und der Brutalisierung des Sports (Arbeitsblatt 7) läßt sich auflösen, wenn man die Form der Gewalt näher betrachtet. Elias analysiert lediglich expressive Gewaltformen (im Sinne von ‹Angriffslust›).

Expressive Gewalt meint Gewalthandlungen, die lustvoll ausgeführt und erlebt werden, ohne Belastung des sozialen Gewissens erfolgen, da sie den gesellschaftlich tolerierten Gewaltstandards entsprechen (vgl. Pilz 1980, 1982).

Der moderne Sport ist jedoch durch eine Zunahme instrumenteller Gewalt gekennzeichnet, die Elias in seinen Arbeiten ausblendet.

Instrumentelle Gewalt meint weniger ein Ausagieren aggressiver Bedürfnisse als vielmehr ein genau kalkuliertes, geplantes und rational eingesetztes, das Regelwerk oder die gesellschaftlichen Gewaltstandards überschreitendes Handeln, das im Interesse übergeordneter Ziele (z. B. sportlichen Erfolgs) eingesetzt wird (vgl. Pilz 1980, 1982).

Im Laufe des Zivilisationsprozesses und mit der Entwicklung des modernen Sports in Richtung zunehmender Erfolgsorientierung, Kommerzialisierung und Politisierung zeichnet sich eine Zunahme instrumenteller Gewalt ab. Wir können eine Verschiebung der Balance zwischen expressiver und instrumenteller Gewalt in Richtung der instrumentellen Gewalt festmachen.
Dies gilt im übrigen auch für das Problem der Zuschauerausschreitungen und der dort zu verzeichnenden Wandlungen der Gewaltformen (vgl. Dunning 1981; Pilz 1982).

Anhang

Zitierte Literatur

ADORNO, T.: Prismen, München 1963.

ALBRECHT, D.: Zur sportartspezifischen Aggression im Wettkampfspiel. In: Sportwissenschaft 9 (1979) 1, 78–91.

ders.: Empirische Aggressionsforschung im Sport: Diagnose einer Diagnostik. In: G. A. Pilz u. a.: Sport und Gewalt – Berichte der Projektgruppe «Sport und Gewalt» des Bundesinstituts für Sportwissenschaft. Schorndorf 1982, 97–124.

ARAL AG (Hg.): Sportjournalistentaschenbuch 1981. Bochum 1980.

BEGERAU, R.: Aggressives Verhalten im Bundesliga-Fußball. In: Sportwissenschaft 11 (1981) 3, 318–329.

BIERE, U. et al.: Zur Einschätzung sportartspezifischer Aggression. Eine empirische Studie am Beispiel von Hallenhandballspielern und -spielerinnen. In: Sportunterricht 28 (1979) 1, 5–13.

BINNEWIES, H.: Sport und Sportberichterstattung. Ahrensburg 1975.

BLÖDORN, M.: Fußballprofis – Die Helden der Nation. Hamburg 1974.

ders.: «Marktlücken» beim Fernseh-Sport – gibt es die? In: HACKFORTH/WEISCHENBERG (Hg.): Sport und Massenmedien. Bad Homburg 1978.

ders.: Der Olympische Meineid – Idee und Wirklichkeit der Olympischen Spiele. Hamburg 1980.

BOLTANSKI, L.: Die soziale Verwendung des Körpers. In: KAMPER/RITTNER (Hg.): Zur Geschichte des Körpers. München 1976, 138–183.

BOURDIEU, P.: Zur Soziologie der symbolischen Formen. Frankfurt 1974.

ders.: Sport and social class. In: Social Science Information 17 (1978), 819–840.

ders.: Entwurf einer Theorie der Praxis, Frankfurt 1979.

ders. et al.: Titel und Stelle. Frankfurt 1981.

ders./PASSERON, J.-C.: Grundlagen einer Theorie der symbolischen Gewalt. Frankfurt 1973.

BRAKE, M.: Soziologie der jugendlichen Subkulturen. Frankfurt 1981.

EICHBERG, H.: Den einen Sport gibt es nicht – Das Beispiel West-Sumatra. In: TETSCH (Hg.): Sport und Kulturwandel. Stuttgart 1978, 5–12.

Elias, N.: Die Genese des Sports als soziologisches Problem. In: Hammerich/Heinemann (Hg.): Texte zur Soziologie des Sports. Schorndorf 1975, 81–109.
ders.: Über den Prozeß der Zivilisation. 5. Aufl. Frankfurt 1978.
ders.: Zur Grundlegung einer Theorie sozialer Prozesse. In: Zeitschrift für Soziologie 6 (1978), 127–149.
Faulkner, R. R.: Making Violence by Doing Work: Selves, Culture and the World of Professional Hockey. In: Sociology of Work and Occupations 3 (1974), 288–312.
Finley, M. J./Pleket, H. W.: Die Olympischen Spiele der Antike. Tübingen 1976.
Friebel, H.: Krieg der Fans oder Fußball ist mein Leben. In: betrifft Erziehung 7/8 (1980), 40–44.
Frogner, E./Pilz, G. A.: Untersuchung zur Einstellung von jugendlichen Fußballspielern und -spielerinnen zu Regeln und Normen im Sport. In: Pilz u. a.: Sport und Gewalt – Berichte der Projektgruppe «Sport und Gewalt» des Bundesinstituts für Sportwissenschaft. Schorndorf 1982, 191–244.
Fürntratt, E.: Angst und instrumentelle Aggression. Eine Analyse auf der Grundlage experimentalpsychologischer Forschungsbefunde. Weinheim/Basel 1974.
Gabler, H.: Aggressive Handlungen im Sport. Schorndorf 1976.
Gabler, H./Schulz, H. J./Weber, R.: Zuschaueraggressionen – Eine Feldstudie über Fußballfans. In: Pilz u. a.: Sport und Gewalt. Berichte der Projektgruppe «Sport und Gewalt» des Bundesinstituts für Sportwissenschaft. Schorndorf 1982, 23–59.
Galtung, J.: Strukturelle Gewalt. Beiträge zur Friedens- und Konfliktforschung. 1. Aufl. Reinbek bei Hamburg 1975.
Garfinkel, H.: Conditions of Successful Degradation Ceremonies. In: American Journal of Sociology 61 (1956), 420–424.
Goffman, E.: Stigma. Über Techniken der Bewältigung beschädigter Identität. 9. Aufl. Frankfurt 1974.
Habermas, J.: Thesen zur Theorie der Sozialisation. Stichworte und Literatur zur Vorlesung im Sommer-Semester 1968.
Clarke, J., et al. (Hg.): Jugendkultur als Widerstand. Frankfurt 1981.
Critcher, C.: Der Fußballfan. In: Ästhetik und Kommunikation 7 (1976), 39–47.
Dietrich, K./Landau, G.: Soziales Lernen und Lehren. In: Zeitschrift für Sportpädagogik 1 (1979), 8–15.
Digel, H.: Strukturelle Merkmale des Sports. In: Grupe, O. (Hg.): Sport-Theorie in der gymnasialen Oberstufe. Schorndorf 1978.
ders.: Sport verstehen und gestalten. Reinbek 1982 (Schulsport Praxis).
Dröge, F.: Wissensvermittlung in der bürgerlichen Gesellschaft. In: Aufermann/Bohrmann/Sülzer (Hg.): Gesellschaftliche Kommunikation und Information – Forschungsrichtungen und Problemstellungen. Band 1. Frankfurt 1973.
Duell, H./Klein, G./Sichelschmidt, P.: Zum Problem des Foulspiels im Handball. In: Lehre & Praxis des Handballspiels 2 (1980) 1, 11–18.
Dunning, E.: Volksfußball und Fußballsport. In: W. Hopf (Hg.): Fußball-Soziologie und Sozialgeschichte einer populären Sportart. Bensheim 1979, 12–18.
ders.: Sport und Gewalt in sozialhistorischer Perspektive. In: T. Kutsch/G. Wiswede (Hg.): Sport und Gesellschaft: Die Kehrseite der Medaille. Königstein 1981, 135–152.
ders.: Soziale Bindung und Gewalt im Sport: eine theoretisch-empirische Analyse. In: Gleichmann/Goudsblom/Korte (Hg.): Materialien zu Norberg Elias' Zivilisationstheorie. Bd. II. Staatenbildung und Affekthaushalt. Frankfurt (im Druck).

Eberspächer, H.: Psychoregulatives Training. In: Gabler u. a. (Hg.): Praxis der Psychologie im Leistungssport. Berlin 1979, 255–298.

Eibel-Eibesfeldt I.: Liebe und Haß. München 1970.

Eilers, J.: Sport in 12 Cicero – Gesetze der Boulevard-Presse. In: Hackforth/Weischenberg (Hg.): Sport und Massenmedien. Bad Homburg 1978.

Hacker, F.: Aggression – Die Brutalisierung der modernen Welt. Wien 1971.

ders.: Materialien zum Thema Aggression – Gespräche mit Adelbert Reif und Bettina Schattat. Reinbek bei Hamburg 1974.

Harris, D. V.: Involvement in Sport: A somatopsychic Rationale for Physical Activity. Philadelphia 1973.

Heinilä, K.: Ethics of Sports. University of Jyväskylä Research Reports 4, 1974.

Herrmann, H. U.: Die Fußballfans, Schorndorf 1977.

Hopf, W.: (Hg.): Fußball. Bensheim 1979.

Howald, H.: Sportmedizin und Spitzensport. In: Jugend und Sport 34 (1977) 7, 243 f

Ingham, R., et al. (Hg.): Football Hooliganism. London 1978.

Jost, E.: Kategorien für die Strukturanalyse des Sportspiels. In: Dietrich/Landau (Hg.): Beiträge zur Didaktik der Sportspiele Teil II. Schorndorf 1977, 65–82.

ders.: Zur Didaktik des Sportunterrichts: Begründung und Anwendung zentraler Kategorien. In: Zeitschrift für Sportpädagogik 3 (1978), 290–313.

Kähler, R./Volkamer, M.: Einstellung von Schülern zu Regeln und Normen im Sport. In: Pilz u. a.: Sport und Gewalt. Schorndorf 1982, 163–190.

Kamper, D./Rittner, V. (Hg.): Zur Geschichte des Körpers. München 1976.

Kemper, F. G./Prenner, K.: Talentförderung und Elternverhalten als Sozialisationsfaktor. In: ADL (Hg.): Sozialisation und Sport. Schorndorf 1974, 323–327.

Kröner, S.: Sport und Geschlecht. Ahrensburg 1976.

Krysmanski, H. J.: Soziologie des Konflikts – Materialien u. Modelle. Reinbek 1971.

Lalayan, A.: Fragen zur Ausbildung der Trainer. In: Schilling/Pilz (Hg.): Sportpsychologie – wofür? Basel 1974, 114–117.

Landau, G.: Sozialisationsmechanismen im Sportunterricht. In: Ausschuß Deutscher Leibeserzieher (Hg.): Sozialisation im Sport. Schorndorf 1974, 161–169.

ders.: Grundsätzliche Überlegungen zum Regelbewußtsein im Sport- und Bewegungsspiel. In: Dietrich/Landau; a. a. O. Bd. II. Schorndorf 1977, 83–97.

Lindner, R.: Der Fußballfan, Frankfurt 1980.

Lindner, R./Breuer, H. T.: Sind doch nicht alles Beckenbauers. Frankfurt 1978.

Lorenz, K.: Das sogenannte Böse. Zur Naturgeschichte der Aggression. Wien 1963 und München 1974.

Mantell, D. M.: Familie und Aggression. Frankfurt 1972.

Marsh, P.: Life and carreers on the soccer terraces. In: Ingham, R. (Hg.): Football Hooliganism. London 1978, 61–81.

ders. et al.: The Rules of Disorder. London 1978.

McCarthy, J. F./Kelly, B. R.: Aggressive behavior and its effect on performance over time in ice hockey athletes: an archival study. In: International Journal of Sport Psychology 9 (1978) 2, 90–96.

Miller, W. B.: Die Kultur als ein Entstehungsmilieu für Bandendelinquenz. In: Sack/König (Hg.): Kriminalsoziologie. Frankfurt 1974, 339–359.

Mollenhauer, K.: Theorien zum Erziehungsprozeß. Zur Einführung in sozialwissenschaftliche Fragestellungen. 1. Aufl. München 1972.

Morris, D.: Das Spiel – Faszination und Ritual des Fußballs. München 1981.

Morris, L. D.: A socio-psychological study of highly skilled women field hockey players. In: International Journal of Sport Psychology 6 (1975) 3, 134–147.

Müller-Stephan, M. / Messing, M.: Sportlehrer und Sportunterricht im Wunschbild von Schülern – Ergebnisse einer Untersuchung. In: Ausschuß Deutscher Leibeserzieher (Hg.): Sozialisation im Sport. Schorndorf 1974, 340–342.

Naul, R. / Voigt, H.-F.: Aggressionsverhalten bei Volleyballspielern. In: Leibeserziehung 3 (1972), 83–87.

Nickel, H.: Beiträge zur Psychologie des Lehrerverhaltens. Psychologische Aspekte einer nichtautoritären Erziehung in der Schule. München/Basel 1974.

Peper, D.: Aggressive Motivation im Sport. Schorndorf 1981.

Piaget, J.: Das moralische Urteil beim Kinde. Frankfurt 1973.

Pilz, G. A.: Zuschauerausschreitungen im Fußballsport – Versuch einer Analyse. In: W. Hopf (Hg.): Fußball: Soziologie und Sozialgeschichte einer populären Sportart. Bensheim 1979, 171–190.

ders.: Entwicklungstrends expressiver und instrumenteller Gewalt im Sport. In: Sportunterricht 29 (1980), 12, 457–464.

ders.: Einstellungen zu sportartspezifischen aggressiven Handlungen. In: Kutsch/ Wiswede (Hg.): Sport und Gesellschaft – Die Kehrseite der Medaille. Königstein 1981, 153–180.

ders.: Wandlungen der Gewalt im Sport. Ahrensburg 1982.

Pilz, G. / Moesch, H.: Der Mensch und die Graugans – eine Kritik an Konrad Lorenz. Frankfurt 1975.

Pilz, G. A. / Trebels, A. H.: Aggression und Konflikt im Sport. Ahrensburg 1976.

Pramann, U.: Das bißchen Freiheit. Hamburg 1980.

Prenner, K.: Aggressivität und Gewalt im Sport. In: Die Leibeserziehung 21 (1972), 340–344.

Projektgruppe Jugendbüro und Hauptschülerarbeit: Die Lebenswelt von Hauptschülern. München 1977.

Rigauer, B.: Warenstrukturelle Bedingungen leistungssportlichen Handelns – Ein Beitrag zur sportsoziologischen Theoriebildung. Lollar 1978.

Rittner, V.: Sport, Bedürfnisstruktur und sozialer Wandel. In: Stadion II (1976), 2, 159–195.

ders.: Sport als Kulturexport. In: E. J. Tetsch (Red.): Sport und Kulturwandel. Stuttgart 1978, 34–41.

Rost, A.: Der Sport und die Medien oder Weltrekord als Ware. In: Natan (Hg.): Sport – kritisch. Bern 1972.

Rumpf, H.: Zweifel am Monopol des zweckrationalen Unterrichtskonzepts. In: ders.: Unterricht und Identität. Perspektiven für ein humanes Lernen. München 1976, 29–52.

Sack, F. / König, R. (Hg.): Kriminalsoziologie, Frankfurt 1974.

Searle, J.: Sprechakte – Ein sprachphilosophischer Essay. Frankfurt 1971.

Selg, H.: Die Frustrations-Aggressions-Theorie. In: ders. (Hg.): Zur Aggression verdammt? Psychologische Ansätze einer Friedensforschung. 1. Aufl. Stuttgart u. a. 1971, 11–35.

ders. (Hg.): Zur Aggression verdammt? 5. Aufl. Stuttgart 1978.

Seybold, A.: Zur Problematik sportlicher Wettkämpfe in der Schule. In: Zeitschrift für Sportpädagogik 2 (1977), 209–219.

Schlagenhauf, K.: Sportvereine in der Bundesrepublik Deutschland. Teil I: Strukturelemente und Verhaltensdeterminanten im organisierten Freizeitbereich. Schorndorf 1977

Schleske, W.: Abenteuer – Wagnis – Risiko im Sport. Struktur und Bedeutung. Schorndorf 1977.

SCHLÖMERKEMPER, J.: Schüler und Schulreform. Entfremdung und Emanzipation. In: betrifft erziehung 3 (1976), 51–60.

SCHMIDT, H. D.: Sport und Vorurteile, insbesondere nationalistische Einstellungen. In: BIERHOFF-ALFERMANN (Hg.): Soziale Einflüsse im Sport. Darmstadt 1976, 113–135.

SCHMIDT, W.: Aggression und Sport. Längsschnittuntersuchung sozialpsychologischer Determinanten beim Fußball in unterschiedlichen Belastungssituationen. Ahrensburg 1978.

SCHULZ, H. J./WEBER, R.: Bedingungen aggressiver Handlungen von Fußballzuschauern. In: Sportwissenschaft 3 (1979), 290–302.

SCHULZ, W.: Unterrichtsplanung. Mit Materialien aus Unterrichtsfächern. 3. erweiterte Aufl. München u. a. 1981.

SCHWARZENBACH, F.: Sicherheit beim Skifahren II. Vervielf. Manuskript für einen Lehrfilm über den Skiunfall. Chur 1974.

SIEGEL, A. E.: Auswirkungen von Gewaltdarstellungen in Massenmedien auf soziales Lernen. In: AUFERMANN/BOHRMANN/SÜLZER (Hg.): Gesellschaftliche Kommunikation und Information – Forschungsrichtungen und Problemstellungen. Band 2. Frankfurt 1973.

SINGER, R./HAASE, H.: Sport und Persönlichkeit. In: Sportwissenschaft 5 (1975) 1, 25–38.

SMITH, M. D.: Aggression and the Female Athlete. In: HARRIS (Hg.): Women and Sport: A National Research Conference. Peen State HPER Series No. 2. Philadelphia 1972, 91–114.

ders.: The legitimation of violence, hockey players' perception of their preference groups' sanction for assault. In: The Canadian Review of Sociology and Anthropology 12 (1975) 1, 72–80.

ders.: Social Learning of Violence in Minor Hockey. In: SMOLL/SMITH (Hg.): Psychological Perspectives in Youth Sports. Washington 1978, 91–106.

ders.: Social Determinants of Violence in Hockey: A Review. In: Canadian Journal of Applied Sport Sciences 4 (1979) 1, 76–82.

Sports Council/Social Science Research Council: Public Disorder and Sporting Events. London 1978.

STEINBUCH, K.: Ja zur Wirklichkeit. Stuttgart 1975.

SYKES, G. M./MATZA, D.: Techniken der Neutralisierung: Eine Theorie der Delinquenz. In: SACK/KÖNIG (Hg.): Kriminalsoziologie ..., 360–371.

TAUSCH, R./TAUSCH, A.-M.: Erziehungspsychologie. Psychologische Vorgänge in Erziehung und Unterricht. 3. Aufl. Göttingen 1968.

THIELICKE, H.: Sport und Humanität. Tübingen 1967.

ULRICH, H.-E.: Leistungssport – Zwischen Idealisierung und Professionalisierung. Köln 1977.

VAZ, E. W.: What Price Victory? In: International Review of Sport Sociology 3/4 (1974), 33–55.

VOGT, E.: Action statt Journalismus – In der USA verkümmern die Nachrichtensendungen. In: Vorwärts 1982, Nr. 9 (25. 2. 82).

VOIGT, D.: Soziale Schichtung im Sport. Berlin 1978.

VOIGT, H.-F.: Die Struktur von Sportdisziplinen als Indikator für Kommunikationsprobleme und Konflikte. In: PILZ u. a.: Sport und Gewalt, a. a. O., 125–162.

VOLKAMER, M.: Zur Aggressivität in konkurrenzorientierten sozialen Systemen. In: Sportwissenschaft 1 (1971) 1, 33–64.

ders.: Individuelles sportliches Handeln von 3- bis 6jährigen Kindern in einer Gemeinschaft. In: Osnabrücker Turnerbund (Hg.): Lehren und Lernen im Vorschulalter. Osnabrück 1979, 104–110.

von Krockow, C.: Sport, Gesellschaft, Politik. Eine Einführung. München 1980.

Weis, K.: Abweichung und Konformität in der Institution Sport. In: Lüschen/Weis (Hg.): Die Soziologie des Sports. Darmstadt/Neuwied 1976, 296–315.

ders.: Gewalt im Stadion – Zur gesellschaftlich bedingten Verrohung von Eishockeyspielern und Fußballfans. In: T. Kutsch/G. Wiswede (Hg.): Soziale Probleme im Sport. Kronberg/Ts. 1980.

Weischenberg, S.: Die Außenseiter der Redaktion. Bochum 1976.

Westermann, L.: Es kann nicht immer Lorbeer sein. Wien/München 1977.

Wickler, W./Seibt, U.: Das Prinzip Eigennutz – Ursachen und Konsequenzen sozialen Verhaltens. Hamburg 1977.

Willis, P.: Spaß am Widerstand, Frankfurt 1979.

Zimmermann, H.: Sport und Aggression. Band 3 der Materialien für den Sportunterricht in der Sekundarstufe II ‹Thema Sport›. Düsseldorf 1975.

Zinnecker, J.: Straßensozialisation. In: Zeitschrift für Pädagogik 25 (1979), 727–745.

ders.: Jugendliche Subkulturen. In: Zeitschrift für Pädagogik 27 (1981), 421–440.

Zoll, R./Hennig, E.: Massenmedien und Meinungsbildung. München 1970.

Zurcher, L. A./Meadow, A.: Über Stierkampf und Baseball. Ein Beispiel für Verflechtungen sozialer Institutionen. In: Hammerich/Heinemann (Hg.): Texte zur Soziologie des Sports. Schorndorf 1975, 110–130.

Ausgewählte Literatur zum Problembereich Sport und Gewalt

Die vorliegende Bibliographie ist eine gezielte Auswahl aus der inzwischen kaum mehr zu überblickenden Fülle von Publikationen zum Thema ‹Sport und Gewalt›. Dabei wurden nur deutschsprachige und möglichst leicht zugängliche Arbeiten berücksichtigt, die sich besonders für studentische Seminare und Theorieveranstaltungen im Rahmen des Leistungskurses der Sekundarstufe II eignen. Die Auswahl erfolgt schließlich in dem Bemühen, einen repräsentativen Querschnitt der aktuellen Problemfelder und des aktuellen Diskussionsstandes der sportspezifischen Aggressions- und Gewaltforschung sicherzustellen.

Aggressionstheorien / Begriffsproblematik

DENNERT, B./PILZ, G./TREBELS, A. H.: Zur Problematik der Aggressionsforschung – Theoretische Diskussion und Versuch einer Definition und Abgrenzung aggressiven Verhaltens am Beispiel des Sports. In: Sportunterricht, 25 (1976), 8, 252–262.

FRIEBEL, H.: Aggressivität und Gewalt – Arbeitsmaterialien und Diskussion zur konstruktiven Aggressionserziehung und kritischen Gewaltkontrolle. Wuppertal 1976.

GABLER, H.: Aggressive Handlungen im Sport. Schorndorf 1976 (bes. S. 9–61).

NOLTING, H.-P.: Lernfall Aggression – Wie sie entsteht, wie sie zu vermindern ist. Theorie und Empirie aggressiven Verhaltens und seiner Alternativen. Reinbek 1978 (bes. S. 16–88).

PILZ, G. A.: Wandlungen der Gewalt im Sport. Ahrensburg 1982 (bes. S. 7–36 und 66–79).

PILZ, G./MOESCH, H.: Der Mensch und die Graugans – eine Kritik an Konrad Lorenz. Frankfurt 1975 (bes. S. 21–68).

ULLMANN, D.: Aggression und Schule. München 1974 (bes. S. 9–32).

Sport und Gewalt in sozialhistorischer / soziokultureller Perspektive

ALLARDT, E.: Vergleichende Sozialforschung und die Analyse des Sports. In: LÜSCHEN/WEIS (Hg.): Die Soziologie des Sports. Darmstadt 1976, S. 72–86.

DUNNING, E.: Sport und Gewalt in sozialhistorischer Perspektive. In: KUTSCH/WISWEDE (Hg.): Sport und Gesellschaft – Die Kehrseite der Medaille. Königstein 1981, 135–152

EICHBERG, H.: Spielverhalten und Relationsgesellschaft in West-Sumatra. Probleme des interkulturellen Vergleichs und Transfers von Leibesübungen in Südostasien. In: Stadion 1 (1975), 1–48.

ELIAS, N.: Die Genese des Sports als soziologisches Problem. In: HAMMERICH/HEINEMANN (Hg.): Texte zur Soziologie des Sports. Schorndorf 1975, 81–109.
ELIAS, N./DUNNING, E.: Sport im Zivilisationsprozeß. Münster 1982.
PILZ, G. A.: Wandlungen der Gewalt im Sport. Ahrensburg 1982 (bes. S. 80–86 und 107–117).
PILZ, G./MOESCH, H.: Der Mensch und die Graugans – eine Kritik an Konrad Lorenz. Frankfurt 1975 (bes. S. 203–209).
ZURCHER, L. A./MEADOW, A.: Über Stierkampf und Baseball: Ein Beispiel der Verflechtungen sozialer Institutionen. In: HAMMERICH/HEINEMANN (Hg.): Texte zur Soziologie des Sports. Schorndorf 1975, 110–130.

Sportartspezifische Gewalt

ALBRECHT, D.: Zur sportartspezifischen Aggression im Wettkampfspiel. In: Sportwissenschaft 9 (1979) 1, 78–91.
BEGERAU, R.: Aggressives Verhalten im Bundesliga-Fußball. In: Sportwissenschaft, 11 (1981) 3, 318–329.
BIERE, U. et al.: Zur Einschätzung sportartspezifischer Aggression – eine empirische Untersuchung am Beispiel von Hallenhandballspielern und -spielerinnen. In: Sportunterricht, 28 (1979) 1, 5–13.
DUELL, H./KLEIN, G./SICHELSCHMIDT, P.: Zum Problem des Foulspiels im Handball. In: Lehre und Praxis des Handballspiels 2 (1980) 1, 11–18.
FROGNER, E./PILZ, G. A.: Untersuchung zur Einstellung von jugendlichen Fußballspielern und -spielerinnen zu Regeln und Normen im Sport. In: PILZ et al.: Sport und Gewalt – Berichte der Projektgruppe «Sport und Gewalt» des Bundesinstituts für Sportwissenschaft. Schorndorf 1982, 191–244.
GABLER, H.: Aggressive Handlungen im Sport. Schorndorf 1976 (bes. S. 54–61 und 80–124).
KÄHLER, R./VOLKAMER, M.: Einstellung von Schülern zu Regeln und Normen im Sport. In: PILZ et al.: Sport und Gewalt. Schorndorf 1982, 163–190.
MÜLLER, H. J.: Foulspiel im Handball – Versuch einer Bestandsaufnahme als Ansatz zur Problemlösung. In: Lehre & Praxis des Handballspiels 1 (1979) 2, 15–19.
PILZ, G. A.: Entwicklungstrends expressiver und instrumenteller Gewalt im Sport. In: Sportunterricht 29 (1980) 12, 457–464.
ders.: Einstellungen zu sportartspezifischen aggressiven Handlungen. In: KUTSCH/WISWEDE (Hg.): Sport und Gesellschaft. Königstein 1981, 153–180.
SCHMIDT, J.: Verflucht sei, was hart macht, oder ‹auch Jugendliche spielen schon Fußball brutal›. In: Olympische Jugend (1981) 8–9.
SPÄTE, D./WILKE, G.: Zu Rolle und Bedeutung des Foulspiels im Olympischen Handball-Endspiel 1980. In: Lehre und Praxis des Handballspiels 2 (1980) 5, 3–9.
dies.: Regelgerechtes Abwehrverhalten – die neue Maxime für erfolgreiches Spiel. In: Lehre und Praxis des Handballspiels 3 (1981) 4, 28–35.
VOLKAMER, M.: Zur Aggressivität in konkurrenzorientierten sozialen Systemen. In: Sportwissenschaft 1 (1971) 1, 33–64.
VOIGT, H.-F.: Die Struktur von Sportdisziplinen als Indikator für Kommunikationsprobleme und Konflikte. In: PILZ et al.: Sport und Gewalt. Schorndorf 1982, 125–162.

Gewalt im Frauensport / geschlechtsspezifische Gewalt

BERENDONK, B.: Brutalisierung im Frauensport. In: JUNG / PILZ / JESSEN (Hg.): Brutalisierung im Sport. Willingen 1978, 96–114.

BIERE, U. et al.: Zur Einschätzung sportartspezifischer Aggression. Eine empirische Studie am Beispiel von Hallenhandballspielern und -spielerinnen. In: Sportunterricht 28 (1979) 1, 5–13.

HARRIS, D. V.: Die Persönlichkeit ‹im Sport› und die allgemeine Persönlichkeit von Sportlerinnen. In: GRUPE (Hg.): Sport in unserer Welt – Chancen und Probleme. Berlin 1973, 411–413.

KRÖNER, S.: Sport und Geschlecht. Ahrensburg 1976 (bes. S. 120–132).

PILZ, G. A.: Wandlungen der Gewalt im Sport. Ahrensburg 1982 (bes. S. 36–46, 118–266 und 273–317).

ders.: Wandlungen des Kampf- und Angriffsverhalten im Sport. Eine entwicklungssoziologische Studie am Beispiel des Frauensports. In: GLEICHMANN / GOUDSBLOM / KORTE (Hg.): Materialien zu Norbert Elias' Zivilisationstheorie. Band II. Frankfurt 1982.

PILZ, G. A. / SILBERSTEIN, W. / ZIPPRICH, C.: Sozialisation und Einstellungen von Sportstudierenden. In: Sportunterricht 30 (1981) 6, 209–218.

Aggression und Gewalt von Zuschauern

BÖHNISCH, L. / CREAMER, K. P. / DICKENBERGER, M. (Red.): Fans und Feindbilder – Jugendliche in der Fußballkultur. In: betrifft erziehung 13 (1980) 7/8, 36–51; darin u. a. die Beiträge von: FRIEBEL, H.: Krieg der Fans oder Fußball ist mein Leben?, 40–44, und RÜCKERT, H. / WAGENER, S. / WEINZIERL, K.: ‹Fußballfans› in der Schule, 40–47.

FRIEBEL, H. et al.: Selbstorganisierte Jugendgruppen zwischen Partykultur und politischer Partizipation. Opladen 1979.

GABLER, H. / SCHULZ, H.-J. / WEBER, R.: Zuschaueraggressionen – eine Feldstudie über Fußballfans. In: PILZ u. a.: Sport und Gewalt. Schorndorf 1982, 23–59.

GUTTMANN, A.: Zum Verhalten der Zuschauer im Sport. In: Sportwissenschaft 11 (1981) 1, 62–74.

LANG, G. L.: Der Ausbruch von Tumulten bei Sportveranstaltungen. In: LÜSCHEN / WEIS (Hg.): Die Soziologie des Sports. Darmstadt 1976, 273–295.

PILZ, G. A.: Zuschauerausschreitungen im Fußballsport. Versuch einer Analyse. In: HOPF (Hg.): Fußball – Soziologie und Sozialgeschichte einer populären Sportart. Bensheim 1979, 171–190.

PRAMANN, U.: Das bißchen Freiheit – Die fremde Welt der Fußballfans. Hamburg 1980.

Polizeiführungsakademie (Hg.): Seminar für Leiter S und K, in deren Zuständigkeitsbereich Bundesligafußballspiele stattfinden. Hiltrup 1978 und 1979.

SCHULZ, H.-J. / WEBER, R.: Bedingungen aggressiver Handlungen von Fußballzuschauern. In: Sportwissenschaft 9 (1979) 3, 290–302.

STIEBITZ, F.: Polizeieinsätze in Fußballstadien. Hilden 1979.

TAYLOR, I.: Vom Fußball besessen. Einige soziologische Spekulationen über Fußball-Vandalismus. In: HAMMERICH / HEINEMANN (Hg.): Texte zur Soziologie des Sports. Schorndorf 1975, 245–271.

WEIS, K.: Fußballrowdytum – Zur räumlichen und rituellen Beschränkung eines sozialen Problems. In: VASKOVICS (Hg.): Die Raumbezogenheit sozialer Probleme. Opladen 1982.

WEIS, K./BACKES, P./GROß, B./JUNG, D.: Zuschauerausschreitungen und das Bild vom Fußballfan. In: PILZ et al.: Sport und Gewalt. Schorndorf 1982, 60–95.

Sportberichterstattung und Gewalt im Sport

BINNEWIES, H. (Hg.): Sport und Massenmedien. Ahrensburg 1981 (bes. S. 17–34).

PILZ, G.: Sportberichte fördern aggressives Verhalten. In: Neutralität 7/8 (1973) 4–6.

SEIFART, H.: Brutalisierung im Sport – Die Verantwortung der Massenmedien. In: JUNG/PILZ/JESSEN (Hg.): Brutalisierung im Sport. Willingen 1978, 162–179.

Aggression und Gewalt im Sportunterricht

BALDEWEIN, G.: Ringen als sozialpädagogische Aufgabe der Leibeserziehung. In: Die Leibeserziehung 11 (1968), 372–376.

BRODTMANN, D.: Klasse 2F, Sport, Montag 11.45–12.30 Uhr – oder der gestörte Unterricht. In: Z. f. Sportpädagogik 2 (1978) 1, 32–244.

BAUER, D./KLEINDIENST, C.: Die gekonnte Aggressivität – Möglichkeit der Sozialisation im Sport. In: ADL (Hg.): Sozialisation im Sport. Schorndorf 1974, 108–116.

KÄHLER, R./VOLKAMER, M.: Einstellung von Schülern zu Regeln und Normen im Sport. In: PILZ et al.: Sport und Gewalt. Schorndorf 1982, 163–190.

PILZ, G. A./TREBELS, A. H.: Spielregelung in den Mannschaftsspielen als pädagogisches Problem. In: DIETRICH/LANDAU (Hg.): Beiträge zur Didaktik der Sportspiele. Teil II. Schorndorf 1977, 98–109.

RIEDER, H.: Sport als Therapie – Psychomotorische und soziometrische Untersuchungen an verhaltensgestörten Kindern. Berlin 1971 (bes. S. 45–51).

SCHMIDT, W.: Aggressives Verhalten im Fußball. Systematische Beobachtung lernbehinderter Sonderschüler im Kleinfeldfußball. In: Sportunterricht 26 (1977) 8, 269–274.

SÖLL, H.: Boxen in der Leibeserziehung – Niedergang oder Aufgabe und Chance? In: Die Leibeserziehung 2 (1969) 52–54.

SPRENGER, J.: Bemerkungen zur Sozialisation aggressiven und nicht-aggressiven Verhaltens im Sportunterricht. In: ADL (Hg.): Sozialisation im Sport. Schorndorf 197, 358–361.

SPRENGER, J.: Bedingungen «aggressiven Verhaltens» im Sportunterricht und Möglichkeiten pädagogischen Handelns. In: Sportpädagogik 3 (1977), 290–303.

SPRENGER, J.: Erzieherisches Alltagshandeln in Konfliktsituationen des Sportunterrichts – Ein Beitrag zur erzieherischen Qualifizierung des Sportlehrers. In: Sportpädagogik 3 (1978), 269–289.

STORF, V.: Wenn Schüler aggressiv sind. In: Sportpädagogik 6 (1981), 41–45.

ZIELINSKI, H.: Die Kanalisierung von Aggressionen durch heilpädagogische Leibesübungen. In: Das behinderte Kind 6 (1972), 350–352.

Zusammenstellung deutschsprachiger Monographien und Sammelbände zum Thema ‹Sport und Gewalt›

FROGNER, E.: Eine soziologische Untersuchung über Aggression im Sport. Ahrensburg 1980.
GABLER, H.: Aggressive Handlungen im Sport. Schorndorf 1976.
JUNG, K./PILZ, G./JESSEN, H.-F. (Hg.): Brutalisierung im Sport. Willingen 1978.
PEPER, D.: Aggressive Motivation im Sport. Ahrensburg 1981.
PILZ, G. A.: Wandlungen der Gewalt im Sport – Eine entwicklungssoziologische Analyse unter besonderer Berücksichtigung des Frauensports. Ahrensburg 1982.
PILZ, G. A. et al.: Sport und Gewalt – Berichte der Projektgruppe ‹Sport und Gewalt› des Bundesinstituts für Sportwissenschaft. Schorndorf 1982.
PILZ, G./TREBELS, A. H.: Aggression und Konflikt im Sport. Ahrensburg 1976.
Polizeiführungsakademie (Hg.): Seminar für Leiter S und K in deren Zuständigkeitsbereich Bundesligafußballspiele stattfinden. Hiltrup 1978 und 1979.
SCHMIDT, W.: Aggression und Sport – Längsschnittuntersuchung sozialpsychologischer Determinanten beim Fußball in unterschiedlichen Belastungssituationen. Ahrensburg 1978.
STIEBITZ, F.: Polizeieinsätze in Fußballstadien. Hilden 1979.
ZIMMERMANN, H.: Sport und Aggression. Materialien für den Sportunterricht in der Sekundarstufe II. Band 3. Düsseldorf 1975.

Bildquellennachweis

Sepp Buchegger: Seite 92
Detlef Kersten: Seite 114
Horst Lichte: Seite 8, 23, 24
Horst Müller: Seite 27
Karl-Heinz Schoenfeld: Seite 54
Werek: Seite 31

Über die Verfasser

PETER BECKER, Jahrgang 1943, Dr. phil., wissenschaftlicher Mitarbeiter, Sportsoziologe an der Universität Bielefeld

MANFRED BLÖDORN, Jahrgang 1942, Reporter/Redakteur beim Norddeutschen Rundfunk/Fernsehen mit Schwerpunkt Hintergrundberichterstattung

VOLKER BÜRGER, Jahrgang 1952, Studium der Sportwissenschaft und Politikwissenschaft für das Lehramt an Gymnasien an der Universität Hannover

HANNELORE FISCHER-BERENDT, Jahrgang 1952, Studium der Germanistik und Sportwissenschaft für das Lehramt an Gymnasien an der Universität Hannover

ROBIN KÄHLER, Jahrgang 1946, Akademischer Rat, Sportpsychologe an der TU Braunschweig

ECKEHARD LÜHRING, Jahrgang 1953, Studium der Politikwissenschaft und Sportwissenschaft für das Lehramt an Gymnasien an der Universität Hannover

MARIA MEYER ZU BERGSTEN, Jahrgang 1956, Studium der Geschichte, Sportwissenschaft und Sozialkunde für das Lehramt an Gymnasien an der Universität Hannover

GUNTER A. PILZ, Jahrgang 1944, Dr. phil., Akademischer Oberrat, Sportsoziologe an der Universität Hannover

HANS-GÜNTHER SCHMIDT, Jahrgang 1942, Lehrer in Gummersbach/Derschlag, spielte 18mal für Rumänien und 98mal für Deutschland, 2 Berufungen in die Weltauswahl, bis 1982 Spielertrainer beim TUS Derschlag

HANS-JOACHIM SCHULZ, Jahrgang 1950, Diplom-Psychologe, Psychiatrische Klinik der Universität Tübingen

JOCHEN SPRENGER, Jahrgang 1941, Professor, Sportpädagoge an der Pädagogischen Hochschule Heidelberg

ANDREAS H. TREBELS, Jahrgang 1937, Dr. phil., Professor für Sportwissenschaft an der Universität Hannover mit Schwerpunkt Sportpädagogik

MEINHART VOLKAMER, Jahrgang 1936, Diplom-Psychologe, Dr. phil., Professor für Sporterziehung an der Universität Osnabrück

ROBERT WEBER, Jahrgang 1950, Dipl.-Psychologe und Sportlehrer in Tübingen

SABINE ZIRZ, Jahrgang 1954, Studium der Germanistik und Sportwissenschaft für das Lehramt an Gymnasien an der Universität Hannover

rororo Sportbücher

Wilke, Kurt
Anfängerschwimmen (7032)
Hanstein, Fritz Huschke von
Automobilsport (7015)
Niesner, Hans Werner /
Ranzmayer, Jürgen H.
Badminton (7042)
Waldowski, Lothar
Basketball (7023)
Harder, Gustav
Bergsteigen Vom Bergwandern
zum Felsklettern (7041)
Brinkmann, Andreas / Treeß, Uwe
Bewegungsspiele (7043)
Podhajsky, Alois
Die klassische Reitkunst
Eine Reitlehre von den Anfängen bis
zur Vollendung (7037)
Kauth, Hans Georg
Fahrtensegeln (7021)
Bisanz, Gero / Gerisch, Gunnar
Fußball (7039)
Friedrich, Eduard / Nilsson, Manfred
Gerätturnen 1: Grundlagen (7028)
Friedrich, Eduard / Brüggemann, Peter
Gerätturnen 2: Wettkampf (7029)
Mißmahl-Brunner, Inge
Gymnastik (7044)
Trosse, Hans Dieter
Handball (7004)
Budinger / Hillmann / Strödter
Hockey (7035)
Mißmahl-Brunner, Inge
Jazztanz (7025)
Beissner, Claus / Birod, Manfred
Judo (7012)
Birod, Manfred
Judokurs (7033)
Obstoj / Knap / Suchotzki
Kajak und Canadier (7018)
Jonath, Ulrich / Krempel, Rolf
Konditionstraining (7038)
Jonath / Haag / Krempel
Leichtathletik 1
Laufen und Springen (7008)
Leichtathletik 2
Werfen und Mehrkampf (7009)
Diesch, Jörg
Regattasegeln (7046)
Schröder, Walter
Rudern (7010)
Freitag, Werner
Schwimmen (7003)
Schlichting, Horst
Segeln (7005)
Johnson, Peter
Segelsport Bilder, Daten,
Fakten und Rekorde (7031)
Brehm, Walter
Skifahren für Kinder
und Jugendliche (7026)
Skigymnastik (7014)
Vorderwülbecke, Manfred
Skilanglauf (7002)
Brehm, Walter
Skisport (7001)
Beissner, Claus / Blödorn, Manfred
Sportabzeichen (7019)
Ihle, Siegfried
Sportfischen (7017)
Schumann, Walter
Sportschießen (7016)
Eberspächer, Hans
Sportpsychologie (7047)
Rigauer, Bero
Sportsoziologie (7045)
Hasselbach / Härtel
Squash (7040)
Schulz, Erhard
Tauchen und Schnorcheln
(7020)
Bohlens, Klaas
Tennis (7006)
Bohlens, Klaas / Hamann, Rainer
Tenniskurs (7022)
Harst, Heinz / Giesecke, Hans /
Schlaf, Jupp
Tischtennis (7013)
Harder, Gustav
Tourenskifahren (7036)
Blödorn, Manfred / Schmidt, Paul
Trablaufen Ein Ausdauersport
für Herz und Kreislauf (7007)
Letzelter, Manfred
Trainingsgrundlagen (7024)
Gebhardt / Holzwarth / Nohe /
Wagner / Stanciu
Trickskifahren (7027)
Blume, Günter
Volleyball (7011)
Blume, Günter / Lange, Klaus
Volleyball und Handball
Organisations- und Übungsformen
für Schule und Verein (7034)
Brockhaus, Peter / Stanciu, Ulrich
Windsurfing (7030)

903/11/82

1090/1